1000 BONNES NOUVELLES

POUR VOIR LE MONDE AUTREMENT

sport - environnement - culture - société - sciences

Conception couverture : Carole Schilling Design
Photographie de couverture : © Nadya So/Shutterstock
Graphisme, conception et mise en pages : Nord Compo

Gründ, un département d'Edi8
92, avenue de France 75013 Paris
Tél. : 01 44 16 09 00
Courriel : info@lisez.com
Site Internet : www.lisez.com

ISBN : 978-2-324-03743-6
Code éditeur : N03743/01

Dépôt légal : octobre 2025
Achevé d'imprimer en France par SEPEC-AGM

Le Média Positif

1000 BONNES NOUVELLES

POUR VOIR LE MONDE AUTREMENT

sport - environnement - culture - société - sciences

Gründ

ÉDITO

1 000 BONNES NOUVELLES POUR RENOUER AVEC L'ESPOIR ET L'ACTION !

Et si, au lieu de relayer en boucle ce qui va mal, on choisissait de souligner ce qui va bien ? C'est la conviction du Média Positif, un média 100 % positif, tourné vers l'optimisme et l'action. Chaque jour, nous mettons en lumière des initiatives inspirantes, des histoires de citoyens engagés, des projets d'entreprises responsables, qui œuvrent concrètement pour faire avancer le monde dans le bon sens.

Cette conviction, Le Média Positif la porte depuis sa création en 2021, et vous êtes désormais nombreux à nous accompagner dans cette belle aventure. En l'espace de quelques années, notre communauté est passée de quelques centaines de personnes à plusieurs millions. Aujourd'hui, Le Média Positif rassemble plus de 12 millions d'abonnés, en France comme à l'étranger, preuve que l'information positive répond à un véritable besoin de société.

Ce que nous n'avions pas imaginé, c'est que notre message dépasserait les frontières des réseaux sociaux pour résonner bien au-delà. Il a trouvé un écho à la télévision, dans la chronique « Une idée pour la France », diffusée avec le JT de 13 heures de France 2, dans les pages du magazine *Phosphore,* dont un numéro par mois est coédité avec Le Média Positif, sur les écrans du métro parisien via Media-Transports, et même dans les salles de cinéma Pathé avec la création du label Le Média Positif apposé sur les films porteurs de sens.

Dans le même esprit, Le Média Positif a souhaité donner corps à ce message à travers le développement d'actions solidaires concrètes, avec à chaque fois l'envie de fédérer, d'inspirer et de pousser à l'action.

C'est ainsi qu'est née la Journée positive, un événement solidaire qui a rassemblé plus de 1 000 sans-abri sur la péniche du Mazette pour leur offrir, le temps d'un après-midi, un repas chaud, des vêtements et du réconfort.

Pourtant, il ne s'agit pas là d'être naïf et de faire semblant que tout va bien. Le monde est en effet traversé par de grandes injustices, des violences et des souffrances profondes que l'on ne peut ignorer. Mais loin de nous paralyser, cette conscience aiguë de la réalité doit, au contraire, nous tenir éveillés et nous pousser à faire mieux. Agir, sans naïveté, à petite ou grande échelle, et refuser, toujours, de se résigner.

Cette deuxième édition de nos 1 000 bonnes nouvelles entend prolonger ce phénomène. Elle réunit, en un seul volume, mille démonstrations que l'action existe déjà, parfois là où l'on ne la soupçonne pas. 1 000 preuves que non, tout n'est pas foutu, et surtout que oui, tout est encore possible.

Page après page, autour de cinq thématiques différentes, vous découvrirez 1 000 histoires venues des quatre coins du monde : des initiatives locales, des victoires collectives, des découvertes scientifiques, des avancées sociales, ainsi que les portraits de certains de celles et ceux qui façonnent notre époque. Autant de preuves que, cette année encore, il existe 1 000 raisons de se réjouir.

Hugues de Rosny
Fondateur du Média Positif

SOMMAIRE

SOCIÉTÉ

SCIENCES

CONCOURS

7

ANNEXES

SPORT

1000 BONNES NOUVELLES

Le Média Positif

1000 bonnes nouvelles

ATHLÉTISME

UNE COURSE HORS NORME

En février 2025, l'ultra-traileur français Mathieu Blanchard a remporté le redoutable Yukon Arctic Ultra, une course extrême de 600 km à travers les étendues glacées du Nord canadien. Malgré des conditions polaires et plusieurs péripéties, il a bouclé ce défi hors norme en moins de 8 jours.
Un exploit impressionnant, survenu à peine cinq mois après avoir triomphé lors de la célèbre course de la Diagonale des Fous sur l'île de La Réunion.

EN DÉCEMBRE 2024, L'AMÉRICAINE **CHERIE GRUENFELD**, 80 ANS, A ACCOMPLI UN EXPLOIT EXCEPTIONNEL : ELLE A BOUCLÉ UN IRONMAN 70.3, L'UNE DES COURSES DE TRIATHLON LES PLUS EXIGEANTES, TOTALISANT PRÈS DE 113 KM. ELLE PROUVE AINSI QUE LA DÉTERMINATION ET LA PASSION N'ONT PAS D'ÂGE.

Un marathon par jour pendant un an.

Le 31 décembre 2024, à Gand, l'athlète belge Hilde Dosogne a bouclé son 366e marathon de l'année, devenant la première femme au monde à relever un tel défi. À 50 ans passés, elle a parcouru plus de 15 000 km en douze mois pour soutenir une cause qui lui est chère : la recherche contre le cancer du sein.

DE MIRACULÉ À LÉGENDE DE L'ULTRA-ENDURANCE !

JON SHIELD, ANCIEN PARACHUTISTE BRITANNIQUE AYANT SURVÉCU À UNE CHUTE DE 300 M, EST AUJOURD'HUI L'UN DES *ULTRA RUNNERS* LES PLUS ADMIRÉS AU MONDE. IL EST DEVENU LE PREMIER ATHLÈTE À REMPORTER LES QUATRE MARATHONS EXTRÊMES DE LA SÉRIE BEYOND THE ULTIMATE, DISPUTÉS DANS LES ENVIRONNEMENTS LES PLUS HOSTILES DE LA PLANÈTE.

Mykolas Alekna entre dans la LÉGENDE !

Le 13 avril 2025, le Lituanien a bouleversé l'histoire du lancer du disque en réalisant un exploit hors norme : un jet à 75,56 m lors des Oklahoma Throws Series. Ce nouveau record du monde fait de lui le premier athlète de l'Histoire à franchir la barre symbolique des 75 m dans cette discipline.

UNE BELLE INITIATIVE

En août 2024, lors de son concert à Munich devant plus de 75 000 spectateurs, la chanteuse Adele a créé la surprise en transformant la scène en véritable *fan zone* des Jeux olympiques. En plein show, elle a interrompu sa performance pour suivre et encourager en direct la finale du 100 m féminin, disputée simultanément au Stade de France.

L'OR À LA PERCHE !

EN MARS 2025, À SEULEMENT 23 ANS, LA FRANÇAISE MARIE-JULIE BONNIN A RÉALISÉ UN EXPLOIT RETENTISSANT EN REMPORTANT LE TITRE DE CHAMPIONNE DU MONDE DE SAUT À LA PERCHE EN SALLE DE NANKIN, EN CHINE. ELLE A FRANCHI LA HAUTEUR DE 4,75 M, ÉGALANT AINSI LE RECORD DE FRANCE. UNE PERFORMANCE EXCEPTIONNELLE POUR SA PREMIÈRE MÉDAILLE MONDIALE.

MÉDAILLÉE DE BRONZE SUR L'ÉPREUVE DU 200 M AUX JEUX OLYMPIQUES DE PARIS 2024, LA SPRINTEUSE AMÉRICAINE BRITTANY BROWN A DÉDIÉ SA PERFORMANCE AUX MILLIONS DE FEMMES TOUCHÉES PAR L'ENDOMÉTRIOSE.
ELLE-MÊME ATTEINTE DE CETTE MALADIE CHRONIQUE, QUI CONCERNE PRÈS D'UNE FEMME SUR DIX, L'ATHLÈTE A LIVRÉ UN MESSAGE FORT DE SOLIDARITÉ.

CHIFFRE

55 922 COUREURS

LE MARATHON DE PARIS 2024 A BATTU SON RECORD DE PARTICIPATION, CONFIRMANT SA POSITION PARMI LES PLUS GRANDS MARATHONS DU MONDE. COMME CHAQUE ANNÉE, DES ATHLÈTES VENUS DES QUATRE COINS DU GLOBE ONT FOULÉ LES RUES DE LA CAPITALE, DANS UNE AMBIANCE FESTIVE ET POPULAIRE.

UNE PERFORMANCE INCROYABLE !

Le 28 février 2025, lors du prestigieux All Star Perche à Clermont-Ferrand, le Suédois Armand Duplantis a une nouvelle fois marqué l'Histoire en améliorant son propre record du monde avec un saut spectaculaire à 6,27 m. Déjà maître incontesté de sa discipline, il repousse encore les limites de ce sport et renforce un peu plus son statut de légende.

PREMIÈRE MÉDAILLE OLYMPIQUE POUR SAINTE-LUCIE !

Lors des Jeux olympiques de Paris 2024, ce petit pays des Caraïbes a décroché sa toute première médaille olympique grâce à une performance exceptionnelle sur le 100 m féminin. En 10,72 s, l'athlète Julien Alfred a offert à son pays une victoire éclatante et un moment inoubliable de fierté nationale.

CHIFFRE

3 000 M EN 7 MIN 17 S 55.

LE 25 AOÛT 2024, LE NORVÉGIEN JAKOB INGEBRIGTSEN A MARQUÉ L'HISTOIRE DE L'ATHLÉTISME EN BATTANT LE RECORD DU MONDE DU 3 000 M AVEC UN CHRONO SPECTACULAIRE DE 7 MIN 17 S 55. IL EFFACE AINSI UN RECORD QUI ÉTAIT EN PLACE DEPUIS VINGT-HUIT ANS !

Une course spectaculaire !

Le coureur britannique William Goodge a traversé l'Australie à pied, de Perth à Sydney, soit près de 2 400 miles (environ 3 860 km), en seulement 35 jours. Il surpasse ainsi l'ancien record de 39 jours, inscrivant son nom au palmarès mondial des défis d'endurance les plus extrêmes.

DOUBLE CHAMPION PARALYMPIQUE !

Porte-drapeau de la délégation française à Paris 2024, **Alexis Hanquinquant** a une nouvelle fois brillé aux Jeux paralympiques en remportant l'or en paratriathlon, catégorie PTS4. Déjà sacré à Tokyo, il conserve son titre en franchissant la ligne d'arrivée avec près de 3 minutes d'avance sur ses adversaires.

RECORD DU MONDE AU SEMI-MARATHON

À Barcelone en février 2025, l'Ougandais Jacob Kiplimo a réalisé un exploit spectaculaire en bouclant le semi-marathon en 56 min 42 s, éclipsant l'ancien record (57 min 30 s) détenu par l'Éthiopien Yomif Kejelcha. Une performance exceptionnelle qui confirme que Kiplimo fait partie des grands noms de l'endurance mondiale.

MARYLINE NAKACHE, athlète française de 40 ans, a remporté le classement général féminin du 39e Marathon des Sables, une épreuve extrême de 250 km à travers le désert du Sahara. En bouclant la course en moins de 24 heures, elle devient la première femme de l'Histoire à intégrer le top 10 au classement général, toutes catégories confondues.

BASKET

QUELLES CHAMPIONNES !

Le 17 mai 2024, les New York Liberty ont célébré en grande pompe leur titre de championnes WNBA devant plus de 17 300 fans en liesse. La basketteuse star Breanna Stewart a ensuite lancé la première balle lors d'un match des Yankees, donnant le coup d'envoi symbolique de la défense de leur titre.

Au lendemain de la victoire des San Antonio Spurs contre les Brooklyn Nets en NBA en décembre 2024, le joueur international français VICTOR WEMBANYAMA a créé la surprise en s'installant sur une table de Central Park pour défier des New-Yorkais… aux échecs !

DOMINIQUE MALONGA, NOUVELLE SENSATION FRANÇAISE DU BASKET, ENTRE DANS L'HISTOIRE À SEULEMENT 19 ANS. ELLE A ÉTÉ SÉLECTIONNÉE EN 2E POSITION DE LA DRAFT WNBA 2025 PAR LE STORM DE SEATTLE, UN RECORD POUR UNE JOUEUSE FRANÇAISE. JAMAIS UNE TRICOLORE N'AVAIT ÉTÉ CHOISIE AUSSI HAUT DANS LE PRESTIGIEUX CHAMPIONNAT NORD-AMÉRICAIN.

UNE BELLE PERFORMANCE

À 39 ans, LeBron James a réalisé un exploit retentissant en signant trois triple-doubles consécutifs en novembre 2024, devenant ainsi le joueur le plus âgé de l'histoire de la NBA à accomplir une telle série. Une performance exceptionnelle qui illustre, une fois de plus, sa longévité hors norme.

EN JUILLET 2024, L'ÉQUIPE DE FRANCE MASCULINE U20 A DÉCROCHÉ LE TITRE DE CHAMPIONNE D'EUROPE EN S'IMPOSANT EN FINALE FACE À LA SLOVÉNIE (82-78). Portés par un collectif solide et un mental d'acier, les jeunes tricolores ont offert à la France sa troisième victoire dans cette catégorie.

DE NOUVEAU L'OR POUR LE BASKET AMÉRICAIN !

Aux Jeux olympiques de Paris 2024, l'équipe masculine de basketball a confirmé sa suprématie en décrochant le titre olympique pour la cinquième fois consécutive. Portée par un trio légendaire – LeBron James, Kevin Durant et Stephen Curry –, la Team USA a survolé la compétition, ajoutant une cinquième médaille d'or d'affilée à son palmarès.

CHIFFRE

LA STAR DES ROCKETS DE HOUSTON, **KEVIN DURANT**, ENTRE UN PEU PLUS DANS LA LÉGENDE DE LA NBA EN DÉPASSANT LES 30 000 POINTS EN CARRIÈRE. EN FRANCHISSANT CE CAP MYTHIQUE, IL DEVIENT LE 8e JOUEUR DE L'HISTOIRE À ATTEINDRE CE TOTAL, ET IL REJOINT DES GÉANTS DU BASKET DES GÉANTS DU BASKET, COMME LEBRON JAMES, MICHAEL JORDAN OU ENCORE KOBE BRYANT.

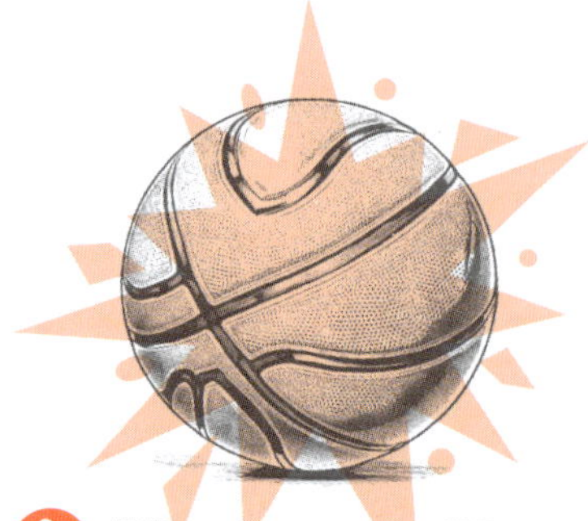

Une prodige du basket !

En septembre 2024, la jeune basketteuse américaine Caitlin Clark a réalisé un exploit remarquable en délivrant 337 passes décisives sur la saison, effaçant le précédent record détenu par Alyssa Thomas. Elle entre ainsi dans l'histoire de la WNBA en devenant la meilleure passeuse de la compétition sur une saison.

Le basketteur français **VICTOR WEMBANYAMA** a réalisé un score extraordinaire en novembre 2024 en inscrivant 50 points lors du match des Spurs contre les Washington Wizards, qui s'est soldé par une victoire. Il signe ainsi la meilleure performance de sa jeune carrière en NBA.

UN *DUNK* HISTORIQUE

EN OCTOBRE 2024, LORS DE LA LARGE VICTOIRE DE L'ASVEL FACE À LIMASSOL (115-54) EN EUROCUP À MADO-BONNET, LA JOUEUSE FRANÇAISE DOMINIQUE MALONGA A MARQUÉ L'HISTOIRE EN DEVENANT LA PREMIÈRE JOUEUSE TRICOLORE À RÉUSSIR UN *DUNK* EN MATCH OFFICIEL. UN MOMENT FORT SALUÉ PAR LE PUBLIC ET PAR LE MONDE DU SPORT.

LE PARIS BASKETBALL S'ENGAGE POUR LA JEUNESSE

Le club a annoncé la création de la Paris Basketball Foundation, un fonds de dotation dédié à la jeunesse et à l'inclusion sociale. À travers cette initiative, le Paris Basketball souhaite faire du basket un véritable levier d'inspiration, de lien social et de transformation pour la jeunesse francilienne.

VICTOIRE HISTORIQUE POUR LES BLEUES !

Le 6 février 2025, l'équipe de France féminine a signé une démonstration de force en écrasant l'Irlande sur le score spectaculaire de 125 à 24. Avec 101 points d'écart, il s'agit de la plus importante victoire de son histoire. Les Bleues valident ainsi brillamment leur qualification pour l'Euro 2025, qui s'est tenu du 18 au 29 juin.

LE BASKETBALL OLYMPIQUE S'INVITE SUR NETFLIX !

LA SÉRIE DOCUMENTAIRE DE SIX ÉPISODES *COURT OF GOLD* PLONGE DANS LES COULISSES DES JEUX OLYMPIQUES DE PARIS 2024, À TRAVERS LE PARCOURS DES GRANDES ÉQUIPES MASCULINES DE BASKET, DONT LA FRANCE ET LES ÉTATS-UNIS. PRODUITE PAR BARACK ET MICHELLE OBAMA, CETTE IMMERSION OFFRE UN REGARD INÉDIT SUR LES ÉMOTIONS ET L'INTENSITÉ DE L'UN DES PLUS PRESTIGIEUX TOURNOIS DE LA PLANÈTE.

L'INCLUSION À L'HONNEUR

Du 25 novembre au 3 décembre 2024, la 21e édition de la European Basketball Week a rassemblé plus de

25 000 PARTICIPANTS,

avec ou sans handicap intellectuel, à travers plus de 35 pays. Une semaine riche en rencontres, en matchs et en échanges, portée par les valeurs de solidarité, de respect et d'accessibilité.

À SEULEMENT 21 ANS, VICTOR WEMBANYAMA EST DEVENU LE PLUS JEUNE FRANÇAIS DE L'HISTOIRE SÉLECTIONNÉ POUR LE ALL-STAR GAME DE LA NBA. IL REJOINT AINSI LE CERCLE TRÈS FERMÉ DES FRANÇAIS AYANT PARTICIPÉ À CE PRESTIGIEUX MATCH DE GALA, AUX CÔTÉS DE TONY PARKER, JOAKIM NOAH ET RUDY GOBERT.

CYCLISME

UNE ASCENSION COURAGEUSE

L'ancien cycliste Steven Le Hyaric s'est lancé dans une aventure extrême : un périple de 13 000 à 15 000 km à vélo entre Paris et le Népal, avant de tenter l'ascension du Manaslu, l'un des plus hauts sommets de l'Himalaya. Un défi titanesque qui a débuté le 1er juin 2025, et qu'il réalise sans oxygène ni assistance.

Un incroyable défi !

Âgé de 53 ans et atteint de spondylarthrite ankylosante, Jérôme Bonnet s'est lancé un incroyable défi : **parcourir 600 km à vélo autour du Cantal en 40 heures.** Quelques mois plus tôt, il avait déjà traversé la France à pied pour alerter sur cette pathologie souvent méconnue et récolter des fonds pour la recherche.

ELLE ENTRE DANS L'HISTOIRE DU PARIS-ROUBAIX !

Pour sa toute première participation à l'Enfer du Nord, la cycliste française **Pauline Ferrand-Prévot** a signé un exploit en remportant la mythique course le 12 avril 2025. Elle devient ainsi la première Française à triompher sur les pavés légendaires de cette compétition.

LE CYCLISME AU SERVICE DE LA SOLIDARITÉ

Le 24 mai 2024, Lucas et Melvin sont partis à vélo de Saintes-Maries-de-la-Mer pour gravir le mont Blanc, soit une ascension de 4 805 m. Une aventure sportive au profit de l'association Respiracteurs, qui vient en aide aux personnes souffrant de maladies respiratoires.

UN DÉFI REMPLI DE SYMBOLIQUES

TRIPLE GREFFÉ, STEVE MALHERBE S'EST LANCÉ UN PARI FOU : PARCOURIR 2 300 KM À VÉLO ÉLECTRIQUE EN SEULEMENT 15 JOURS. EN JUIN 2024, IL A AINSI RELIÉ NICE AU PLESSIS-ROBINSON POUR SENSIBILISER AU DON D'ORGANES, UN GESTE QUI LUI A SAUVÉ LA VIE.

L'ARGENT POUR LE PARACYCLISME !

Le 29 août 2024, **MARIE PATOUILLET** a offert à la France sa toute première médaille des Jeux paralympiques de Paris en décrochant l'argent sur le 500 m contre-la-montre en paracyclisme sur piste. Une performance remarquable pour l'athlète tricolore, qui a lancé de la plus belle des manières la compétition paralympique française !

UN EXPLOIT SUR LE TOUR DE FRANCE

Le 22 juillet 2024, l'Érythréen Biniam Girmay a marqué l'Histoire en devenant le premier Africain à remporter un maillot distinctif sur le Tour de France. Il ouvre une nouvelle page pour le cyclisme africain et inspire toute une génération à travers le continent.

LES CHAMPIONNATS DU MONDE EN AFRIQUE !

En septembre 2025, **LE RWANDA A ACCUEILLI LES CHAMPIONNATS DU MONDE DE CYCLISME SUR ROUTE**, une première historique pour le continent africain. Cet événement d'envergure marque une étape symbolique dans la mondialisation de la discipline.

UN PARI EN ALTITUDE !

PHILIPPE FOURNIER, RETRAITÉ PASSIONNÉ DE CYCLISME, S'EST LANCÉ UN DÉFI HORS DU COMMUN : PARCOURIR 1 000 KM À VÉLO À TRAVERS LES MONTAGNES FRANÇAISES. DU 21 AU 24 JUILLET 2024, IL A BRILLAMMENT RELEVÉ L'UNE DES SEPT ÉTAPES DU PRESTIGIEUX CHAMPIONNAT DU MONDE D'ULTRADISTANCE, LE BIKINGMAN.

REDONNER LE SOURIRE !

LUCIE REYX SILLONNE LA FRANCE À VÉLO POUR UNE MISSION PLEINE DE SENS : APPORTER DU COURRIER ET DU RÉCONFORT AUX PERSONNES ÂGÉES. DEPUIS SON DÉPART LE 4 AVRIL 2024, ELLE A DÉJÀ PARCOURU PLUS DE 3 000 KM, S'ARRÊTANT CHAQUE JOUR DANS UN EHPAD POUR REMETTRE EN MAIN PROPRE DES LETTRES ET PARTAGER UN MOMENT D'ÉCHANGE.

UN RÊVE DEVENU RÉALITÉ !

Le 28 juillet 2024, la Française PAULINE FERRAND-PRÉVOT est devenue championne olympique en VTT cross-country, remportant une médaille d'or dont elle rêvait depuis longtemps. Lors de la cérémonie de clôture des Jeux olympiques de Paris, elle a été désignée porte-drapeau de la délégation française.

Alexandre Léauté, figure emblématique du paracyclisme français, a marqué l'Histoire lors des Jeux paralympiques de Paris 2024. Le 30 août, sur la piste du vélodrome de Saint-Quentin-en-Yvelines, il a remporté le titre de champion paralympique en poursuite individuelle sur 3 000 m en battant son propre record du monde dans la discipline. À seulement 23 ans, le jeune Breton confirme son statut de phénomène du cyclisme handisport.

UN INCROYABLE PALMARÈS !

Tadej Pogačar a réalisé un triplé historique en remportant le Tour d'Italie, le Tour de France et le Championnat du monde sur route la même année, en 2024. Lors des Mondiaux à Zurich, il s'est imposé après une échappée solitaire de plus de 100 km, devenant le troisième cycliste à réussir cet exploit après Eddy Merckx et Stephen Roche.

UNE BELLE CRÉATION
POUR LE CYCLISME FRANÇAIS

À 90 ans, Michel Larribeau, atteint de la maladie de Parkinson depuis dix ans, a réalisé une maquette impressionnante en hommage au Tour de France. Six mois de travail minutieux lui ont permis de concevoir seul une scène vivante et détaillée : vélos miniatures, voitures, commerces, végétation, et même le panneau de Roquefort. Un beau geste de soutien aux coureurs français.

FOOTBALL

Un record d'affluence historique !

Le samedi 19 avril 2025, 10 237 SPECTATEURS ont assisté au match de D2 de la Seconde Ligue féminine entre le RC Lens et le FC Metz au stade Bollaert-Delelis. Le précédent record datait de la semaine précédente avec 7 822 spectateurs !

À SEULEMENT 14 ANS, L'ARGENTIN MATEO APOLONIO EST DEVENU LE PLUS JEUNE JOUEUR PROFESSIONNEL DU PAYS, BATTANT LE RECORD DÉTENU JUSQUE-LÀ PAR SERGIO AGÜERO, ALORS ÂGÉ DE 15 ANS.

UN GESTE QUI RÉCHAUFFE LES CŒURS

Lors du match entre le LOSC et Brest au stade Pierre-Mauroy en décembre 2024, des milliers de supporters lillois ont lancé des peluches sur la pelouse du stade avec un objectif : offrir un Noël plus doux aux enfants dans le besoin. Grâce à cette initiative, plus de 5 000 peluches ont été collectées et distribuées par des associations.

APRÈS SIX MOIS DE LUTTE CONTRE LA MALADIE, EWAN, UN JEUNE SUPPORTER DE 8 ANS DU STADE BRESTOIS, A VU SON RÊVE DEVENIR RÉALITÉ : RENCONTRER SES JOUEURS FAVORIS ET VOIR UN MATCH AU STADE. ACCLAMÉ PAR LES SUPPORTERS, IL A NOTAMMENT ANNONCÉ LA COMPOSITION DES ÉQUIPES AUX CÔTÉS DU SPEAKER, ET DONNÉ LE COUP D'ENVOI FICTIF DE LA RENCONTRE.

UNE ÉQUIPE DE FOOTBALL PAS COMME LES AUTRES !

LES MAMIES DU FOOT DU PÉRIGORD, QUI ONT FIÈREMENT REPRÉSENTÉ LA FRANCE LORS DE LA COUPE DU MONDE DES GRANDS-MÈRES, SE SONT ENVOLÉES POUR L'AFRIQUE DU SUD. POUR FINANCER CETTE AVENTURE INSOLITE, CES FOOTBALLEUSES PLEINES D'AUTODÉRISION ONT DÉCIDÉ DE POSER NUES DANS UN CALENDRIER – UNE INITIATIVE ORIGINALE QUI A FAIT PARLER D'ELLES ET QUI A PERMIS À CES SPORTIVES D'ALLER AU BOUT DE CE RÊVE !

Un moment de rêve !

Tout juste sacré champion d'Angleterre 2024, le club anglais de Manchester City a réservé une belle surprise à une famille de fans en lui prêtant, le temps d'une journée, le prestigieux trophée de la Premier League. Un geste inattendu, qui a renforcé encore un peu plus le lien unique entre le club et ses supporters.

UN MAGNIFIQUE CADEAU DE NOËL

Atteint d'une maladie rare, le jeune Isaac est un fervent supporter de Liverpool.

Pour lui offrir un moment magique, le club l'a invité à vivre une journée exceptionnelle le jour de Noël avec son équipe de cœur : rencontres avec les joueurs, souvenirs inoubliables et émotions fortes… Un beau cadeau, dont il se souviendra sûrement longtemps !

UNE COMMUNICATION INATTENDUE !

Pendant les Jeux olympiques de Paris 2024, Antoine Griezmann s'est improvisé *community manager* de l'équipe de France. Sur X (ex-Twitter), il a partagé chaque médaille remportée par les Bleus avec enthousiasme et humour, démontrant son soutien sans faille aux athlètes tricolores.

CHAMPIONS D'EUROPE DE FOOTBALL SOURDS !

L'ÉQUIPE DE FRANCE DE FOOTBALL SOURDS A BRILLAMMENT REMPORTÉ LE CHAMPIONNAT D'EUROPE, DÉCROCHANT AU PASSAGE SON TICKET POUR LES DEAFLYMPICS 2025. CES JEUX OLYMPIQUES RÉSERVÉS AUX ATHLÈTES SOURDS SE TIENDRONT À TOKYO DU 15 AU 26 NOVEMBRE 2025. UNE BELLE VICTOIRE ET UNE AVENTURE INTERNATIONALE QUI S'ANNONCE PROMETTEUSE POUR LES BLEUS !

LE GESTE FORT DES FOOTBALLEURS DANOIS POUR L'ÉGALITÉ SALARIALE. DANS UN BEL ÉLAN DE SOLIDARITÉ, LES JOUEURS DE L'ÉQUIPE NATIONALE MASCULINE DU DANEMARK ONT RENONCÉ À UNE AUGMENTATION DE LEUR SALAIRE AFIN D'AMÉLIORER LES CONDITIONS FINANCIÈRES DE LEURS HOMOLOGUES FÉMININES. UN NOUVEL ACCORD A AINSI ÉTÉ SIGNÉ, GARANTISSANT DES PRIMES DE MATCH ÉGALES POUR LES FEMMES ET LES HOMMES À L'ISSUE DE CHAQUE MATCH.

L'INCLUSION DANS LE FOOTBALL

Le 11 avril 2025, Sergio De Felice, le premier speaker non-voyant, a animé la rencontre entre Valenciennes et Quevilly Rouen Métropole au stade du Hainaut. Fondateur de Defstudio Productions à Valenciennes, Sergio De Felice coordonne une cinquantaine de voix off pour la radio, la télévision et la publicité.

TOUS UNIS POUR LE SPORT !

Deux supporters, l'un du PSG, l'autre de l'OM, ont entamé une marche symbolique du Parc des Princes au Vélodrome pour promouvoir la paix entre supporters rivaux. Au-delà du geste sportif, ils collectent des fonds pour la recherche contre le cancer. Une initiative solidaire qui montre que le football peut aussi unir autour de causes essentielles.

LA FRANCE SACRÉE CHAMPIONNE PARALYMPIQUE EN CÉCIFOOT

Moment inoubliable aux Jeux paralympiques de Paris 2024 : l'équipe de France de cécifoot a décroché la médaille d'or après un parcours exceptionnel. Portés par un collectif soudé et un public en transe, les Bleus ont triomphé en finale, inscrivant leur nom au palmarès paralympique.

UNE AVANCÉE SYMBOLIQUE POUR LA COMMUNAUTÉ LGBTQIA +

À 30 ANS, SAPIR BERMAN EST ENTRÉE DANS L'HISTOIRE EN DEVENANT LA PREMIÈRE FEMME TRANSGENRE À ARBITRER UN MATCH DE FOOTBALL INTERNATIONAL. LE 17 MARS 2025, ELLE ÉTAIT AU SIFFLET LORS D'UNE RENCONTRE DE L'EURO FÉMININ U17 ENTRE L'IRLANDE DU NORD ET LE MONTÉNÉGRO, À BELFAST.

Parrain de l'association Premiers de cordée, KYLIAN MBAPPÉ a invité des enfants hospitalisés à assister à sa présentation en tant que nouveau joueur du Real Madrid au mythique stade Santiago-Bernabéu. Une initiative qui a permis à ces jeunes de mettre, le temps d'une soirée, la maladie entre parenthèses.

UN MOMENT FORT AUX JEUX PARALYMPIQUES DE PARIS 2024

Lors du tournoi de cécifoot, le public du stade Tour-Eiffel a réalisé une ola… dans un silence absolu. Cette discipline, réservée aux joueurs malvoyants ou non-voyants, exige en effet une concentration totale. Les spectateurs ont ainsi trouvé une manière originale et respectueuse d'encourager les athlètes.

UN SOIR HISTORIQUE !

Le 20 septembre 2024 restera gravé dans l'histoire du Stade brestois : le club a disputé – et remporté – son tout premier match en Ligue des champions. Face aux Autrichiens du Sturm Graz, les Bretons se sont imposés 2-1, signant une entrée réussie dans la plus prestigieuse des compétitions européennes.

NATATION

LÉON MARCHAND, NAGEUR FRANÇAIS ORIGINAIRE DE TOULOUSE, A MARQUÉ LES ESPRITS LORS DES JEUX OLYMPIQUES DE 2024 EN REMPORTANT QUATRE MÉDAILLES D'OR EN ÉPREUVES INDIVIDUELLES ET UNE MÉDAILLE DE BRONZE EN RELAIS PAR ÉQUIPE. SA PERFORMANCE EXCEPTIONNELLE A ÉTÉ CÉLÉBRÉE AVEC FERVEUR DANS SA VILLE NATALE, OÙ UN HOMMAGE CHALEUREUX LUI A ÉTÉ RENDU.

À SEULEMENT 18 ANS, MAESHA SAADI A DISPUTÉ L'ÉPREUVE DU 50 M NAGE LIBRE AUX JEUX OLYMPIQUES DE PARIS 2024, UN EXPLOIT D'AUTANT PLUS REMARQUABLE QU'ELLE A COMMENCÉ LA NATATION IL Y A À PEINE DEUX ANS. ELLE A REPRÉSENTÉ LES COMORES, L'UN DE SES DEUX PAYS D'ORIGINE, PORTANT FIÈREMENT LEURS COULEURS SUR LA SCÈNE INTERNATIONALE.

Figure emblématique de la natation africaine, Kirsty Coventry a été élue présidente du Comité international olympique (CIO) en mars 2025, lors de la 144e session qui s'est tenue en Grèce. Elle devient ainsi la première femme et la première Africaine à accéder à cette fonction prestigieuse.

QUEL EXPLOIT !

À SEULEMENT 17 ANS, LA CANADIENNE SUMMER MCINTOSH A ÉBLOUI LES JEUX OLYMPIQUES DE PARIS 2024 EN DÉCROCHANT TROIS MÉDAILLES D'OR ET UNE MÉDAILLE D'ARGENT. ELLE S'EST NOTAMMENT ILLUSTRÉE EN BATTANT LA LÉGENDAIRE KATIE LEDECKY SUR LE 800 M NAGE LIBRE, CONFIRMANT AINSI SON STATUT DE NOUVELLE ÉTOILE MONTANTE DE LA NATATION.

UNE VRAIE PRODIGE !

LORS DES SÉLECTIONS CANADIENNES À VICTORIA EN JUIN 2025, SUMMER MCINTOSH, 18 ANS, A RÉALISÉ L'EXPLOIT DE BATTRE TROIS RECORDS DU MONDE EN CINQ JOURS, DONT LE 400 M QUATRE NAGES EN 4 MIN 23 S. ELLE DEVIENT AINSI LA PREMIÈRE FEMME À ACCOMPLIR TROIS RECORDS INDIVIDUELS EN UN MÊME « MEETING » EN GRAND BASSIN.

LA FRANCE À L'HONNEUR AU TRIATHLON !

Cassandre Beaugrand a décroché le titre de championne du monde de triathlon, une première historique pour une Française dans cette discipline. Grâce à une saison remarquable et à une dernière course maîtrisée, elle s'impose au sommet du classement mondial.

JAMAIS FROID AUX YEUX !

SURNOMMÉ « LE PHOQUE DE WIMEREUX », STEVE STIEVENART est devenu le premier Français à traverser à la nage le détroit de Cook, en Nouvelle-Zélande. Un exploit impressionnant réalisé en 8 h 18 min dans une eau glaciale à seulement 14 °C.

CHIFFRE

125 M

LE RUSSE ALEXEY MOLCHANOV A SIGNÉ UNE PERFORMANCE HISTORIQUE EN ATTEIGNANT 125 M DE PROFONDEUR EN MONOPALME DANS LE GOLFE D'AJACCIO, EN CORSE. UNE PLONGÉE VERTIGINEUSE RÉALISÉE EN APNÉE DYNAMIQUE, QUI LUI PERMET DE BATTRE SON PROPRE RECORD MONDIAL.

UNE BELLE REVANCHE SUR LA VIE

Amputée d'une jambe après une attaque de requin en 2023, l'Américaine Ali Truwit a pu reprendre la natation et réaliser son rêve en participant pour la première fois aux Jeux paralympiques, en 2024.

Dans le cadre d'une initiative solidaire du Secours populaire, des enfants parisiens ont découvert les joies de la natation aux côtés d'athlètes olympiques. Parmi eux, Jules Bouyer, champion de plongeon individuel et synchronisé et figure des Jeux olympiques de Paris 2024, qui n'a pas hésité à se jeter à l'eau pour transmettre sa passion et partager ses conseils.

UNE INCROYABLE PERFORMANCE

À seulement 12 ans, la Chinoise Yu Zidi impressionne le monde de la natation : **elle a bouclé le 400 m quatre nages en 4 min 35 s 53 lors des championnats de Chine en mai 2025**, un temps qui l'aurait propulsée à la 4e place aux Jeux olympiques de Paris 2024. Qualifiée pour les prochains championnats du monde, elle suscite déjà l'admiration pour son incroyable précocité et son talent hors norme.

LA COMPÉTITION EN FAMILLE !

Dans l'ambiance survoltée des Jeux paralympiques de Paris 2024, les frères Portal ont marqué les esprits en finale du 400 m nage libre : Kylian a décroché la médaille de bronze, tandis que son frère, Alex, l'a devancé de justesse pour s'offrir l'argent. Une performance familiale aussi émouvante qu'inspirante !

LE CENTRE AQUATIQUE OLYMPIQUE DE SAINT-DENIS, CONSTRUIT POUR LES JEUX OLYMPIQUES DE PARIS 2024, A ACCUEILLI SES PREMIÈRES FINALES INTERNATIONALES À L'OCCASION DU GIANT OPEN 2025. LES NAGEURS ONT UNANIMEMENT SALUÉ LA QUALITÉ DES INFRASTRUCTURES, ILLUSTRANT CONCRÈTEMENT L'HÉRITAGE DURABLE LAISSÉ PAR LES JEUX À LA RÉGION.

SANTÉ MENTALE ET NATATION

Dans le documentaire *Santé mentale, briser le tabou*, diffusé sur M6 en mai 2025, le champion de natation Camille Lacourt revient sur les épreuves de santé mentale qu'il a connues au cours de sa carrière. À travers son témoignage, il lève le voile sur les coulisses souvent invisibles du sport de haut niveau et invite à une prise de conscience dans le monde de la natation.

ANASTASIIA KIRPICHNIKOVA,

née en Russie et naturalisée française en 2023, a marqué les esprits aux Jeux olympiques de Paris 2024 en décrochant une magnifique médaille d'argent sur le 1 500 m nage libre, derrière l'intouchable Katie Ledecky. Cette performance est hautement symbolique : pour sa première participation aux Jeux olympiques sous le drapeau tricolore, l'ancienne nageuse russe offre à la France une médaille précieuse dans une discipline historiquement dominée par les Américaines.

UNE LÉGENDE DE LA NATATION PARALYMPIQUE !

Jessica Long, nageuse paralympique américaine, a célébré vingt ans de carrière en beauté en décrochant sa 30e médaille aux Jeux de Paris 2024 – 30 médailles, dont dix-sept en or. Née avec une malformation congénitale et amputée des deux jambes, elle incarne la résilience et l'excellence, devenant au fil des années une sportive emblématique du mouvement paralympique.

UN MAGNIFIQUE PARCOURS

Après un grave accident de la route, Émeline Pierre, ancienne gymnaste de haut niveau, s'est reconstruite à travers la para-natation. À force de détermination et d'entraînement, la Française a remporté, lors des Jeux paralympiques de Paris 2024, la médaille d'or sur le 100 m nage libre S10 et la médaille de bronze sur le 100 m dos S10. Une trajectoire exemplaire, symbole de résilience et de dépassement de soi.

RUGBY

MEILLEUR JOUEUR DU MONDE !

ANTOINE DUPONT, LA STAR DU RUGBY FRANÇAIS, A ÉTÉ ÉLU MEILLEUR JOUEUR MONDIAL DE RUGBY À 7 PAR WORLD RUGBY EN 2024. UNE RÉCOMPENSE PRESTIGIEUSE QUI COURONNE UNE SAISON EXCEPTIONNELLE, MARQUÉE PAR DES EXPLOITS INDIVIDUELS ET DES SUCCÈS COLLECTIFS, NOTAMMENT LA MÉDAILLE D'OR AUX JEUX OLYMPIQUES DE PARIS 2024 AVEC L'ÉQUIPE DE FRANCE DE RUGBY À 7.

UNE BELLE VICTOIRE !

En mai 2025, l'Union Bordeaux Bègles a remporté sa première Champions Cup en battant Northampton 28-20 à Cardiff. Cette victoire fait d'elle le cinquième club français à décrocher ce titre européen, rejoignant ainsi Toulouse, Toulon, La Rochelle et Brive.

LE XV DE FRANCE FÉMININ A RÉALISÉ UN PARCOURS SOLIDE LORS DU TOURNOI DES SIX NATIONS 2025, REMPORTANT QUATRE DE SES CINQ MATCHS. LA SEULE DÉFAITE EST SURVENUE FACE À L'ANGLETERRE, AVEC UN SCORE SERRÉ DE 43-42 À TWICKENHAM. LA JOUEUSE JOANNA GRISEZ S'EST NOTAMMENT DISTINGUÉE EN INSCRIVANT UN ESSAI SPECTACULAIRE, ÉLU MEILLEUR ESSAI DU TOURNOI.

Découvrir le rugby

En juin 2024, 100 jeunes issus de quartiers prioritaires ont vécu une semaine immersive autour du rugby grâce à l'association Sport dans la ville et à la Ligue nationale de rugby. Ateliers, entraînements et rencontres ont rythmé cette expérience, conclue en beauté par le visionnage de la finale du Top 14 à Marseille.

Une belle partie !

En mai 2025, à Moulins-Yzeure, près de soixante personnes résidant en établissement de santé se sont réunies pour jouer une partie de *touch rugby*. Un moment de complicité qui a su donner le sourire à tout le monde !

UNE BELLE INITIATIVE

Historique ! L'équipe féminine brésilienne, les Yaras, est devenue la première d'une nation sud-américaine à se qualifier pour la Coupe du monde féminine de rugby. Avec seulement seize matchs à leur actif, elles ont brillé avec une victoire 34-13 contre la Colombie en juin 2024.

Début janvier 2025, **LES JOUEURS DU RACING 92** se sont rendus à l'hôpital de Bicêtre au Kremlin-Bicêtre pour rencontrer les enfants qui y sont hospitalisés. Cette visite a offert aux jeunes patients un moment de répit et de convivialité, leur permettant de s'évader du quotidien hospitalier le temps d'un après-midi.

RUGBY ET ÉCOLOGIE FONT ÉQUIPE POUR SENSIBILISER LA JEUNESSE

En mai 2025, l'Aviron bayonnais rugby pro a lancé, en partenariat avec l'association Water Family – Du Flocon à la Vague, une initiative caritative baptisée « L'eau en jeu ». Ce projet vise à sensibiliser les jeunes des écoles de rugby de la région aux enjeux liés à la préservation de l'eau, à travers des activités pédagogiques et sportives encadrées par les joueurs du club.

LE CLUB DE RUGBY FÉMININ ASM ROMAGNAT A OFFICIALISÉ SON CHANGEMENT DE NOM EN « ASM RUGBY FÉMININ » EN JANVIER 2025, DANS LE CADRE DU PROJET « ONE ASM » VISANT À RENFORCER LA VISIBILITÉ DU RUGBY FÉMININ EN AUVERGNE. CETTE INITIATIVE S'INSCRIT DANS UNE DYNAMIQUE NATIONALE PLUS GLOBALE DE PROMOTION DU RUGBY FÉMININ EN FRANCE.

BELLE PERFORMANCE !

L'Athletic Club de Bobigny 93 a marqué l'Histoire en remportant la première édition féminine du Supersevens, une compétition nationale de rugby à 7. Cette victoire illustre la montée en puissance du rugby féminin et l'engagement des clubs dans le développement de cette discipline dans toute la France.

CHAMPION DU TOURNOI DES SIX NATIONS 2025 !

LE XV DE FRANCE A REMPORTÉ LE TOURNOI DES SIX NATIONS 2025, MARQUANT 30 ESSAIS EN CINQ RENCONTRES, UN RECORD POUR L'ÉQUIPE. LES BLEUS ONT DÉBUTÉ LE TOURNOI PAR UNE VICTOIRE ÉCLATANTE CONTRE LE PAYS DE GALLES (43-0) ET ONT CONCLU EN BATTANT L'ÉCOSSE (35-16) AU STADE DE FRANCE, ASSURANT AINSI LEUR PREMIER TITRE DEPUIS 2022.

LE STADE BORDELAIS FÉMININ RÉALISE LE TRIPLÉ !

LE 31 MAI 2025, LE CLUB A REMPORTÉ LE CHAMPIONNAT ÉLITE 1 POUR LA TROISIÈME ANNÉE CONSÉCUTIVE EN BATTANT LE STADE TOULOUSAIN EN FINALE. CETTE VICTOIRE CONFIRME LA DOMINATION DES BORDELAISES SUR LE RUGBY FÉMININ FRANÇAIS.

UNE NOUVELLE COUPE !

L'EPCR (EUROPEAN PROFESSIONAL CLUB RUGBY) A ANNONCÉ LA CRÉATION D'UNE COUPE DU MONDE DES CLUBS DE RUGBY, PRÉVUE TOUS LES QUATRE ANS À PARTIR DE 2028. CE TOURNOI RÉUNIRA SEIZE DES MEILLEURES ÉQUIPES MONDIALES, ISSUES DE LA COUPE DES CHAMPIONS, DE LA PREMIERSHIP ANGLAISE ET DU CHAMPIONNAT JAPONAIS. CETTE INITIATIVE VISE À RENFORCER LA COMPÉTITIVITÉ ET LA VISIBILITÉ DU RUGBY DE CLUBS À L'ÉCHELLE INTERNATIONALE.

LE RUGBY AU FÉMININ

À l'approche de la Coupe du monde de rugby féminin 2025 en Angleterre, le programme Impact'25 a été lancé pour promouvoir le développement du rugby féminin. Avec un investissement de plus de 14 millions d'euros, ce programme vise à accroître la participation des femmes et des filles dans le rugby, à améliorer les infrastructures et à laisser un héritage durable pour le sport féminin.

SPORTS DE MONTAGNE

Une belle révélation

En août 2024, Vincent Bouillard a créé la sensation en remportant l'Ultra-Trail du Mont-Blanc. Inconnu du grand public avant la course, le Français a triomphé au terme de 171 km et 19 h 54 min d'efforts intenses à travers les Alpes. Une victoire aussi fulgurante qu'inattendue, qui propulse ce coureur discret au rang de révélation du trail mondial.

Des sportifs aguerris

En mai 2024, les skieurs Aurel Lardy et Éric Jamet ont signé un exploit rare en réussissant la descente de la mythique ligne « Vire de Lune », sur l'aiguille du Chardonnet, dans le massif du Mont-Blanc. C'est la première fois que cette ligne engagée était reskiée depuis son ouverture en 2016.

KAIZEN

Le 21 mai 2024, le youtubeur Inoxtag a atteint le sommet de l'Everest, réalisant l'un des exploits les plus marquants de sa jeune carrière. Parti le 10 avril, il a relevé ce défi extrême après seulement un an de préparation. Une ascension périlleuse, symbole de détermination et de dépassement de soi, largement saluée par sa communauté.

En 2024, la Kényane Joyce Muthoni Njeru est devenue la première athlète africaine à remporter les Golden Trail World Series. Avec des victoires en Chine, aux États-Unis et en Europe, elle a dominé la saison malgré une entorse lors de la finale en Suisse, et son avance au classement lui a permis de décrocher le titre avec 964 points.

CHIFFRE

30 FOIS

EN MAI 2024, L'ALPINISTE NÉPALAIS KAMI RITA SHERPA A UNE NOUVELLE FOIS MARQUÉ L'HISTOIRE DE L'HIMALAYA EN ATTEIGNANT LE SOMMET DE L'EVEREST POUR LA 30E FOIS. GUIDE DE HAUTE MONTAGNE DEPUIS PLUS DE VINGT ANS, IL BAT AINSI SON PROPRE RECORD MONDIAL DU NOMBRE D'ASCENSIONS DU TOIT DU MONDE, À 8 849 M D'ALTITUDE.

TOUJOURS PLUS HAUT !

Kilian Jornet frappe encore un grand coup. En août 2024, en seulement 19 jours, l'ultra-traileur de légende a relevé un défi hors norme : parcourir plus de 1 200 km et 85 000 m de dénivelé positif en reliant 82 sommets des Alpes de plus de 4 000 m d'altitude. Le précédent record, établi en 2008, était de 60 jours.

Mathieu Blanchard triomphe à La Réunion

Le traileur français a signé un exploit retentissant en remportant la mythique Diagonale des Fous. Il a avalé les 175 km et les 10 000 m de dénivelé de l'île de La Réunion en seulement 23 heures et 25 minutes. Un accomplissement de haut vol sur l'une des courses les plus redoutées au monde.

INARRÊTABLE !

Paraplégique, le Français Dany Dannhoffer a réalisé un exploit hors du commun : atteindre le camp de base de l'Everest, à plus de 5 500 m d'altitude… en fauteuil roulant ! Il devient ainsi le premier Français en situation de handicap à réussir cette ascension symbolique, porté par une détermination à toute épreuve.

UNE PERFORMANCE ACROBATIQUE !

PERRINE LAFFONT, skieuse acrobatique, a décroché, avec émotion, son sixième titre de championne du monde sur les bosses de Saint-Moritz en mai 2024. Une performance exceptionnelle qui confirme son règne sur la discipline et inscrit un peu plus son nom dans la légende du ski français.

LES FRANÇAISES CONSERVENT LEUR COURONNE MONDIALE EN RELAIS BIATHLON !

LOU JEANMONNOT, OCÉANE MICHELON, JUSTINE BRAISAZ-BOUCHET ET JULIA SIMON ONT SURVOLÉ LA COURSE LORS DES MONDIAUX DE BIATHLON 2025, S'IMPOSANT AVEC PLUS D'UNE MINUTE D'AVANCE SUR LA NORVÈGE. UNE DÉMONSTRATION DE MAÎTRISE COLLECTIVE QUI LEUR PERMET DE DÉCROCHER, AVEC PANACHE, UN NOUVEAU TITRE MONDIAL.

IMPRESSIONNANT !

Le 15 novembre 2024, Julien Roux, *highliner* français de 28 ans, a battu un record du monde en traversant une sangle tendue entre deux montgolfières à 4 255 m d'altitude. Dans des conditions extrêmes (– 14 °C, vent, air raréfié), il a parcouru les 20 m suspendu au-dessus du vide. L'exploit s'est terminé par un saut en parachute depuis le milieu de la ligne.

À VALDESQUÍ, UNE STATION DE SKI PROCHE DE MADRID, PLUSIEURS SKIEURS ONT UNI LEURS FORCES POUR SAUVER UNE PETITE FILLE SUSPENDUE DANS LE VIDE, SUR LE POINT DE TOMBER D'UN TÉLÉSIÈGE. SANS HÉSITER, ILS ONT RASSEMBLÉ DES MATELAS DE SÉCURITÉ ET DES ÉQUIPEMENTS DE FORTUNE POUR CRÉER UN VÉRITABLE TAPIS D'AMORTISSEMENT. GRÂCE À LEUR SANG-FROID ET À LEUR RÉACTIVITÉ, LA FILLETTE A PU ÊTRE RÉCEPTIONNÉE SANS BLESSURE.

SPORT EN MONTAGNE ET INCLUSIVITÉ

L'Ultra-Trail du Mont-Blanc (UTMB) 2024 a marqué une avancée majeure pour l'inclusivité dans le *trail running*. Douze athlètes en situation de handicap ont pris le départ au sein de la Team Adaptive, une initiative inédite saluée par la communauté. Leur présence sur cette course mythique incarne un pas fort vers un sport plus ouvert, accessible et inspirant pour tous.

UNE VICTOIRE INATTENDUE

La jeune **Noémie Equy**, snowboardeuse française de 22 ans originaire des Hautes-Alpes, a créé la surprise en décrochant le titre de championne du monde de snowboard freeride dès sa première saison sur le Freeride World Tour 2025. Grâce à son impressionnante maîtrise, elle s'est imposée face aux meilleures rideuses mondiales.

SPORTS DE RAQUETTE

LES FRÈRES LEBRUN DANS LE TOP 10 MONDIAL !

En 2025, Félix confirme son ascension fulgurante en atteignant la 5e place du classement international, juste derrière trois joueurs chinois et un Japonais. Son frère Alexis, de son côté, entre pour la première fois dans le top 10 en décrochant la 10e position. **UNE PERFORMANCE HISTORIQUE POUR LE TENNIS DE TABLE FRANÇAIS, QUI VOIT POUR LA PREMIÈRE FOIS DEUX JOUEURS TRICOLORES ATTEINDRE UN TEL NIVEAU D'EXCELLENCE.**

LE TENNIS À TOUT ÂGE

Dans le Finistère, le fan de tennis Roger Nicolas s'est classé à la 22e place mondiale dans la catégorie des plus de 85 ans ! Surnommé « Roger de Camaret », ce passionné a découvert le tennis sur le tard, à 52 ans, et n'a plus jamais lâché sa raquette depuis. Une belle leçon de persévérance et de passion.

UN SELFIE DEVENU HISTORIQUE

Sur le podium des Jeux olympiques de Paris 2024, des pongistes nord-coréens et sud-coréens se sont réunis le temps d'une photo qui a fait le tour du monde. Un geste fort, symbole de fraternité et d'espoir, porté par l'esprit de la trêve olympique.

En mai 2024, Roger Federer a créé l'événement à La Courneuve, en Seine-Saint-Denis, en se déplaçant en personne pour inaugurer un nouveau court, installé grâce à l'association Fête le mur.

Accueilli avec admiration, il a échangé quelques balles avec les jeunes du quartier et partagé un moment unique avec les habitants.

Victor Crouin a brillamment remporté l'Open d'Allemagne de squash 2025 à Hambourg, s'imposant face à plusieurs têtes de série internationales et confirmant son statut parmi l'élite. À 25 ans, le Français continue de grimper dans la hiérarchie du squash mondial grâce à un jeu complet, alliant puissance, précision et intelligence tactique.

POUR LA PREMIÈRE FOIS, ROLAND-GARROS A EU SA *FAN ZONE* OFFICIELLE !

Du 4 au 9 juin 2025, les passionnés de tennis ont pu se rassembler place de la Concorde, à Paris, pour vivre le tournoi autrement. Jusqu'à 5 000 personnes se sont réunies chaque jour autour d'un programme festif : écrans géants, défilés de joueurs, food trucks, bars, boutiques et DJ sets.

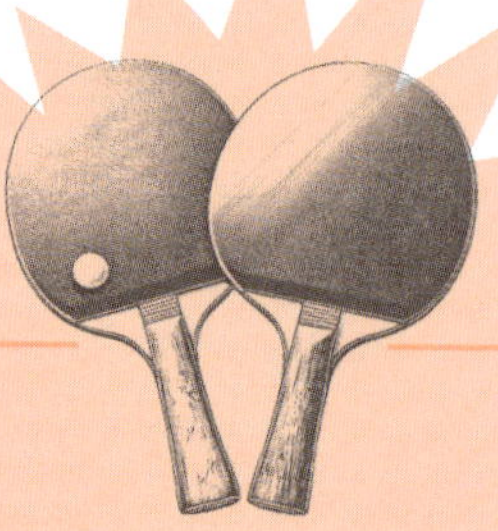

ENCORE EUX !

Les frères Lebrun ont remporté les WTT Finals 2024 en double, décrochant ainsi le titre de numéros 1 mondiaux. Une nouvelle performance de haut vol pour la fratrie qui ne cesse de faire briller le tennis de table français.

IL CONSERVE SON TITRE !

Après sa victoire à Tokyo en 2021, **le Français Lucas Mazur a décroché un nouveau sacre paralympique en para-badminton**, au terme d'une finale maîtrisée de bout en bout. Une performance éclatante qui a offert à la France sa 10e médaille d'or lors des Jeux de Paris 2024.

À seulement 20 ans, Alex Lanier a signé un exploit historique pour le badminton français. Vainqueur de l'Orléans Masters (Super 300), il devient le tout premier Français à intégrer le top 10 mondial. Une performance exceptionnelle qui confirme l'ascension fulgurante de ce jeune talent.

EN NOVEMBRE 2024 À MÁLAGA, RAFAEL NADAL A TIRÉ SA RÉVÉRENCE À 38 ANS, DISPUTANT LE DERNIER MATCH D'UNE CARRIÈRE EXCEPTIONNELLE. AVEC 22 TITRES DU GRAND CHELEM, DONT UN RECORD DE 14 À ROLAND-GARROS, IL S'IMPOSE COMME L'UNE DES PLUS GRANDES LÉGENDES DU TENNIS.

UN MATCH SERRÉ !

À SEULEMENT 20 ANS, ARTHUR FILS A SIGNÉ UN EXPLOIT EN DEVENANT LE PLUS JEUNE FRANÇAIS À ATTEINDRE LES QUARTS DE FINALE D'UN MASTERS 1 000 DEPUIS RICHARD GASQUET EN 2006. IL S'EST FINALEMENT INCLINÉ EN TROIS SETS SERRÉS (6-4, 2-6, 7-6(7)) APRÈS AVOIR MENÉ 4-2 DANS LA MANCHE DÉCISIVE FACE AU RUSSE DANIIL MEDVEDEV, ANCIEN NUMÉRO 1 MONDIAL.

UN PARCOURS EXCEPTIONNEL

Loïs Boisson, 22 ans et classée 361e mondiale, a réalisé un exploit sensationnel lors du tournoi de Roland-Garros 2025 en atteignant les demi-finales. Elle est la première Française à le faire depuis 2011, éliminant la numéro 3 mondiale, Jessica Pegula, en huitièmes, puis la numéro 6, Mirra Andreeva, en quarts.

VAINQUEUR À AUCKLAND (6-3, 6-4) EN JANVIER 2025, **GAËL MONFILS** EST DEVENU, À 38 ANS, LE JOUEUR LE PLUS ÂGÉ À REMPORTER UN TITRE DEPUIS LA CRÉATION DE L'ATP TOUR EN 1990. UN RECORD SYMBOLIQUE POUR LE FRANÇAIS, QUI PROUVE QU'IL PEUT ENCORE RIVALISER AVEC LES MEILLEURS. **« J'AI ENCORE LA FOI, J'AIME TOUJOURS AUTANT CE SPORT »,** A-T-IL CONFIÉ.

INSTANT ZEN SUR LE COURT

Novak Djokovic a été surpris en pleine méditation... sur le filet, les yeux fermés, en totale décontraction. Une scène insolite mais fidèle au personnage : adepte de yoga et de techniques de relaxation, le champion serbe n'hésite pas à faire preuve de souplesse lorsqu'il s'agit de ses entraînements.

Finaliste en double à l'Open d'Australie 2025, le Français Stéphane Houdet, 54 ans, poursuit une carrière hors norme en tennis fauteuil. Amputé de la jambe gauche après un accident de moto, il a transformé l'épreuve en moteur de réussite. Triple champion paralympique, ancien numéro 1 mondial et présent dix-sept fois à Roland-Garros, il incarne la résilience et l'excellence sportive.

SPORTS NAUTIQUES

L'OR POUR LE SURF FRANÇAIS

LE SURFEUR FRANÇAIS KAULI VAAST A REMPORTÉ LA TOUTE PREMIÈRE MÉDAILLE D'OR OLYMPIQUE DU SURF FRANÇAIS LORS DES JEUX DE PARIS 2024. C'EST CHEZ LUI, À TEAHUPO'O, SUR L'UNE DES VAGUES LES PLUS PUISSANTES AU MONDE, QU'IL A TRIOMPHÉ, SOUTENU ET ENTOURÉ DE SES PROCHES.

QUELLE VITESSE !

Justine Mettraux a terminé 8e du Vendée Globe 2024-2025 et est ainsi entrée dans l'histoire en devenant la navigatrice la plus rapide de ce tour du monde en solitaire. Pour sa première participation, la Suissesse a bouclé la course en 76 jours, 1heure et 36 minutes, battant largement l'ancien record féminin, établi à 87 jours.

À seulement 23 ans, la jeune Violette Dorange a terminé en février 2025 son tout premier tour du monde à la voile en solitaire et sans assistance, en 90 jours, 22 heures et 37 minutes. Elle devient ainsi la plus jeune skippeuse de l'histoire à terminer le Vendée Globe.

RETENEZ VOTRE SOUFFLE !

En novembre 2024, Magali Leconte, athlète non-voyante, a décroché deux médailles d'or aux championnats du monde de para-apnée en Italie, en apnée statique et en apnée dynamique. Devenue aveugle à 25 ans, elle a trouvé dans cette discipline une voie de résilience et elle continue d'impressionner dans un sport encore trop peu médiatisé pour les personnes en situation de handicap.

UNE MÉDAILLE… ET UNE DEMANDE EN MARIAGE !

Juste après avoir décroché le bronze en voile aux Jeux de Paris 2024, Charline Picon et Sarah Steyaert ont eu la belle surprise d'être demandées en mariage par leurs compagnons respectifs. Une journée inoubliable sur les plans sportif et personnel.

EN JANVIER 2025, LE NAVIGATEUR FRANÇAIS CHARLIE DALIN A MARQUÉ L'HISTOIRE DE LA VOILE FRANÇAISE EN REMPORTANT LA 10E ÉDITION DU VENDÉE GLOBE. IL A BOUCLÉ SON TOUR DU MONDE EN SOLITAIRE EN 64 JOURS, ÉTABLISSANT UN NOUVEAU RECORD DE L'ÉPREUVE. UN EXPLOIT REMARQUABLE POUR UN SKIPPER D'EXCEPTION.

UNE ASCENSION AU PLUS HAUT NIVEAU

En mai 2025, Éléa Charvet, athlète de para-canoë-kayak, a décroché la médaille de bronze en VL3 200 m lors de la Coupe du monde de paracanoë à Poznań, en Pologne. Une performance qui fait écho à sa médaille de bronze remportée aux Championnats d'Europe 2024.

PRENDRE LES VAGUES !

Le quadruple champion du monde australien, James Carew, a réalisé un exploit hors norme début 2025 en kitesurfant l'une des plus grosses vagues de l'année à Nazaré, au Portugal. En pleine tempête Ivo, avec des vents violents et des vagues dépassant les 18 m, il a réussi à maintenir son équilibre et à enchaîner des manœuvres techniques sur une houle dantesque.

UNE BELLE EXPOSITION

Du 4 au 7 juillet 2025, Le Havre a accueilli Les Grandes Voiles du Havre, un événement maritime exceptionnel réunissant une trentaine de grands voiliers historiques. Parmi eux, le *Belem*, le *Dar Młodzieży* et le *Christian Radich*, qui ont offert au public des visites et des navigations spectaculaires.

Le 29 juillet 2024, l'équipe de France féminine de water-polo a signé un exploit retentissant en battant l'Italie (9-8), pourtant grande favorite, lors des Jeux olympiques 2024. Une première victoire olympique dans l'histoire des Bleues, qui participent à leurs tout premiers Jeux.

UN BRETON SUR LE TOIT DU MONDE DU *WINDFOIL* !

Le 6 mai 2025, lors du Championnat du monde de vitesse en *windfoil* – un sport nautique consistant à se déplacer sur une planche à l'aide d'une aile placée en dessous – organisé à La Palme (Aude), William Huppert, originaire de Dinard et formé au Surf School de Saint-Malo, a décroché le titre de champion du monde. Une belle consécration pour ce jeune Breton, qui confirme son talent dans une discipline en plein essor.

DE L'AVENTURE À L'OCÉAN

Aventurier dans l'âme, le Breton Benjamin Ferré a tour à tour été marcheur, auto-stoppeur, pilote… avant de se lancer un nouveau défi de taille : la voile. Le 10 novembre 2024, il a pris le départ du mythique Vendée Globe, la course en solitaire la plus exigeante au monde. Un parcours audacieux pour celui qui, sans formation classique, s'est hissé jusqu'au sommet de la navigation en haute mer.

ENGAGÉ DANS LE DÉFI VOILE SOLIDAIRES, LE NAVIGATEUR **THIBAUT VAUCHEL-CAMUS** SOUTIENT DÉSORMAIS UNE ÉQUIPE DE JEUNES ESPOIRS DE LA RÉGION MALOUINE. IL ACCOMPAGNE CES TALENTS ÉMERGENTS DANS LA PRATIQUE DE L'ILCA, UN DÉRIVEUR EN SOLITAIRE EXIGEANT ET FORMATEUR. UNE BELLE INITIATIVE POUR TRANSMETTRE SON EXPÉRIENCE ET FAIRE NAÎTRE UNE NOUVELLE GÉNÉRATION DE MARINS.

CHANGEMENT DE DISCIPLINE !

Habitué des sentiers extrêmes, le champion d'ultra-trail Mathieu Blanchard a décidé de relever un nouveau défi de taille : l'océan. Vainqueur de la mythique Diagonale des Fous, il troque ses chaussures de trail pour un harnais de voile et participera à la Transat Café L'Or (ex-Transat Jacques-Vabre), dont le départ sera donné au Havre le 26 octobre 2025.

Long voyage pour une mascotte

En mai 2025, les élèves de maternelle de l'école du Sacré-Cœur de Poiré-sur-Vie, en Bretagne, ont accueilli avec émotion Maman Oie, leur mascotte, de retour d'un périple extraordinaire. Le skipper suisse Alan Roura, engagé dans le Vendée Globe, l'avait embarquée à bord de son voilier pour un tour du monde en solitaire. À travers cette initiative touchante, le navigateur a permis aux enfants de découvrir la voile et de suivre l'aventure de près.

UN VOILIER POUR LES ORPHELINS DE SAPEURS-POMPIERS

Stéphane Gâteau, sapeur-pompier à Lorient et passionné de mer, a fondé l'association Madelezh – dont le nom signifie « bienveillance » en breton. Son objectif : offrir aux pupilles des sapeurs-pompiers l'opportunité de découvrir la voile. Depuis le 1er juin 2025, l'association est propriétaire d'un voilier suédois, donné pour permettre à ces jeunes de prendre le large.

DIVERS

UNE BELLE HISTOIRE

Quelques heures seulement après avoir assisté à la naissance de sa fille, Aurélien Quinion s'alignait sur le départ du 20 km marche aux Jeux olympiques de Paris 2024. Malgré l'émotion et le manque de repos, le Français a réalisé une course exceptionnelle, terminant à la 9e place en 1 h 19 min 56 s – un nouveau record personnel.

TEDDY RINER A REMPORTÉ L'OR EN + 100 KG LORS DES JEUX DE PARIS 2024, AVANT DE BRILLER À NOUVEAU AVEC L'ÉQUIPE DE FRANCE LORS DE L'ÉPREUVE PAR ÉQUIPES MIXTES. AVEC DÉSORMAIS CINQ TITRES OLYMPIQUES À SON ACTIF, IL S'IMPOSE COMME L'UN DES PLUS GRANDS JUDOKAS DE TOUS LES TEMPS.

TOUCHÉ !

Le 29 juillet 2024, Manon Apithy-Brunet a offert à la France une magnifique médaille d'or en escrime individuelle lors des Jeux olympiques de Paris 2024. Dominant tout au long de la compétition, elle a su faire parler sa précision, sa rapidité et son sang-froid pour s'imposer en finale face à une adversaire redoutable. C'est la première médaille olympique individuelle de sa carrière, une consécration.

Une vie à cent à l'heure ! Double champion de France de moto endurance et salarié chez RENAULT, KENNY LE VERN partage son temps entre les ateliers du constructeur automobile situés près de Metz, où il travaille comme technicien, et les circuits de course, sur lesquels il excelle. Un quotidien exigeant, rythmé par la mécanique et son amour de la vitesse !

EN NORMANDIE, STÉPHANE GOMIS, ANCIEN BOXEUR, MET LE MMA AU SERVICE DE L'INSERTION PROFESSIONNELLE DES JEUNES. LORS DE SESSIONS ENCADRÉES, DES RECRUTEURS ASSISTENT AUX ENTRAÎNEMENTS POUR ÉVALUER DES QUALITÉS CLÉS, COMME LE DÉPASSEMENT DE SOI, LA RIGUEUR OU L'ESPRIT D'ÉQUIPE.

STRIKE !

À 23 ANS, MAXIME DUBOIS ENTRE DANS L'HISTOIRE DU BOWLING FRANÇAIS EN REMPORTANT LA COUPE D'EUROPE DES CHAMPIONS, UNE PREMIÈRE DEPUIS 2000 POUR UN TRICOLORE. UNE VICTOIRE QUI CONSACRE SON TALENT ET SA PROGRESSION FULGURANTE. PROCHAINE ÉTAPE POUR LE JEUNE CHAMPION : LES MONDIAUX DE 2025 À HONG KONG, OÙ IL COMPTE BIEN FAIRE SENSATION.

UNE BARBIE À L'EFFIGIE D'ESTELLE MOSSELY !

La championne olympique de boxe figure parmi les neuf sportives de haut niveau mises à l'honneur par Mattel dans une nouvelle collection inspirante. À travers ces poupées, la marque célèbre des parcours d'exception et encourage les jeunes filles à croire en leurs rêves, à persévérer et à s'épanouir dans le sport.

QUELLE FORCE !

À 68 ans, Joëlle Lemarchand enchaîne les performances en force athlétique. Début 2025, elle devient championne de France de développé couché à Cambrai avec 57,5 kg. Quelques jours plus tard, elle décroche la médaille d'argent aux Championnats d'Europe Masters à Albi avec un total de 247,5 kg. Ces résultats lui valent une qualification pour les Mondiaux à Oslo et les Européens à Malte.

CHIFFRE

12 MILLIONS

PARIS 2024 EST ENTRÉ DANS L'HISTOIRE EN BATTANT LE RECORD DU NOMBRE DE BILLETS VENDUS POUR DES JEUX. AU TOTAL, 12 MILLIONS DE BILLETS ONT ÉTÉ ÉCOULÉS : PRÈS DE 9,5 MILLIONS POUR LES JEUX OLYMPIQUES ET PLUS DE 2,5 MILLIONS POUR LES JEUX PARALYMPIQUES. JAMAIS UNE ÉDITION N'AVAIT SUSCITÉ UN TEL ENGOUEMENT DU PUBLIC.

Le sport au service des animaux

L'Ukrainienne Yaroslava Mahuchikh, championne olympique de saut en hauteur, a fait preuve d'une grande générosité en reversant une partie de sa prime à des organisations de protection des animaux en Ukraine. Elle a ainsi fait don d'un million de *hryvnias*, soit environ 24 000 euros, pour soutenir les refuges et associations qui viennent en aide aux animaux victimes de la guerre.

LES JEUX OLYMPIQUES POUR TOUS !

À L'HÔPITAL DE CLAMART, LE SERVICE DE PÉDIATRIE A ORGANISÉ DES MINI-OLYMPIADES POUR PERMETTRE AUX ENFANTS MALADES DE VIVRE, EUX AUSSI, LA MAGIE DES JEUX DE PARIS 2024. ENTRE ÉPREUVES LUDIQUES, MÉDAILLES SYMBOLIQUES ET MOMENTS DE JOIE PARTAGÉE, CES PETITS CHAMPIONS ONT GOÛTÉ À L'ESPRIT OLYMPIQUE DEPUIS LEUR CHAMBRE D'HÔPITAL.

POUR LA PREMIÈRE FOIS, LES JEUX OLYMPIQUES DE LOS ANGELES EN 2028 ACCUEILLERONT PLUS DE FEMMES QUE D'HOMMES : **5 655 ATHLÈTES FÉMININES** CONTRE **5 543 ATHLÈTES MASCULINS.** UNE AVANCÉE HISTORIQUE POUR LA PARITÉ… NOTAMMENT DANS LE FOOTBALL. ALORS QU'IL Y AVAIT TRADITIONNELLEMENT 16 ÉQUIPES MASCULINES CONTRE 12 FÉMININES, LA TENDANCE S'INVERSE : 16 SÉLECTIONS FÉMININES FOULERONT DÉSORMAIS LES PELOUSES OLYMPIQUES, CONTRE 12 ÉQUIPES MASCULINES.

UN MAGNIFIQUE SPECTACLE

Le 29 novembre 2024, le champion olympique de patinage artistique Guillaume Cizeron a inauguré la patinoire éphémère du château de Vaux-le-Vicomte. Dans ce cadre majestueux, il a offert une démonstration élégante et poétique, mêlant art et sport, pour le plus grand plaisir des visiteurs.

REALAXE

CÉLÈBRE SES 10 ANS !

Basé à Paris, le club de skate est pionnier dans la promotion du skate au féminin. Il s'est imposé comme un acteur incontournable d'une discipline longtemps dominée par les hommes. En une décennie, Realaxe a contribué à créer un espace inclusif, inspirant et engagé pour toutes les rideuses.

À MORNANT, DES ENFANTS ONT LANCÉ UNE PÉTITION NATIONALE POUR L'INCLUSION DES ATHLÈTES TRISOMIQUES AUX JEUX PARALYMPIQUES.

OBJECTIF : 500 000 SIGNATURES POUR FAIRE ENTENDRE LEUR VOIX. DÉTERMINÉS, ILS PRÉVOIENT AUSSI D'ADRESSER UNE LETTRE AU PRÉSIDENT EMMANUEL MACRON ET AUX INSTANCES SPORTIVES. UNE INITIATIVE FORTE, PORTÉE PAR UNE JEUNESSE ENGAGÉE EN FAVEUR DE L'INCLUSION ET DE L'ÉGALITÉ DES CHANCES.

Amputée des mains et des pieds, Lucie Retail a réussi l'exploit de gravir le mont Fuji au Japon ! Pour venir à bout des 3 776 m de ce géant, cette Nantaise s'est préparée pendant six mois avec le soutien de l'association No Différence, qui accompagne les personnes en situation de handicap dans des défis sportifs. Une ascension historique, puisque c'est la première fois qu'une personne quadri-amputée atteint le sommet du volcan japonais.

NOTRE TOP 25 UNDER 25 YEARS

SPORT

1 LOUIS BIELLE-BIARREY
(22 ANS)

Louis Bielle-Biarrey, né le 16 juin 2003 à La Tronche (Isère), est l'un des visages les plus prometteurs du rugby français. Formé dès l'enfance à Seyssins, puis au FC Grenoble, il rejoint l'Union Bordeaux Bègles (UBB) à seulement 18 ans, et s'impose rapidement en inscrivant un triplé lors de son premier match professionnel en Coupe d'Europe. Convoqué en équipe de France en 2023, il entre dans l'Histoire en devenant, à 20 ans et 87 jours, le plus jeune joueur français à disputer une Coupe du monde à domicile, lors d'un match face à l'Uruguay. Depuis, il s'est imposé comme un élément incontournable du XV de France, enchaînant les titularisations. Lors du Tournoi des Six Nations 2025, il établit un record en marquant huit essais sur une même édition de Tournoi, égalant un record centenaire. Une performance qui lui a par ailleurs valu le titre de meilleur joueur du Tournoi, devenant le second Français à recevoir cette distinction après Antoine Dupont. Parallèlement, il continue de briller en club. En avril 2025, il joue un rôle déterminant dans la qualification de l'UBB pour la finale de la Champions Cup en inscrivant deux essais décisifs contre Toulouse.
Reconnaissable à son casque rouge, Bielle-Biarrey impressionne autant par sa vitesse que par sa maturité tactique. Avec 19 sélections et 90 points inscrits en équipe de France il est, à seulement 22 ans, l'un des ailiers les plus redoutés de la scène internationale et la figure de la nouvelle génération du rugby tricolore.

2 ORIANE BERTONE
(20 ANS)

Née en 2005 à Nice, Oriane Bertone découvre l'escalade à l'âge de 8 ans lors d'un séjour en centre aéré sur l'île de La Réunion, où elle a grandi. Elle gravit son premier bloc 7B quelques mois après avoir intégré le 7 à l'Ouest, un club d'escalade réunionnais ayant déjà accueilli de grandes grimpeuses, comme Fanny Gibert ou Manon Hily. Elle enchaîne des performances inédites à Rocklands, en Afrique du Sud, en devenant à 12 ans la plus jeune grimpeuse à réussir un bloc 8B + sur le Golden Shadow. En 2019, elle rejoint l'équipe de France et domine les circuits jeunes, remportant cette même année les titres mondiaux en bloc et en difficulté. En 2023, elle devient championne de France de bloc, multiple médaillée en Coupe du monde, et elle s'impose face à l'élite mondiale en remportant l'or à Prague. Qualifiée de justesse pour les Jeux de Paris, elle termine à la 8e place de l'épreuve combinée bloc-difficulté, une performance saluée malgré une déception personnelle. Après une courte pause, Oriane revient en force en 2025. Elle remporte son troisième titre de championne de France de bloc et décroche une médaille d'argent lors de l'étape de Keqiao en Coupe du monde. Membre du bataillon de Joinville depuis 2024, elle s'illustre également en remportant le titre de championne du monde militaire d'escalade en mars 2025.

3 LOÏS BOISSON
(22 ANS)

Loïs Boisson, 22 ans, est l'un des nouveaux visages du tennis français. Née à Dijon en 2003, Loïs se tourne vers le tennis à l'âge de 8 ans. D'abord formée à l'ASPTT Dijon, ensuite à Beaulieu-sur-Mer, puis à l'académie Piatti en Italie et enfin à Nice, Loïs gravit discrètement les échelons du circuit féminin de l'ITF, remportant plusieurs tournois en 2022, 2023 et 2024, dont Saint-Malo. Mais en mai 2024, une rupture du ligament croisé du genou gauche vient brutalement interrompre sa progression. C'est à Roland-Garros 2025 que sa carrière bascule. Invitée grâce à une wild-card (autorisation exceptionnelle à participer), elle réalise un incroyable parcours en atteignant les demi-finales, un exploit rarissime pour une joueuse qui n'est pas tête de série. Elle écarte notamment plusieurs joueuses du top 20 mondial, dont la n° 3 Jessica Pegula ou encore la prodige russe Mirra Andreeva, impressionnant par son sang-froid et son mental solide. Ce coup d'éclat la propulse à la 65e place mondiale et lui permet de devenir, pour la première fois, la numéro 1 française. À seulement 22 ans, Loïs Boisson ne fait que commencer à écrire son histoire, qui pourrait bien marquer le tennis français dans les années à venir.

4 VIOLETTE DORANGE
(24 ANS)

À seulement 24 ans, Violette Dorange est l'une des étoiles montantes de la voile française. Née en 2001 à Rochefort dans une famille de navigateurs, elle découvre la mer dès sa plus tendre enfance. Si elle débute l'Optimist à 7 ans et se distingue rapidement en compétition, elle ne se prend de passion que tardivement pour ce sport, qu'elle souhaite dans un premier temps arrêter. Une fois son brevet en poche, elle intègre le Pôle France voile de La Rochelle, la section sport-études du lycée Jean-Dautet, puis poursuit un double parcours à l'INSA Rennes tout en s'entraînant à Port-la-Forêt, en Bretagne. Jeune navigatrice précoce, elle multiplie déjà les exploits : première traversée de la Manche en Optimist à 15 ans en 2016, premier passage du détroit de Gibraltar à 16 ans, plus jeune participante à la Mini Transat en 2019 à 18 ans, puis à la course Solitaire du Figaro en 2020. En 2021, elle annonce son intention de participer au Vendée Globe 2024-2025, une course à la voile autour du monde en solitaire, avec une ambition claire : la terminer. À bord de *DeVenir* (ex-*Yes We Cam !*), la benjamine de la course prend son départ en novembre 2024 et se fait rapidement connaître du grand public en documentant son aventure sur les réseaux sociaux. Après un périple intense, elle boucle son tour du monde en 90 jours, 22 heures et 37 minutes, à la 25e place. Quelques jours après son arrivée, elle annonce rejoindre l'équipe Initiatives-Cœur en tant que co-skippeuse aux côtés de Samantha Davies, son idole de toujours. Ensemble, elles prendront le départ de la Transat Café L'Or à l'automne 2025.

5 DÉSIRÉ DOUÉ
(20 ANS)

Né en 2005 à Angers, Désiré Doué est un footballeur international français évoluant au sein du Paris Saint-Germain. Issu d'une famille où le ballon rond est une tradition – son frère Guéla est également footballeur – il commence le football à l'âge de 6 ans et rejoint le centre de formation du Stade rennais à 9 ans. Doté d'une grande explosivité et d'une agilité naturelle, Désiré intègre l'effectif professionnel rennais lors de la préparation estivale 2022. Le 7 août de la même année, il fait ses débuts en Ligue 1 à seulement 17 ans, contre le FC Lorient. Entré en cours de jeu, il s'illustre par son apport offensif, sans toutefois permettre aux siens d'éviter la défaite dans ce derby breton. Quelques semaines plus tard, il inscrit son premier but en professionnel face au Stade brestois (victoire 3-1). En parallèle, il remporte l'Euro U17 en 2022 et décroche la médaille d'argent aux Jeux olympiques de Paris 2024, avec les Bleuets. Le 17 août 2024, Doué quitte son club formateur afin de rejoindre le Paris Saint-Germain, pour un transfert estimé à 50 millions d'euros. Dès sa première saison avec le Paris Saint-Germain, Désiré Doué se révèle comme l'un des grands talents du championnat. Auteur de 15 buts et de 14 passes décisives en 54 matchs toutes compétitions confondues, il séduit par sa régularité et sa maturité de jeu. Quelques mois plus tard, il est convoqué par Didier Deschamps pour la première fois en équipe de France à seulement 19 ans, pour affronter la Croatie. Élu meilleur espoir de la Ligue 1 aux Trophées UNFP, qui récompensent annuellement les meilleurs footballeurs français, Désiré Doué n'a pas fini de faire parler de lui !

ENVIRONNEMENT

1000 BONNES NOUVELLES

AGRICULTURE

UN LABEL POUR ACHETER MIEUX !

Depuis l'été 2024, les consommateurs peuvent mieux connaître l'origine des aliments qu'ils achètent en supermarché grâce à un nouveau logo alimentaire, *Origin'Info*. Visible sur les emballages, il indique la provenance des principaux ingrédients qui composent le produit, pour une consommation plus transparente.

PLUS DE SOJA BRÉSILIEN !

Philippe Bonnier, éleveur de vaches laitières à Coise, près de Lyon, a décidé d'en finir avec le soja importé. Depuis 2024, il est engagé dans un processus de réduction de l'empreinte carbone de son exploitation et nourrit désormais ses bêtes avec ses propres cultures de protéines végétales, qu'il cultive sur ses terres.

« PAS DE TOMATES EN HIVER ! »

C'EST LE SLOGAN DE LA NOUVELLE CAMPAGNE DE SENSIBILISATION LANCÉE PAR LA FÉDÉRATION RÉGIONALE DES AGRICULTEURS BIO. AVEC CETTE ACTION, ELLE ENTEND RAPPELER L'IMPORTANCE DE RESPECTER LA SAISONNALITÉ DES FRUITS ET LÉGUMES.

La capitale se met au vert !

En 2024, cinq nouveaux sites « Parisculteurs » ont vu le jour à Paris. Ces fermes urbaines transforment les toits et les friches en espaces de culture durable. Bien plus que de simples potagers, ces lieux recréent du lien entre les citadins, et favorisent une alimentation locale.

UNE REVANCHE SUR LA VIE

Parti de son pays natal, la Côte d'Ivoire, alors qu'il avait à peine 16 ans, Mamadou Bamba a trouvé refuge en France, dans le Béarn. Accueilli par David Couture et sa famille dans leur ferme d'élevage bovin, le jeune Mamadou a découvert les bases du métier d'éleveur aux côtés d'un tuteur bienveillant, et souhaite désormais poursuivre dans cette voie.

CHIFFRE

130 000 ABONNÉS

L'« AGRI-YOUTUBEURRE » QUI TORD LE COU AUX CLICHÉS

ÉTIENNE FOURMONT EST AGRICULTEUR ET ÉLEVEUR DE VACHES LAITIÈRES À VIRÉ-EN-CHAMPAGNE, DANS LA SARTHE. AVEC PLUS DE 130 000 ABONNÉS SUR YOUTUBE, CE DESCENDANT D'UNE FAMILLE D'AGRICULTEURS RACONTE SON QUOTIDIEN DANS DES VIDÉOS HUMORISTIQUES ET BRISE LES IDÉES REÇUES SUR L'AGRICULTURE.

L'association La Voix des poules œuvre pour trouver une nouvelle maison aux poules pondeuses « en fin de carrière ». Grâce à l'association, des milliers de gallinacés ont pu être adoptés par des particuliers, leur offrant parfois même quelques œufs en bonus.

LA SOCIÉTÉ TURQUE NANOMIK A DÉVELOPPÉ UNE TECHNOLOGIE INNOVANTE DE *BIOENCAPSULATION* QUI PERMET AUX HUILES ESSENTIELLES NATURELLES DE RESTER ACCROCHÉES AUX PLANTES MALGRÉ LES INTEMPÉRIES. CETTE AVANCÉE OFFRE UN SUBSTITUT NATUREL AUX PRODUITS CHIMIQUES TRADITIONNELS, EN PROTÉGEANT LES CULTURES TOUT EN RESPECTANT L'ENVIRONNEMENT.

LE MINISTÈRE DE L'AGRICULTURE A ANNONCÉ LA REDIRECTION DE 9 MILLIONS D'EUROS

AUX VITICULTEURS AFFECTÉS PAR LES ALÉAS CLIMATIQUES. CES SUBVENTIONS VISENT À ACCOMPAGNER LES PRODUCTEURS FACE AUX NOUVEAUX ENJEUX CLIMATIQUES, SANITAIRES ET ÉCONOMIQUES.

LA STAR DU SALON DE L'AGRICULTURE

EN 2025, C'EST OUPETTE, UNE VACHE DE RACE LIMOUSINE ÂGÉE DE 6 ANS, QUI A ÉTÉ DÉSIGNÉE ÉGÉRIE DE LA 61E ÉDITION DU SALON DE L'AGRICULTURE. ISSUE D'UN ÉLEVAGE DANS LA VIENNE, ELLE A RAPIDEMENT CONQUIS LE CŒUR DES VISITEURS VENUS NOMBREUX LA RENCONTRER.

COUP DE POUCE POUR LES APICULTEURS !

Le ministère de l'Agriculture et de la Souveraineté alimentaire a débloqué une aide exceptionnelle de 4,3 millions d'euros pour soutenir les apiculteurs en difficulté. Ce dispositif vise à préserver ces professionnels essentiels à la pollinisation et à la production alimentaire.

La 61e édition du Salon international de l'agriculture a rassemblé 607 503 visiteurs pendant une semaine à Paris.

Une fréquentation en hausse par rapport à l'année précédente, témoignant de l'intérêt croissant du public pour le monde agricole, ses enjeux et ses acteurs.

Le 12 mars 2025, l'Union européenne a voté l'interdiction du flufénacet, un pesticide de la famille des PFAS, surnommés « polluants éternels ». Très utilisé en France, notamment dans les cultures de céréales, il était pointé du doigt pour ses effets nocifs sur la santé et l'environnement.

L'entreprise **VERAGROW**, fondée par trois ingénieurs normands, utilise les vers de terre pour régénérer les sols de façon naturelle. Grâce au lombricompostage, elle transforme les biodéchets locaux en compost et biostimulants qui sont ensuite utilisés par les agriculteurs comme substituts aux pesticides !

UN JEUNE ENTREPRENEUR ENGAGÉ POUR L'ÉCOLOGIE !

À seulement 19 ans, Emre Aydemir gère une ferme dans le quartier de Villiers-le-Bel où il a grandi. Il reçoit régulièrement des élèves, pour les sensibiliser à l'écologie et à la protection des animaux.

ANIMAUX MARINS

LES POPULATIONS DE TORTUES MARINES AUGMENTENT À NOUVEAU !

MENACÉES D'EXTINCTION UN PEU PARTOUT DANS LE MONDE, LES TORTUES DE MER MONTRENT PEU À PEU DES SIGNES DE RÉTABLISSEMENT. GRÂCE À LA PROTECTION DES PLAGES DE PONTE ET À LA RÉDUCTION DES CAPTURES ACCIDENTELLES, PLUS DE LA MOITIÉ DES POPULATIONS ÉTUDIÉES VA MIEUX ET DE PLUS EN PLUS DE FEMELLES ONT RETROUVÉ LEUR CAPACITÉ À PONDRE.

BONNE NOUVELLE AU LARGE DES CÔTES ARGENTINES : LE RORQUAL BORÉAL, L'UN DES PLUS GRANDS CÉTACÉS DU MONDE, FAIT SON GRAND RETOUR APRÈS DES DÉCENNIES DE DÉCLIN DÛ À LA CHASSE.

LE SAUMON SAUVAGE PROTÉGÉ DANS L'ADOUR

Depuis le 1er janvier 2025, la pêche au saumon sauvage est interdite dans le bassin de l'Adour, dans le sud-ouest de la France. Cette décision vise à protéger cette espèce menacée de disparition, dont la population a chuté ces dernières décennies en raison de la surpêche.

DEUX PHOQUES ORPHELINS, SECOURUS EN BAIE DE SOMME À L'ÉTÉ 2024, ONT RÉCEMMENT ÉTÉ RELÂCHÉS SUR LA CÔTE NORMANDE GRÂCE AUX SOINS DÉVOUÉS DE L'ASSOCIATION CHENE D'ALLOUVILLE-BELLEFOSSE ET LE SOUTIEN DE LA FONDATION BRIGITTE-BARDOT.

UNE MIGRATION RECORD POUR UNE BALEINE À BOSSE ! UNE BALEINE À BOSSE A PARCOURU PLUS DE 13 000 KM EN CINQ ANS À TRAVERS LES OCÉANS PACIFIQUE ET INDIEN, ÉTABLISSANT UN RECORD DE MIGRATION POUR SON ESPÈCE.

En Italie, des chercheurs ont assisté à une première mondiale, la naissance d'un REQUIN-LÉVRIER par parthénogenèse, c'est-à-dire sans fécondation. Ce phénomène extrêmement rare témoigne de l'incroyable capacité d'adaptation de certaines espèces menacées.

NOUVEAU BERCEAU POUR LES CACHALOTS

Dans les eaux de l'île de Minorque, les scientifiques ont découvert une vaste zone de reproduction des cachalots. Une nurserie naturelle où ces géants des mers viennent mettre bas et élever leurs petits. L'Espagne envisage désormais de classer cette zone comme espace protégé.

Au terme de 28 jours d'expédition dans la dorsale de Nazca, au large du Chili, **une équipe du Schmidt Ocean Institute a découvert vingt nouvelles espèces marines.** Parmi elles, une créature intrigante, un Promachoteuthis, un calmar rose vivant dans les profondeurs marines.

UNE RENCONTRE EXCEPTIONNELLE !

Le 23 octobre 2024, une baleine à bosse a été observée dans la baie de Saint-Malo, offrant un spectacle inoubliable aux pêcheurs locaux. Longtemps décimés par la chasse, les cétacés étaient devenus rares dans les eaux de la Manche.

SAUVER LES GALÁPAGOS !

Diego, une tortue géante des Galápagos, a engendré plus de 800 descendants, contribuant à sauver son espèce de l'extinction sur les îles Galápagos. Grâce aux programmes de conservation, la population de ces tortues est désormais suffisamment stable pour permettre leur réintroduction dans leur habitat naturel.

SAN, LE POISSON INSPIRÉ PAR MIYAZAKI !

Dans la mer de Chine, une équipe de chercheurs a découvert un nouveau poisson aux joues marquées de bandes colorées. **Touchés par sa beauté et ses couleurs vives, ils l'ont nommé San**, en hommage à l'héroïne du film *Princesse Mononoké* de Hayao Miyazaki.

L'Afrique du Sud prend des mesures pour protéger le manchot africain !

La Haute Cour de Pretoria a interdit aux bateaux de pêche de sardines et d'anchois d'approcher six colonies de reproduction des manchots du Cap. Une mesure essentielle pour freiner le déclin de cette espèce emblématique du continent.

SAUVETAGE SPECTACULAIRE DE DAUPHINS SUR LES PLAGES BRETONNES !

TREIZE DAUPHINS ÉCHOUÉS SUR UNE PLAGE À CANCALE, EN ILLE-ET-VILAINE, ONT ÉTÉ SECOURUS GRÂCE À LA MOBILISATION DE BÉNÉVOLES ET DE SPÉCIALISTES. PENDANT PLUS DE 2 H 30, CES DERNIERS ONT ŒUVRÉ SANS RELÂCHE POUR RAMENER LES CÉTACÉS À L'OCÉAN. UNE OPÉRATION PÉRILLEUSE, COURONNÉE DE SUCCÈS.

RETOUR À LA LIBERTÉ

En Papouasie-Nouvelle-Guinée, le Néo-Zélandais Arron Culling a acheté deux tortues de mer pour 50 dollars sur un marché local, afin de les remettre à l'eau. Investi dans la protection de l'espèce, il a parcouru les quelques kilomètres qui le séparaient de la côte pour relâcher les tortues, qui sont désormais saines et sauves.

ANIMAUX TERRESTRES

JUMEAUX PANDAS !

À Hong Kong, Ying Ying, pensionnaire d'Ocean Park, a créé la surprise en donnant naissance à des jumeaux en août 2024. À 19 ans, elle devient la femelle panda géant la plus âgée à avoir mis au monde deux petits conçus naturellement.

DES CHERCHEURS CHILIENS ONT RETROUVÉ UNE ESPÈCE DE GRENOUILLE DISPARUE DEPUIS PRÈS DE 130 ANS, *ALSODES VITTATUS*, DANS LA RÉGION DE L'ARAUCANIE. CETTE ESPÈCE, DÉCRITE AU DÉBUT DU XXE SIÈCLE, N'AVAIT PAS ÉTÉ OBSERVÉE DEPUIS !

La délégation américaine de gymnastique artistique a trouvé un allié inattendu pour le bien-être de ses athlètes : **Beacon,** un adorable golden retriever de 4 ans adopté pour aider l'équipe à gérer le stress lors des compétitions.

COMMUNICATION

Des chercheurs ont découvert que les ouistitis disposent d'une signature vocale unique, leur servant à communiquer individuellement avec leurs congénères. Une capacité inédite qui pourrait bien offrir de nouvelles perspectives sur l'évolution du langage chez les primates.

ÉCONOMISER GRÂCE À DES CASTORS !

En République tchèque, des castors ont transformé un ancien terrain militaire en zone humide en construisant un barrage sur la Vltava. Les travaux d'aménagement initialement prévus sont devenus inutiles, permettant à l'État d'économiser plus d'un million d'euros.

MEXICO DIT STOP AUX CORRIDAS !

La ville de Mexico interdit désormais les corridas avec mise à mort des taureaux. Pour appliquer cette nouvelle réglementation, les cornes des taureaux seront protégées, et l'utilisation d'objets tranchants susceptibles de causer des blessures sera interdite.

À seulement 20 ans, l'actrice **Millie Bobby Brown** a transformé sa ferme en Géorgie en un refuge pour plus de soixante animaux. Avec son mari, elle a aussi fondé l'association Joey's Friends, qui recueille des chiens abandonnés issus des refuges locaux.

DOUZE LIONS D'UN CIRQUE FRANÇAIS ONT ÉTÉ SAUVÉS EN DÉCEMBRE 2024 par l'association Code animal. Les félins seront prochainement envoyés dans un sanctuaire sud-africain pour une nouvelle vie, loin des cages et des spectacles.

En 2025, la population de papillons monarques au Mexique aura quasiment doublé ! Les scientifiques attribuent cette hausse principalement aux conditions météorologiques favorables de 2024 ainsi qu'à une meilleure protection des forêts.

Un écuroduc en Alsace

EN PLEIN CŒUR DE L'ALSACE, UNE INITIATIVE ORIGINALE A VU LE JOUR POUR PROTÉGER LES ÉCUREUILS ROUX ! UN PASSAGE SUSPENDU AU-DESSUS D'UNE ROUTE APPELÉ ÉCURODUC A ÉTÉ INSTALLÉ POUR LEUR PERMETTRE DE TRAVERSER DÉSORMAIS EN TOUTE SÉCURITÉ.

LA NORVÈGE A MIS FIN AUX ÉLEVAGES D'ANIMAUX À FOURRURE !

L'interdiction votée en 2019 est entrée en vigueur au début du mois de février 2025, après cinq ans de transition pour permettre aux éleveurs de se reconvertir. Une avancée majeure pour le bien-être animal !

Au début de l'année 2025,

LE CAMBODGE A RÉINTRODUIT UNE ESPÈCE DE CROCODILE MENACÉE DANS L'UN DE SES PARCS NATIONAUX. AU TOTAL, DIX REPTILES ONT ÉTÉ RELÂCHÉS, UNE ÉTAPE IMPORTANTE POUR LEUR PROTECTION FACE À LA CHASSE ET AUX ACTIVITÉS HUMAINES.

Présumée éteinte depuis presque 200 ans, une loutre naine d'Asie a été aperçue au Népal ! Une bonne nouvelle pour cette espèce très vulnérable !

NAISSANCE RARE AU ZOO DE MIAMI D'UN TAPIR DE MALAISIE

C'est la première naissance réussie pour cette espèce en dix-huit ans, un événement de bon augure pour la conservation de cet animal très vulnérable.

Le biologiste **ERIK FRANK** a remarqué que les fourmis charpentières de Floride étaient capables de diagnostiquer la gravité d'une blessure chez leurs congénères ! En cas de blessure, elles nettoient la plaie, et elles peuvent même amputer dans les cas les plus graves.

ÉNERGIE

LA FINLANDE A FERMÉ LE 1ER AVRIL 2025 SA DERNIÈRE CENTRALE ÉLECTRIQUE À CHARBON.

Cette fermeture permettra de réduire les émissions annuelles de CO_2 d'Helsinki de 30 % et celles du pays de 2 %.

À SAINT-GENIS-SUR-MENTHON, EN AUVERGNE, COLETTE LANDIS A LÉGUÉ 300 000 EUROS À SON VILLAGE NATAL. UN GESTE GÉNÉREUX QUI A PERMIS À LA COMMUNE D'INVESTIR DANS DES PANNEAUX SOLAIRES POUR PRODUIRE UNE ÉLECTRICITÉ PLUS PROPRE ET RÉDUIRE SES ÉMISSIONS DE CO_2.

POUR LA PREMIÈRE FOIS DEPUIS 2015, **les factures d'électricité ont baissé de 15 % depuis le 1er février 2025**. Cette réduction, qui concerne plus de 24 millions de ménages, est notamment due à la baisse des prix de l'énergie sur les marchés internationaux.

POUR LA PREMIÈRE FOIS, EN 2024, **la part du charbon est tombée sous la barre des 50 % de la production totale d'électricité**. Cette évolution est le résultat des politiques d'investissement étatiques dans les énergies renouvelables, notamment l'éolien et le solaire.

Une équipe de chercheurs de l'université de Madrid, en Espagne, a développé **UNE CELLULE PHOTOVOLTAÏQUE CAPABLE D'AMÉLIORER DE 60 % LE RENDEMENT DES PANNEAUX SOLAIRES.** Une avancée pourrait participer au développement des énergies renouvelables dans les prochaines semaines !

En 2024, le Royaume-Uni a franchi un cap historique en mettant fin à l'utilisation des centrales à charbon pour la production d'électricité. **Le 30 septembre 2024, la centrale de Ratcliffe-on-Soar a arrêté ses activités, marquant la fin d'une époque pour le pays !**

CUBA ACCÉLÈRE SA TRANSITION ÉNERGÉTIQUE

Dans la province de Cienfuegos, cinq parcs solaires sont en cours de développement pour diversifier l'apport énergétique du pays. Ce projet, qui entend installer 55 parcs solaires d'ici à la fin de 2025, vise à réduire la dépendance de Cuba aux énergies fossiles.

À Toulouse, les panneaux solaires se fondent dans le décor

Des panneaux photovoltaïques couleur brique ont été installés sur le toit des maisons de la Ville Rose. Cette innovation permet aux bâtiments historiques de s'adapter à la transition énergétique sans dénaturer leur esthétique.

LE MANIOC COMME SOURCE D'ÉNERGIE !

En République démocratique du Congo, le chimiste Vital Nzaka a mis au point une pile rechargeable à base d'amidon de manioc, baptisée « Vitium ». Son invention, capable d'offrir une autonomie de deux semaines à divers appareils du quotidien, offre une solution durable aux villages qui n'ont pas accès à l'électricité.

En 2024, l'énergie solaire a, pour la première fois, surpassé le charbon dans la production d'électricité au sein de l'Union européenne. Les pays de l'UE franchissent donc une étape clé dans la transition énergétique, avec près de la moitié de leur électricité issue des énergies renouvelables.

LA NORVÈGE EST LE PAYS CHAMPION DU VÉHICULE ÉLECTRIQUE

Désormais, les voitures électriques sont plus nombreuses sur les routes que les modèles à essence. En août 2024, 94,3 % des voitures neuves vendues étaient électriques, un record absolu.

GRÂCE AUX RADIATEURS ÉLECTRIQUES ÉQUIPÉS DE THERMOSTATS CONNECTÉS TIKO, IL EST DÉSORMAIS POSSIBLE DE RÉDUIRE SON EMPREINTE CARBONE DE 3 TONNES DE CO_2 PAR AN ! EN OPTIMISANT LA CONSOMMATION D'ÉNERGIE, CES ÉQUIPEMENTS PERMETTENT À LA FOIS DE RÉALISER DES ÉCONOMIES ET DE CONTRIBUER À LA TRANSITION ÉNERGÉTIQUE.

L'entreprise estonienne **Ampler Bikes** a intégré à ses modèles de vélo électrique, Nova et Nova Pro, une prise USB-C. Une véritable innovation qui permet de recharger son vélo en seulement 3 heures, à l'aide d'un simple chargeur d'ordinateur portable !

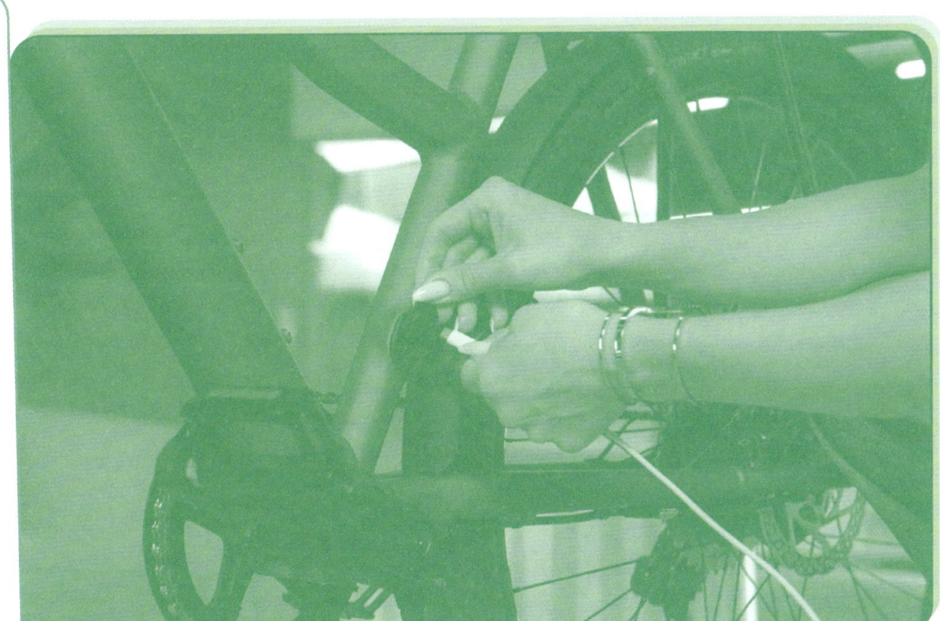

FLORE

BONNE NOUVELLE !

APRÈS 3 ANS DE SÉCHERESSE, LES NAPPES PHRÉATIQUES DE L'HÉRAULT SONT DÉSORMAIS EN BONNE SANTÉ ! LES FORTES PRÉCIPITATIONS DE L'HIVER ONT PERMIS D'ÉPARGNER LES INQUIÉTUDES DE SÉCHERESSE DANS CE DÉPARTEMENT JUSTE AVANT L'ÉTÉ !

UNE RÉSERVE RÉCOMPENSÉE POUR SA BIODIVERSITÉ !

La Haute Vallée du Suzon, en Côte-d'Or, a reçu un label international pour la richesse exceptionnelle de son écosystème. Couvrant 3 000 ha, cette réserve abrite plus de 2 800 espèces.

Pour lutter contre le réchauffement climatique, la Chine a lancé une grande opération environnementale : créer une Grande Muraille verte, grâce à des arbres plantés dans le désert !

En plantant des milliards d'arbres dans cette zone aride, la Chine entend lutter contre la désertification de la région et l'expansion du désert de Gobi.

UN ARBRE QUI MARCHE !

Ce rata du nord, dernier vestige d'une forêt détruite il y a 150 ans en Nouvelle-Zélande, s'est fait connaître pour son incroyable résilience. Malgré la disparition de ses congénères, cet arbre a survécu en développant des racines incroyables qui lui permettent de « marcher » lentement vers des zones plus propices à sa croissance.

Après plus de deux ans, **L'INCENDIE SOUTERRAIN QUI RONGEAIT LA FORÊT D'HOSTENS, EN GIRONDE, S'EST ENFIN ÉTEINT**. Depuis les violents incendies de l'été 2022, qui avaient ravagé des milliers d'hectares, une partie du sol continuait à se consumer. Un soulagement pour les habitants et la nature environnante !

CHIFFRE

700 ARBRES

D'ICI À LA FIN 2025, 700 ARBRES SERONT PLANTÉS À ARLES DANS LE CADRE DU PLAN DE VÉGÉTALISATION DE LA VILLE. LE PROJET A DÉBUTÉ EN JANVIER AVEC LA PLANTATION DE 23 ARBRES PRÈS D'UNE ÉCOLE.

DES FLEURS QUI REDONNENT VIE !

Mr Bloom, un militant écologiste, parcourt les rues des villes des États-Unis en dispersant des graines de fleurs sauvages. Son but ? Faire refleurir les villes et égayer les espaces gris et bétonnés !

LE PLUS GRAND ICEBERG DU MONDE S'EST ARRÊTÉ À PLUS DE 70 KM DE L'ÎLE DE GÉORGIE DU SUD ! Alors qu'il dérivait dangereusement vers cette île isolée de l'Antarctique, son immobilisation a permis d'éviter une catastrophe pour la faune et la flore locales !

Une première en France !

Un drone a été utilisé pour disperser des graines d'arbres afin de lutter contre le dépérissement des forêts. Cette opération inédite s'est déroulée dans les bois de Châtillon-en-Michaille, dans l'Ain, et pourrait avoir lieu dans le Jura prochainement.

UN DÉSERT EN FLEURS AU CHILI !

Le phénomène est aussi rare que spectaculaire : des fleurs ont recouvert le désert d'Atacama, l'un des plus arides du monde. Cette floraison inattendue, qui n'avait pas été observée en période estivale depuis 2015, est due aux précipitations exceptionnelles des mois précédents.

LE WWF A IDENTIFIÉ 700 NOUVELLES ESPÈCES VÉGÉTALES DANS LES SIX PAYS DU BASSIN DU CONGO ! LES EXPERTS SONT CONVAINCUS QUE MIEUX CONNAÎTRE CES ESPÈCES EST ESSENTIEL POUR PRÉSERVER LES FORÊTS TROPICALES ET LA BIODIVERSITÉ !

UN SECRET BIEN GARDÉ !

Le pin de Bristlecone surnommé Methuselah, âgé d'environ 4 800 ans, se cache dans les montagnes Blanches de Californie. Son emplacement exact est tenu secret afin d'éviter tout risque de vandalisme et pour préserver ce témoin du temps.

UN ESPOIR POUR L'AMAZONIE !

Entre août 2023 et juillet 2024, la déforestation de l'Amazonie a chuté de 30,6 %, atteignant son niveau le plus bas depuis neuf ans. Une avancée majeure qui témoigne des efforts menés pour protéger ce poumon vert essentiel à la planète.

Pour la sixième année consécutive, le Département de la Dordogne célèbre les naissances en offrant **UN ARBRE À CHAQUE ENFANT VENU AU MONDE**. Dans le cadre de l'opération Une naissance, un arbre, 1 200 arbres fruitiers ou mellifères ont été distribués gratuitement aux familles ayant accueilli un bébé en 2024.

LA NORVÈGE, CHAMPIONNE DE LA REFORESTATION !

En un siècle, la superficie des forêts norvégiennes a triplé. Cette renaissance est le fruit d'une politique ambitieuse en faveur de la préservation des forêts.

INNOVATIONS

DU PAPIER TOILETTE FABRIQUÉ À PARTIR DE COUCHES USAGÉES !

Au Japon, les villes de Shibushi et d'Osaki ont lancé le premier papier toilette issu du recyclage des couches jetables. Ce projet, débuté en avril 2024, répond à un double enjeu écologique : réduire les déchets et réutiliser des matériaux difficiles à traiter.

UN BATEAU ÉLECTRIQUE CONÇU PAR L'ENTREPRISE EFINOR SEA CLEANER COLLECTE LES DÉCHETS ET HYDROCARBURES PRÉSENTS DANS LE PORT DE MARSEILLE.

AVEC HUIT HEURES D'AUTONOMIE, IL OFFRE UNE SOLUTION DURABLE POUR DÉPOLLUER LES EAUX MARSEILLAISES.

Lego va réduire son empreinte plastique !

L'entreprise a annoncé qu'elle fabriquerait la moitié de ses célèbres briques à partir de matériaux renouvelables d'ici à 2026. En remplaçant le plastique issu du pétrole par de la résine biosourcée, Lego franchit un pas important vers une production plus durable.

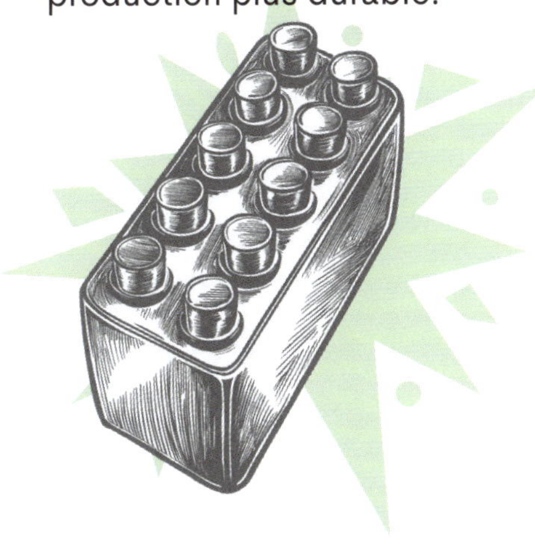

UN CAHIER RÉUTILISABLE JUSQU'À 1 000 FOIS !

L'ENTREPRISE *ECONOTES* A DÉVELOPPÉ UN CAHIER EFFAÇABLE DONT L'ENCRE DISPARAÎT EN QUELQUES SECONDES AVEC UN CHIFFON HUMIDE OU UN SÈCHE-CHEVEUX. UNE INNOVATION QUI RÉDUIT DRASTIQUEMENT LA CONSOMMATION DE PAPIER ET POURRAIT RÉVOLUTIONNER NOTRE FAÇON DE PRENDRE DES NOTES !

À Tahiti et Moorea, des chercheurs ont installé des pépinières de coraux afin de restaurer les récifs polynésiens endommagés par le réchauffement climatique. Cette méthode permet d'accélérer la repousse des coraux et ainsi de préserver les écosystèmes marins.

UNE CANTINE ZÉRO PLASTIQUE !

À Angers, une cantine prépare chaque jour 14 000 repas en utilisant des bacs en Inox et des contenants en verre ou en céramique. Ce changement réduit considérablement les déchets plastique et a poussé d'autres collectivités à suivre le mouvement vers une alimentation plus responsable.

En Bourgogne-Franche-Comté, un éleveur de chèvres a trouvé une manière originale et écoresponsable de recycler les sapins de Noël : il les donne à manger à ses chèvres ! Une fois digérés, ces arbustes sont transformés en compost.

Une bonne idée pour faire marcher l'économie circulaire !

Donner une seconde vie aux skateboards usés, c'est le pari d'un artisan savoyard qui transforme de vieux skateboards en petits objets du quotidien. Stylos, couteaux et même petits bijoux… chaque création porte l'histoire des skateurs et de leurs planches à roulettes !

EN TOSCANE,

le pêcheur Paolo Fanciulli lutte contre le chalutage de fond

en déposant des statues de marbre dans la mer. Ces œuvres, en plus de former un musée sous-marin unique, empêchent les filets de pêche destructeurs d'abîmer les écosystèmes marins.

DES BRIQUES EN JEAN RECYCLÉ !

L'entreprise FabBrick, fondée par la designer Clarisse Merlet, a imaginé un matériau de construction à partir de déchets textiles et de vêtements trop abîmés pour le marché de la seconde main. Grâce à elle, plus de 350 kg de jeans usagés ont déjà été transformés en briques de construction design et écoresponsables.

Avec son entreprise Atypique, Simon Charmette s'attaque au gaspillage alimentaire en revalorisant auprès des agriculteurs les fruits et légumes écartés pour leur apparence. Il est aujourd'hui à la tête du premier grossiste 100 % français de produits déclassés.

En Allemagne, la start-up Dryad a conçu un drone doté d'une intelligence artificielle capable de détecter les incendies forestiers en quelques minutes. Prochaine étape : les éteindre avec… des ondes sonores !

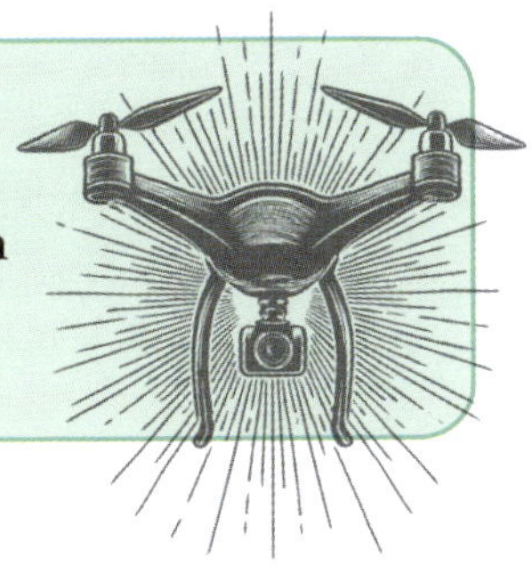

WOODLIGHT,

une start-up installée près de Strasbourg, a créé une plante bioluminescente, capable de produire de la lumière de manière autonome. Testées avec succès en laboratoire en septembre 2024, ces plantes pourraient voir le jour prochainement.

Dans le sud du Maroc,

OÙ IL N'A PAS PLU DEPUIS QUATRE ANS, DES VILLAGES SURVIVENT GRÂCE À DES FILETS SUSPENDUS POUR RÉCOLTER L'EAU DE LA BRUME. CE DISPOSITIF INGÉNIEUX A PERMIS DE FOURNIR AUX HABITANTS JUSQU'À 37 000 LITRES D'EAU PAR JOUR.

UN PLASTIQUE 100 % BIODÉGRADABLE !

Des chercheurs du RIKEN Center for Integrative Medical Sciences (CEMS) ont mis au point un emballage innovant, à la fois biodégradable et entièrement recyclable. Après son utilisation, il suffit de le mettre dans une eau supérieure à 185 degrés, et le sac se dissout sans laisser de résidu toxique derrière lui. Magique !

UNE FONTAINE QUI PURIFIE L'EAU DU ROBINET !

À 26 ans, Eliot Martin a révolutionné la filtration de l'eau avec Drop !, une fontaine capable d'éliminer plus de 97 % des polluants éternels et des pesticides. Son produit a déjà remporté plusieurs prix et il est désormais en vente auprès du grand public.

MERS & OCÉANS

EN 2024, LES AÇORES ONT ÉTABLI UNE NOUVELLE AIRE MARINE PROTÉGÉE (AMP) AUTOUR DE LEUR ARCHIPEL !
S'étendant sur 287 000 km^2, cette zone est désormais protégée de la pêche et de toute extraction minière, garantissant ainsi la préservation d'une biodiversité marine exceptionnelle.

L'ESPAGNE EST DEVENUE LE PREMIER PAYS EUROPÉEN À RATIFIER LE TRAITÉ POUR LA PROTECTION DE LA BIODIVERSITÉ DANS LES EAUX INTERNATIONALES DES NATIONS UNIES. CE TRAITÉ, CONNU SOUS LE NOM DE TRAITÉ DE LA HAUTE MER, POSE LES BASES DE LA CRÉATION DE RÉSERVES DANS L'OCÉAN.

UN CORAIL GÉANT DÉCOUVERT PRÈS DES ÎLES SALOMON !

L'expédition National Geographic a révélé la découverte du plus grand corail jamais observé. Situé dans le Pacifique, près des îles Salomon, ce colosse marin mesure trois fois la taille du précédent détenteur du record !

Au large de l'Amérique centrale, des chercheurs ont découvert un écosystème jusque-là inconnu, où vers marins, mollusques et bactéries prospèrent malgré des conditions extrêmes.

DES TRAITEMENTS ANTICANCER VENUS DES PROFONDEURS MARINES !

Le laboratoire espagnol PharmaMar explore les fonds marins à la recherche de molécules aux propriétés antitumorales. Trois d'entre elles sont déjà utilisées en clinique, et ont permis de soigner plus de 150 000 patients dans le monde.

APRÈS NEW YORK ET LISBONNE, NICE ACCUEILLERA EN 2025 LA CONFÉRENCE DES NATIONS UNIES SUR L'OCÉAN. LANCÉE EN 2017, CETTE RENCONTRE INTERNATIONALE RÉUNIT ÉTATS, AGENCES ONUSIENNES ET SOCIÉTÉ CIVILE AUTOUR D'UN OBJECTIF COMMUN : PROTÉGER L'ENVIRONNEMENT MARIN À L'ÉCHELLE MONDIALE.

Des scientifiques ont récemment découvert dans l'océan Pacifique, près des îles Marshall, **un sanctuaire marin exceptionnel**, resté totalement préservé. Aucun impact humain n'a altéré sa biodiversité, offrant ainsi un aperçu rare de ce à quoi ressemblait l'océan il y a 1 000 ans.

L'éco-aventurier NOAM YARON se lance un défi hors norme : nager 180 km sans interruption entre Calvi et Monaco pour cartographier la faune et la flore marines. Un défi sportif exceptionnel qui permet également de sensibiliser à la protection des océans.

DES SCIENTIFIQUES ONT MIS AU POINT UN NOUVEAU TRAITEMENT ASSOCIANT CHLORE, BEURRE DE CACAO ET ARGILE POUR LUTTER CONTRE LES MALADIES TOUCHANT LES RÉCIFS CORALLIENS. Cette solution innovante permet de soigner les coraux tout en évitant le recours aux antibiotiques, nocifs pour l'écosystème marin.

LA NORVÈGE DIT NON À L'EXPLOITATION MINIÈRE DES FONDS MARINS !

Après des mois de débats, le pays a annoncé qu'il renonçait à délivrer des permis pour l'extraction minière dans ses eaux profondes. Une victoire pour l'environnement !

CHIFFRE

11,5 MILLIONS !

C'EST LE NOMBRE DE KILOS DE DÉCHETS RAMASSÉS PAR L'ASSOCIATION THE OCEAN CLEANUP DANS LES OCÉANS ET LES RIVIÈRES EN 2024.

LA MACIF SOUTIENT DES PROJETS CONTRIBUANT À PROTÉGER L'OCÉAN ET SES USAGERS. Parmi eux, Échappée Bleue, un programme solidaire qui initie les enfants à la pratique de la voile tout en les sensibilisant à la préservation de l'océan. Ou encore Polar POD, une expédition inédite dans l'océan Austral, pour mieux comprendre les effets du réchauffement climatique et la biodiversité marine.

Le Centre national de la mer NAUSICAÁ

a accueilli la 1re édition du Sommet des jeunes citoyens de l'océan à Boulogne-sur-Mer. Pendant cinq jours, 60 jeunes du monde entier ont été formés par des experts internationaux et ont corédigé un manifeste pour l'océan, support de travail de la prochaine Conférence des Nations unies sur l'océan.

DES CHERCHEURS ONT CRÉÉ UN OUTIL LUMINEUX APPELÉ UZELA,

capable de régénérer les récifs coralliens grâce à la lumière. Testée à Hawaï, cette innovation a permis de multiplier par sept la concentration locale de zooplancton et donc de stimuler la croissance des coraux.

L'INSTITUT DE RECHERCHE TOULOUSAIN MERCATOR OCEAN INTERNATIONAL

a créé un jumeau numérique des océans pour aider les gouvernements à mieux protéger les ressources marines. Cet outil précieux modélise l'état des océans en temps réel et permet d'anticiper les phénomènes extrêmes, comme les tempêtes ou les vagues de chaleur marines !

OISEAUX

DES PYLÔNES ÉLECTRIQUES TRANSFORMÉS EN REFUGES !

En France, des pylônes électriques ont été équipés de nichoirs pour favoriser la reproduction du rollier d'Europe, une espèce en déclin. Résultat : sa population a été multipliée par dix !

En pleine saison de nidification, un couple de troglodytes australs a choisi un abri pour le moins insolite : **UN CASQUE DE MOTO !**

LES PYGARGUES SONT DE RETOUR !

La réserve d'Inch Levels, dans le nord de l'Irlande, accueille depuis quelques mois deux pygargues à queue blanche, des rapaces figurant parmi les plus grands d'Europe. Cette espèce rare avait disparu du pays depuis plusieurs siècles. Leur retour marque donc un tournant pour la conservation de la faune locale.

APRÈS TROIS SIÈCLES D'ABSENCE, QUATRE IBIS CHAUVES ONT ÉTÉ OBSERVÉS FIN OCTOBRE 2024 DANS LES PYRÉNÉES-ORIENTALES. CLASSÉE EN DANGER CRITIQUE D'EXTINCTION, CETTE ESPÈCE EMBLÉMATIQUE FAIT PARTIE DES OISEAUX LES PLUS MENACÉS AU MONDE.

En Papouasie-Nouvelle-Guinée, **UN PIGEON-FAISAN À NUQUE NOIRE,** disparu depuis plus de 140 ans, a été filmé sur l'île de Fergusson par les scientifiques Doka Nason et Jordan Boersma. Une découverte inespérée qui ravive l'espoir d'une conservation de l'espèce.

Cohabitation hivernale chez les mésanges bleues !

Plusieurs mésanges bleues ont été observées partageant un même nichoir pour passer les nuits d'hiver ! Si ces abris servent parfois de refuge nocturne aux passereaux, il reste exceptionnel d'y voir plusieurs individus dormir ensemble.

BONNE NOUVELLE

pour la biodiversité des Charentes-Maritimes : le nombre de cigognes blanches augmente chaque année. Autrefois simplement de passage, elles sont désormais environ 130 à hiverner dans la région, profitant de zones humides préservées et d'un climat favorable.

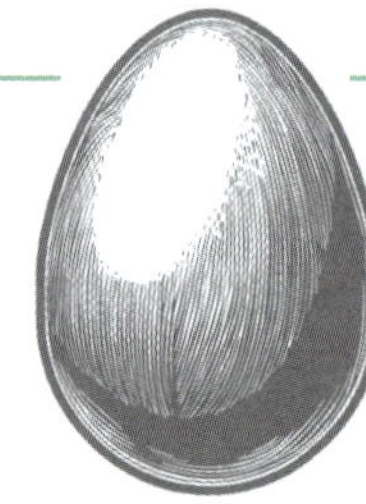

L'ŒUF DU PLUS VIEIL OISEAU SAUVAGE DU MONDE A ÉCLOS !

Une femelle albatros de 74 ans, qui avait pondu en novembre 2024, a enfin accueilli son petit. Cette naissance a eu lieu dans une réserve des îles Midway, un archipel américain situé près de Hawaï.

À Plougrescant, en Bretagne, une journée de formation a été organisée pour sensibiliser à la protection des oiseaux du littoral.

Certaines espèces, comme les gravelots ou les huîtriers pies, qui nichent à même le sol, sont très vulnérables et les bénévoles souhaitent sensibiliser les usagers à la présence de ces oiseaux sur les sols des plages.

CHIFFRE

... DE DONNÉES D'OISEAUX ONT ÉTÉ COLLECTÉES EN 2024 PAR FAUNE-FRANCE, **SOIT 140 MILLIONS D'OBSERVATIONS.** L'ASSOCIATION CONFIRME AINSI SON STATUT DE PLUS GRANDE BASE DE DONNÉES NATURALISTE ASSOCIATIVE EN FRANCE !

UN FOSSILE D'OISEAU VIEUX DE 80 MILLIONS D'ANNÉES DÉCOUVERT AU BRÉSIL !

Appartenant à une famille disparue de volatiles, l'animal, de la taille d'un petit pigeon, présente un état de conservation exceptionnel.

UN HOIHO SACRÉ OISEAU DE L'ANNÉE 2024 !

Ce manchot aux yeux jaunes, l'un des plus rares et bruyants du monde, a remporté le titre d'Oiseau de l'année 2024 en Nouvelle-Zélande ! Reconnaissable à son cri perçant et à sa démarche maladroite, ce manchot rare a su conquérir le cœur des votants.

Dans son atelier à Saint-Arnoult, en Loir-et-Cher, *Chimlou* de son pseudo, imagine et fabrique à la main des nichoirs et mangeoires pour oiseaux. À partir de pots en terre cuite recyclés, elle crée des abris décorés, vernis et durables pour offrir un refuge sûr aux oiseaux du jardin lorsque l'hiver arrive.

LE FESTIVAL TERRE D'OISEAUX A MIS LES OISEAUX À L'HONNEUR !

Du 8 au 11 novembre 2024, la ville de Lorient et ses partenaires ont mené des actions autour de la nature et des oiseaux de la région. Une belle occasion pour petits et grands de (re) découvrir la richesse ornithologique qui les entoure.

LE KAKAPO, UN PERROQUET SAUVÉ DE L'EXTINCTION !

LE KAKAPO, EMBLÉMATIQUE PERROQUET DE NOUVELLE-ZÉLANDE, **EST PASSÉ DE 18 À PLUS DE 240 INDIVIDUS** GRÂCE À UN PROGRAMME DE CONSERVATION EXEMPLAIRE MENÉ PAR LE GOUVERNEMENT NÉO-ZÉLANDAIS.

Le Média Positif

1000 bonnes nouvelles

TRANSPORTS & POLLUTION

Au Japon, des avions volent désormais grâce à des huiles de cuisson recyclées, réduisant ainsi jusqu'à 60 % les émissions de CO_2. À Tokyo, l'arrondissement d'Ota collabore avec Japan Airlines et des supermarchés locaux pour collecter ces huiles et les transformer en carburant durable.

LA POLLUTION DE L'AIR EN ÎLE-DE-FRANCE A ÉTÉ DIVISÉE PAR DEUX EN 20 ANS !

Une amélioration notamment rendue possible par la réduction des émissions de polluants liées au trafic de voitures dans la ville.

En 2024, le train a encore été l'un des moyens de transport les plus plébiscités par les amateurs de voyages. Selon la rétrospective de la SNCF, **LES FRANÇAIS ONT EFFECTUÉ PLUS DE 60 MILLIARDS DE KILOMÈTRES EN TRAIN** en 2024, soit l'équivalent de 3,7 millions de fois le parcours de la flamme olympique. Un succès qui fait du bien à la planète !

À VOS VÉLOS !

Grâce à une initiative portée par la communauté de communes, les employés d'un supermarché du Tarn ont reçu des vélos électriques pour se rendre au travail. L'objectif : créer un effet boule de neige pour développer le vélo dans tout le département du Tarn.

À 15 ANS, IL RÉVOLUTIONNE LE RECYCLAGE DES PILES !

L'américain Nihal Tammana a créé l'organisation Recycle My Battery qui mène des actions pour alerter sur l'importance du recyclage des piles et batteries. En février 2025, son initiative avait déjà permis de **recycler plus de 625 000 piles et de sensibiliser plus de 42 millions de personnes.**

DEPUIS 1999,

le Ballon de Paris Generali mesure la qualité de l'air tout en survolant le parc André Citroën.
Véritable laboratoire volant, il a récemment été doté d'un capteur de gaz à effet de serre, pour mesurer et sensibiliser au réchauffement climatique.

LE DRAISY,

un train miniature capable de transporter 80 passagers, vise à revitaliser les petites lignes ferroviaires abandonnées ou en danger en France. Cette initiative offre un substitut durable à la voiture dans les zones peu peuplées.

UNE INITIATIVE POUR L'ENVIRONNEMENT

Intersport a fait don de **14 000 vélos à 700 collèges partout en France**, pour encourager la pratique du vélo chez les jeunes. Chaque établissement bénéficiera d'un parc de 20 vélos, accompagné d'équipements de sécurité. Une action concrète en faveur de l'environnement et de la santé des collégiens.

INTERNET EN BATEAU !

En décembre 2024, Orange a expérimenté le transport à voile pour ses box Internet pour réduire son empreinte carbone. Un voilier cargo a accosté au Havre après trois mois de traversée, transportant plusieurs milliers de Livebox. Une première pour ce mode de transport décarboné, qui pourrait permettre de réduire jusqu'à 90 % des émissions de CO_2.

EN PREMIÈRE LIGNE FACE À L'URGENCE CLIMATIQUE, LA SOMALIE A INTERDIT L'UTILISATION, L'IMPORTATION ET LA PRODUCTION DE SACS PLASTIQUE À USAGE UNIQUE. GRÂCE À CETTE INITIATIVE, LE PAYS REJOINT LE COMBAT MENÉ DEPUIS PLUSIEURS ANNÉES PAR D'AUTRES ÉTATS D'AFRIQUE, NOTAMMENT LE RWANDA, LE SÉNÉGAL ET LA TANZANIE.

POUR LUTTER CONTRE LA POLLUTION PLASTIQUE,

l'Union européenne a pris la décision de rendre obligatoires les bouchons fixés aux bouteilles. Cette mesure intervient dans un plan plus large de lutte contre les objets en plastique à usage unique.

LA START-UP FRANÇAISE LHYFE, spécialisée dans l'hydrogène vert, a lancé une initiative originale pour lutter contre la désoxygénation des océans : réinjecter dans la mer Baltique l'oxygène produit lors de la fabrication de son hydrogène. Une approche novatrice qui pourrait redonner vie aux zones marines asphyxiées par le réchauffement climatique.

Protéger l'environnement. L'Union européenne a conclu un accord qui vise à diminuer la pollution causée par les particules de plastique lors de la fabrication de produits en plastique. L'objectif est de limiter l'impact environnemental de ces microplastiques, qui sont particulièrement difficiles à éliminer.

À SEULEMENT 18 ANS, ESTENUMHE AHMAD, ORIGINAIRE DU NIGERIA, a pu construire une Lamborghini capable de rouler à partir de cartons recyclés ! Son prochain objectif, construire une voiture à partir de bouts de ferraille !

Le premier train Paris-Berlin est sur les rails depuis décembre 2024 !

Cela faisait des années que les deux capitales devaient être reliées par le chemin de fer, et c'est désormais chose faite.

LE CHIFFRE

En dix ans, le nombre de sacs plastique retrouvés sur les plages du Royaume-Uni a chuté de 80 %.
Un progrès spectaculaire attribué en grande partie à l'instauration d'une taxe dissuasive, allant de 5 à 25 pence, sur les sacs plastique à usage unique.

DIVERS

LA HAYE DIT NON AUX PUBLICITÉS POLLUANTES !

La Haye, deuxième plus grande ville des Pays-Bas, est devenue la première ville au monde à interdire toutes les publicités liées aux énergies fossiles et aux services très polluants (croisière, avion, pétrole).

DANS LES CARAÏBES COLOMBIENNES, PLUS DE 200 ANCIENS PÊCHEURS ONT OPTÉ POUR LA PROTECTION DES RÉCIFS !

DEVENUS DES JARDINIERS DE CORAIL, ILS TRAVAILLENT DÉSORMAIS À LA GUÉRISON ET À LA MULTIPLICATION DES ESPÈCES DE CORAUX.

DEPUIS MAI 2025,

la consigne en verre est de retour dans quatre régions du nord-ouest de la France. Ce dispositif permet aux consommateurs d'acheter des produits dans des contenants réutilisables pour réduire les déchets et promouvoir l'économie circulaire.

DEPUIS MARS 2025,

l'Union européenne a décidé d'interdire les produits dangereux dans les jouets. Cette décision a pour objectif de protéger les enfants des produits chimiques nocifs, comme les polluants éternels ou les perturbateurs endocriniens.

Plusieurs agences de voyage ou de location d'hébergement comme Airbnb, British Airways Holidays ou encore G Adventures, **ONT CESSÉ DE PROMOUVOIR ET DE VENDRE DES BILLETS POUR DES BALADES EXPLOITANT DES ANIMAUX PRÈS DES PYRAMIDES EN ÉGYPTE.**

Les coups de cravache sur les chevaux lors des compétitions au trot sont désormais interdits !

Depuis le 1er avril, les drivers et jockeys ne peuvent plus frapper leurs chevaux, une avancée majeure pour le bien-être animal lors des compétitions.

Sur l'île de Spitzberg, la réserve mondiale de semences du Svalbard conserve des milliers de graines venues du monde entier pour préserver la biodiversité agricole et assurer la sécurité alimentaire.

En 2015, elle avait permis de restituer des graines à une réserve de semences syrienne endommagée par la guerre.

VICTOIRE POUR LA BIODIVERSITÉ

La justice a annulé quatre projets de méga-bassines, dont celui très controversé de Sainte-Soline, afin de réduire la pression sur les ressources en eau et de protéger la biodiversité locale.

UNE GRANDE PREMIÈRE POUR LE MORBIHAN !

Près de Vannes, dans le Morbihan, les élus de Monterblanc ont expérimenté une nouvelle solution sur la piste cyclable pour dépolluer les eaux de pluie avec un textile perméable qui filtre les eaux souillées aux hydrocarbures.

LE TROU DANS LA COUCHE D'OZONE SE RÉSORBE PROGRESSIVEMENT. GRÂCE AUX EFFORTS INTERNATIONAUX, LE TROU OBSERVÉ AU-DESSUS DE L'ANTARCTIQUE EST EN TRAIN DE SE RÉSORBER PROGRESSIVEMENT. SI LES ENGAGEMENTS SONT MAINTENUS, IL POURRAIT MÊME DISPARAÎTRE TOTALEMENT D'ICI À 2035.

Deux Marseillais, François-Xavier Milliet et Thomas Sentis, ont relié la Méditerranée au mont Blanc en quatre semaines avec leur projet « Mer-Cime », pour alerter sur la fonte des glaciers et les effets du changement climatique sur les écosystèmes.

À Paulhe, l'édition 2024 de l'opération annuelle de nettoyage des berges du Tarn a réuni plus de 120 participants. Depuis le lancement de cette initiative, plus de 2 700 bénévoles se sont mobilisés, permettant de collecter plus de 67 tonnes de déchets.

UNE VICTOIRE POUR L'ENVIRONNEMENT !

En février 2025, le tribunal administratif de Toulouse a suspendu les travaux de l'autoroute 69, jugeant le projet insuffisamment justifié car entraînant une menace pour les espèces protégées. Une victoire saluée par les associations environnementales mobilisées depuis des mois contre ce projet controversé.

L'ENTREPRISE AUTOMOBILE NISSAN A CRÉÉ UNE ALARME SONORE POUR ÉLOIGNER LES ANIMAUX DE LA ROUTE ET LEUR SAUVER LA VIE ! CE SON, INAUDIBLE POUR L'HUMAIN MAIS DISSUASIF POUR LES ANIMAUX, EST DIFFUSÉ À L'AVANT DES VOITURES POUR ÉVITER LES COLLISIONS. POUR LE MOMENT, CE DISPOSITIF A ÉTÉ TESTÉ AU JAPON.

LE 3677, UN NUMÉRO DÉDIÉ À LA PROTECTION ANIMALE.

Depuis juin 2024, le **3677** permet de signaler les cas de maltraitance animale en France. Joignable tous les jours, ce numéro a déjà reçu **plus de 25 000 appels** et permis de traiter **plus de 850 urgences.**

NOTRE TOP 25 UNDER 25 YEARS

ENVIRONNEMENT

6 LEAH NAMUGERWA

(21 ANS)

Leah Namugerwa est une militante ougandaise engagée pour le climat, née en 2004 à Kampala. Confrontée très tôt aux effets du dérèglement climatique — inondations, glissements de terrain, sécheresses — elle rejoint à 13 ans le mouvement Fridays for Future, inspirée par Greta Thunberg, et lance ses propres grèves scolaires pour l'environnement. Elle initie parallèlement le projet « Birthday Trees », une campagne de reforestation originale qui invite chacun à planter des arbres pour célébrer son anniversaire. À ce jour, plus de 5 000 arbres ont été plantés grâce à cette initiative, qu'elle déploie à travers tout le pays. Leah devient ensuite déléguée jeunesse à la COP25, intervient au Forum urbain mondial en 2020, puis participe à la COP27 en Égypte. Son objectif : pousser les gouvernements, notamment le sien, à respecter l'accord de Paris et à prendre en compte les besoins spécifiques du continent africain dans la lutte contre le changement climatique. Très active sur les réseaux sociaux, elle sensibilise et mobilise des milliers de jeunes à travers le monde. Sa détermination, sa vision et son impact font aujourd'hui d'elle l'une des figures montantes de l'activisme climatique international.

7 IRIS DUQUESNE

(22 ANS)

Iris Duquesne, née en 2003 à Bordeaux, est une jeune militante écologiste. Dès l'enfance, elle est touchée par les dérèglements climatiques qui marquent son imaginaire et forgent une conscience aiguë de l'urgence environnementale. Adolescente, elle modifie ses habitudes, en réduisant notamment sa consommation de viande, et s'investit dans des actions concrètes en faveur de l'environnement. C'est à San Francisco, où elle est partie vivre quelques mois avec sa famille, qu'elle découvre l'association Heirs to Our Oceans et commence à s'engager activement pour la protection des océans. En 2019, elle devient l'une des seize jeunes à porter plainte devant le Comité des droits de l'enfant de l'ONU contre cinq pays accusés d'inaction climatique, aux côtés de Greta Thunberg et d'autres jeunes figures internationales. Cette démarche juridique, inédite par son ampleur, vise à faire reconnaître la responsabilité des états envers les jeunes générations face à la crise climatique.

Même si la plainte est jugée irrecevable à ce stade, elle marque une étape décisive dans la reconnaissance des droits environnementaux des enfants. Depuis, Iris poursuit son engagement à travers des prises de parole internationales, en défendant le rôle central de la jeunesse et de l'éducation dans la transition écologique.

8 OCTAVE LORY
(15 ANS)

Octave Lory, 15 ans, est un jeune inventeur français qui s'est distingué en 2025 en remportant le premier prix du concours « Innovez », organisé par le magazine *Science & Vie Junior*. Son projet, le *CuistoVoice*, qui mêle IA et environnement, est un assistant culinaire intelligent conçu pour promouvoir une alimentation locale, de saison et respectueuse des préférences alimentaires de chacun. Sensibilisé à l'impact écologique de notre consommation, Octave a imaginé un dispositif interactif capable de guider les utilisateurs dans la réalisation de recettes adaptées à leurs goûts, en fonction des produits disponibles localement. Le *CuistoVoice* fonctionne par commande vocale, afin d'offrir une expérience utilisateur fluide et accessible. Saluée pour son originalité et son utilité, cette invention a permis à Octave de remporter le premier prix du concours « Innovez » en mars 2025, et la somme de 1 200 euros. Depuis cette reconnaissance, Octave a eu l'opportunité de présenter son invention lors de l'événement ChangeNOW au Grand Palais éphémère à Paris en avril 2025, l'un des plus grands rassemblements internationaux dédiés aux solutions pour la planète. Une belle mise en lumière pour un jeune inventeur déterminé à agir, à son échelle, pour un monde plus responsable.

9 RALYN SATIDTANASARN
(17 ANS)

À seulement 17 ans, Ralyn Satidtanasarn, surnommée Lilly, est déjà l'une des figures majeures de l'activisme environnemental en Thaïlande. Engagée depuis l'enfance, elle concentre son combat sur un fléau bien visible dans son pays : les déchets plastique, omniprésents sur les plages et dans les océans. C'est à l'âge de 8 ans, lors d'un séjour sur une plage de Phuket, que Lilly prend conscience de l'ampleur du phénomène en Thaïlande. Avec sa mère, elle décide de s'engager activement contre l'usage excessif du plastique, en ciblant à la fois les grandes enseignes de distribution et les instances gouvernementales. Lors d'une conférence organisée par Greenpeace Thaïlande, elle a affirmé avec force sa volonté de « bannir les sacs plastique de la planète ». Son appel est entendu : en 2020, une importante chaîne de supermarchés de Bangkok décide de cesser leur distribution un jour par semaine. Une victoire modeste en apparence, mais d'une portée symbolique immense. Aujourd'hui, Lilly est reconnue comme l'une des voix les plus influentes de l'écologie en Asie du Sud-Est. Souvent comparée à Greta Thunberg, elle incarne une nouvelle génération d'activistes engagés pour la planète.

10 MARINE GUILBAUD
(25 ANS)

À seulement 25 ans, Marine Guilbaud a fondé CreaGum, une start-up écologique au concept aussi original qu'engagé : recycler les chewing-gums usagés pour les transformer en jouets de plage durables. Étudiante en écologie littorale à l'université de La Rochelle, Marine apprend un jour lors d'un cours que ces déchets collants sont le deuxième déchet le plus répandu en milieu urbain et qu'ils peuvent mettre jusqu'à vingt-cinq ans à se dégrader. Face à ce constat alarmant, Marine décide d'agir. Elle installe des collecteurs sur son campus et dans plusieurs supermarchés de la région pour récupérer les chewing-gums usagés. Une fois traitées, les gommes deviennent une matière première que Marine transforme en objets ludiques, pour sensibiliser tout en amusant. Son produit phare : un moule à sable en forme de tortue luth, clin d'œil à une espèce menacée qu'elle souhaite protéger. Les jouets sont ensuite vendus dans des sacs confectionnés à partir de voiles de bateau recyclées, en partenariat avec un atelier d'insertion professionnelle basé à La Rochelle. Une démarche locale et vertueuse qui mêle écologie, inclusion sociale et innovation.

CULTURE

1000 BONNES NOUVELLES

CINÉMA

LE CINÉMA ACCESSIBLE À TOUS

Depuis près de six ans, l'autrice d'audiodescription **Meryl Guyard** prête sa plume aux films, afin de les rendre accessibles aux personnes aveugles et malvoyantes. Elle a été récompensée par le Marius de l'audiodescription 2025 pour son travail sur le film *Le Comte de Monte-Cristo*.

Le triomphe du box-office français en 2024 !

La comédie d'Artus *Un p'tit truc en plus* a établi un record en attirant plus de 10 millions de spectateurs en à peine six semaines. Ce film devient ainsi le neuvième plus grand succès du cinéma français.

- Portraits positifs -

ABOU SANGARÉ

Abou Sangaré est un mécanicien et acteur, né le 7 mai 2001 à Sinko, dans le sud-est de la Guinée, et révélé dans le film plébiscité à Cannes *L'Histoire de Souleymane*. Apprenti mécanicien, Abou Sangaré quitte son pays à l'adolescence dans l'espoir d'aider sa mère malade, qu'il ne parvient pas à faire soigner faute de moyens. Il traverse successivement le Mali, l'Algérie, la Libye et la Méditerranée avant d'arriver en Europe, en Italie d'abord puis en France en 2017, à l'âge de seulement 16 ans. À Amiens, il est inscrit par des associations à un baccalauréat professionnel de maintenance des transports routiers et obtient deux ans plus tard son brevet de technicien supérieur (BTS).

Arrivé en France illégalement, le jeune Abou voit ses trois demandes de régularisation refusées. Il est même visé par une obligation de quitter le territoire français. En parallèle, il rencontre en 2023 le réalisateur Boris Lojkine, qui lui confie le rôle principal dans *L'Histoire de Souleymane*, un film inspiré de son propre vécu et qui suit le quotidien d'un livreur sans papiers. Bien qu'il ne dispose pas d'expérience dans le monde du cinéma, sa performance, remarquable de sincérité et de profondeur, lui vaut une reconnaissance internationale.

Présentée en 2024 au Festival de Cannes dans la section Un Certain Regard, *L'Histoire de Souleymane* remporte le prix du jury et le prix du meilleur acteur pour Abou Sangaré. Ce dernier est également lauréat du meilleur acteur aux Lumières de la presse étrangère, et obtient le César de la révélation masculine.

Le 8 janvier 2025, Abou Sangaré obtient son premier titre de séjour d'un an. S'il n'est pas fermé à l'idée de renouveler l'expérience de jouer la comédie, il affirme vouloir poursuivre son métier de mécanicien en France.

Le légendaire studio d'animation japonais GHIBLI, fondé par HAYAO MIYAZAKI, a reçu la Palme d'or d'honneur lors du Festival de Cannes 2024. Poétiques et très populaires, les films de la maison Ghibli sont considérés comme des chefs-d'œuvre du cinéma d'animation.

Alors qu'une série *Harry Potter* produite par HBO est attendue pour fin 2026, on connaît déjà le visage du prochain directeur de Poudlard ! C'est l'acteur JOHN LITHGOW qui jouera le rôle de Dumbledore.

LA FRANCE, CHAMPIONNE DU CINÉMA !

Les salles hexagonales retrouvent peu à peu leur fréquentation pré-Covid – et ce plus rapidement que tous les autres pays comparables. Ce sont surtout les productions françaises qui attirent les spectateurs en salle : elles représentent 44,5 % des entrées en 2024 !

LA CINÉMATHÈQUE FRANÇAISE A ANNONCÉ L'OUVERTURE D'UNE ANTENNE À MARSEILLE EN 2026. Cette initiative ambitieuse vise à renforcer la présence du cinéma au sein de la cité phocéenne, et à faire de cette dernière la nouvelle capitale du cinéma en Méditerranée.

LES SCHTROUMPFS ONT FAIT LEUR GRAND RETOUR AU CINÉMA LE 16 JUILLET 2025

AVEC UN NOUVEAU FILM, CÉLÉBRANT PRÈS DE 70 ANS D'AVENTURES SUR PETIT ET GRAND ÉCRAN. CETTE FOIS, LES CÉLÈBRES LUTINS BLEUS DÉBARQUENT À PARIS POUR RETROUVER LE GRAND SCHTROUMPF, MYSTÉRIEUSEMENT ENLEVÉ. L'HUMORISTE JÉRÔME COMMANDEUR Y INCARNE LA VOIX D'UN NOUVEAU PERSONNAGE, LE SCHTROUMPF SANS NOM.

UNE STATUETTE POUR LES CASCADEURS !

L'Académie des Oscars a annoncé la création d'une nouvelle catégorie pour récompenser les hommes et les femmes chargés de doubler les acteurs lors des scènes à risques. Réclamé depuis des années, ce prix sera remis pour la première fois en 2028, lors de la 100e cérémonie des Oscars.

LE PLUS BEAU CINÉMA DU MONDE EST FRANÇAIS !

Le Grand Rex a été élu plus beau cinéma du monde lors d'un classement établi en 2025 par le magazine britannique *Time Out*, spécialisé dans les sorties culturelles. Inauguré en 1932, le Grand Rex est aujourd'hui devenu un lieu emblématique de la culture cinématographique française.

De l'agriculture au cinéma, il n'y a qu'un pas !

Maïwène Barthelemy, 22 ans, agricultrice de métier, a remporté le César du meilleur espoir féminin pour son rôle de Marie-Lise dans le film *Vingt Dieux*. Une aventure inattendue qui pourrait être le début d'une longue carrière dans le cinéma !

L'ACTRICE EMBLÉMATIQUE DE *BASIC INSTINCT*, SHARON STONE, A EXPRIMÉ SON SOUTIEN AUX VICTIMES DES INCENDIES DÉVASTATEURS EN CALIFORNIE EN LEUR OUVRANT LES PORTES DE SA VILLA. ELLE A ÉGALEMENT ENCOURAGÉ LES HABITANTS DE LOS ANGELES À FAIRE DON DE VÊTEMENTS ET DE LITERIE USAGÉS POUR VENIR EN AIDE AUX SINISTRÉS.

CÉSAR DES LYCÉENS

Boudé aux Césars malgré plusieurs nominations, *Le Comte de Monte-Cristo* a obtenu réparation en recevant le César des Lycéens 2025, un prix décerné par un collège électoral de 2 617 élèves en classe de terminale.

Le Brésil, qui n'avait jamais remporté d'Oscar jusqu'ici, a laissé exploser sa joie en plein carnaval à l'annonce du trophée remporté par le film brésilien *Je suis toujours là*. Son réalisateur, Walter Salles, a en effet remporté l'Oscar du meilleur film international. Bravo à lui !

PRINTEMPS DU CINÉMA

Après une baisse de fréquentation en 2024, l'événement a repris des couleurs en réunissant 2,2 millions de spectateurs en trois jours. Un succès pour cette opération qui permet à tous les spectateurs de profiter de l'expérience de la salle de cinéma à un tarif unique pendant trois jours.

L'ENTREPRISE FRANÇAISE *ZEUGMA CONCEPT* a mis au point des affiches de films interactives et dotées de fonctionnalités sonores, pour enrichir l'expérience cinématographique des spectateurs souffrant d'une déficience visuelle.

DANSE

UNE NOUVELLE ÉTOILE !

À 29 ans, la Franco-Macédonienne Roxane Stojanov a été nommée danseuse étoile de l'Opéra national de Paris ! Une consécration pour cette ballerine qui a intégré l'Opéra national de Paris à l'âge de seulement 8 ans.

DANSER LA VIE !

DEPUIS LES ATTENTATS DE *CHARLIE HEBDO*, L'ARTISTE FRANCO-CANADIENNE NADIA VADORI-GAUTHIER DANSE CHAQUE JOUR un peu partout dans le monde pour honorer la mémoire des victimes et célébrer la liberté d'expression. Selon elle, cet acte quotidien est une « résistance poétique » !

LE CÉLÈBRE FRENCH CANCAN, DANSE EMBLÉMATIQUE DES CABARETS PARISIENS, SERA PROCHAINEMENT INSCRIT AU PATRIMOINE CULTUREL IMMATÉRIEL DE LA FRANCE.
APPARUE DANS LES ANNÉES 1820, CETTE DANSE ICONIQUE A ÉTÉ POPULARISÉE PAR LES DANSEUSES DU MOULIN-ROUGE, DEVENANT UN SYMBOLE DE LA CULTURE PARISIENNE.

CHIFFRE

6 000 PERSONNES

EN SEPTEMBRE 2024, LA NOUVELLE-ZÉLANDE A DÉTRÔNÉ LA FRANCE EN BATTANT **LE RECORD DU MONDE DU PLUS GRAND HAKA COLLECTIF. PLUS DE 6 000 PERSONNES** SE SONT RASSEMBLÉES POUR RÉALISER LA CÉLÈBRE DANSE DE GUERRE MAORIE DANS UN STADE À AUCKLAND.

Entre deux répétitions, des ballerines russes ont surpris des patients de l'hôpital Davatora à Moscou en dansant pour eux un extrait de leur ballet préféré. Leur performance a non seulement apporté un réconfort immédiat aux patients, mais aussi créé des souvenirs inoubliables pour tous ceux qui ont eu la chance d'assister à ce spectacle unique.

LE DANSEUR ÉTOILE MATHIEU GANIO A FAIT SES ADIEUX À L'OPÉRA NATIONAL DE PARIS lors d'une dernière représentation du ballet *Onéguine*. Pendant plus de 30 minutes, il a été ovationné par les spectateurs pour ses 21 ans de carrière.

L'actrice **MAYANNE-SARAH EL BAZE** est la première personne en situation de handicap à participer au programme télévisé *Danse avec les stars* ! Révélée au grand public dans le film *Un p'tit truc en plus* d'Artus, elle a rapidement su conquérir le cœur des Français avec son sourire et sa joie de vivre très communicative.

LA DANSE DE RUE A FAIT SON ENTRÉE AUX JEUX OLYMPIQUES DE PARIS 2024 !

Pour la première fois de l'histoire des Jeux, la breakdance, une pratique issue du hip-hop, est devenue une discipline officielle. Pour le plus grand plaisir du Français Danis Civil, alias Dany Dann, qui a remporté la médaille d'argent à l'issue de l'épreuve masculine.

C'est le danseur sud-coréen YounJae Park qui a décroché le premier prix du prestigieux Prix de Lausanne, l'un des concours de danse classique les plus renommés au monde. À seulement 16 ans, le jeune talent a su captiver le jury et le public avec son émouvante variation extraite du ballet *Flammes de Paris*.

LE PETIT VILLAGE DE RIEUTORT-DE-RANDON, EN LOZÈRE, a établi un drôle de record : rassembler plus de 2 800 personnes pour danser le brise-pied, une danse traditionnelle occitane. Un record qui tente depuis d'être battu par d'autres villages, sans succès pour l'instant !

Nommé danseur étoile de l'Opéra de Paris en mars 2024, **GUILLAUME DIOP** est devenu parrain de la 17e édition de *Tous à l'Opéra* ! Cette initiative vise à faire connaître le monde du ballet et de l'opéra à tous ceux qui en sont éloignés, en particulier dans les quartiers prioritaires.

Le Ballet national de Marseille a organisé une vente exceptionnelle de ses costumes de scène et accessoires issus des grandes productions de son répertoire. **Au total, plus de 4 000 pièces ont été mises en vente, avec des prix allant de 5 à 400 euros.** Les bénéfices permettront de soutenir les jeunes troupes de la région.

L'OPÉRA DE PARIS

a mis en place une formation de deux ans destinée à une vingtaine de danseurs de 17 à 23 ans afin de mieux les accompagner dans le monde professionnel. Avec ce « Junior Ballet », l'Opéra de Paris entend diversifier les profils présents dans son corps de ballet et toucher de nouveaux publics.

LE CHÂTEAU DE PIERREFONDS, DANS L'OISE, s'est récemment associé au ballet international Leïla Da Rocha Patrick Dupond pour proposer des visites guidées alliant histoire et danse. Une expérience unique à destination des enfants issus de quartiers défavorisés pour rendre la culture accessible à tous.

LE PALAIS GARNIER, TEMPLE HISTORIQUE DU BALLET ET DE L'OPÉRA À PARIS, A FÊTÉ SES 150 ANS CETTE ANNÉE. IMAGINÉE PAR CHARLES GARNIER DÈS 1861 ET ACHEVÉE EN 1875, LA CÉLÈBRE SALLE DE SPECTACLES EST DÉSORMAIS DEVENUE UN LIEU TOURISTIQUE EMBLÉMATIQUE DE LA VILLE DE PARIS, VISITÉE PAR PLUS D'UN MILLION DE PERSONNES CHAQUE ANNÉE.

GASTRONOMIE

À l'âge de seulement 28 ans, le chef auvergnat

PAUL MARCON

a remporté le Bocuse d'Or 2025, un prestigieux concours de gastronomie. Cette 20e édition, qui s'est tenue près de Lyon, a permis à Paul Marcon de succéder à son père, ancien lauréat, et à la France de décrocher son neuvième Bocuse d'Or.

La championne du monde de pâtisserie

NINA MÉTAYER

propose aux jeunes en difficulté une formation d'apprentis cuisiniers pendant plusieurs mois pour reprendre confiance en eux et découvrir une nouvelle profession. Une superbe initiative pour initier à la cuisine !

UN RESTAURANT DE TACOS MEXICAIN A OBTENU SA PREMIÈRE ÉTOILE MICHELIN !

Situé à Mexico City, El Califa de León est une petite *taqueria* de quartier qui ne propose que quatre types de tacos différents. Il rejoint la très sélective liste des dix-sept autres restaurants étoilés figurant dans le *Guide Michelin* Mexique 2024.

UN REPAS DE SOLIDARITÉ

Pour le réveillon de Noël, la cheffe doublement étoilée **Stéphanie Le Quellec et sa brigade ont cuisiné un repas d'exception** à destination de convives en situation de précarité. Avec le soutien de la Fondation Abbé-Pierre, Stéphanie Le Quellec a accueilli plus d'une centaine de personnes au Refettorio Paris, un restaurant installé dans la crypte de l'église de la Madeleine.

UNE ALLIANCE AVEC LE CÉLÈBRE *GUIDE ROUGE*

L'émission culinaire diffusée sur *M6 Top Chef* a repris du service et offre à son futur gagnant une récompense exceptionnelle : une potentielle étoile au *Guide Michelin*. Les inspecteurs du célèbre guide prendront part au verdict de manière anonyme et décideront de manière collégiale d'attribuer ou non une étoile Michelin au restaurant du gagnant.

Atteint d'un handicap psychique, **THOMAS BRIALY** s'est récemment hissé en finale du concours national de pâtisserie à Paris ! Originaire du Tarn, il avait déjà décroché le titre de lauréat régional à Bordeaux dans le cadre du concours « Un pour tous, tous pour un », dédié aux personnes en situation de handicap.

L'influenceur et cantinier Guillaume Delsaux prépare chaque jour des repas équilibrés et faits maison, pour le plus grand plaisir des élèves de la cité scolaire de Bressuire. Guillaume partage sa passion pour la cuisine sur les réseaux sociaux, où il rassemble 1,2 million d'abonnés. Il veut montrer qu'à la cantine on peut manger bien, et bon !

EDGAR PIERRE

UN JEUNE BOULANGER DE 18 ANS ORIGINAIRE DE POITIERS A ÉTÉ SACRÉ MEILLEUR APPRENTI DE FRANCE 2024. UNE RÉCOMPENSE QUI LUI A VALU L'HONNEUR D'ÊTRE REÇU À L'ÉLYSÉE DÉBUT JANVIER 2025 POUR LA TRADITIONNELLE GALETTE DES ROIS.

À 26 ANS, JULES MERCIER A ÉTÉ ÉLU MEILLEUR FROMAGER DE FRANCE !

Un rêve qui se réalise pour le jeune Charentais-Maritime, qui exerce depuis cinq ans à Annecy, à La Crémerie des Marchés. L'amoureux du fromage ne compte pas s'arrêter là et convoite le titre mondial en septembre 2025 à Tours !

ILS ONT MOINS DE 10 ANS ET SORTENT DÉJÀ LEUR PREMIER LIVRE DE CUISINE. À CAMPÉNÉAC, DANS LE MORBIHAN, LES ÉLÈVES DE L'ÉCOLE NOTRE-DAME ONT CRÉÉ **UN LIVRE DE RECETTES UNIQUE, QUI RASSEMBLE LEURS RECETTES** AINSI QUE CELLES DE LEURS ENSEIGNANTES. UNE BELLE INITIATIVE COLLECTIVE ET ÉDUCATIVE QUI PERMET DE SENSIBILISER LES ENFANTS À L'IMPORTANCE D'UNE ALIMENTATION SAINE.

CHIFFRE

101 MÈTRES

LE RECORD DU MONDE DE **LA PLUS LONGUE GALETTE-SAUCISSE** A ÉTÉ ÉTABLI EN MARS 2025 À RENNES, OÙ UNE GALETTE DE **101 M DE LONG** A ÉTÉ RÉALISÉE AU PARC DES BOIS. CET EXPLOIT A SURPASSÉ LE PRÉCÉDENT RECORD DE 53 M, ATTEINT EN MAYENNE EN 2021.

DES RESTES

est le nom du restaurant éphémère créé par Jean Covillault, ancien candidat de *Top Chef*. Avec une démarche axée sur la lutte contre le gaspillage, le lieu mise sur un concept original : cuisiner à partir de restes.

Le Salon de l'agriculture accueille en 2025 son premier légume au concours général agricole. Il s'agit de la choucroute, qui n'est autre que du chou transformé. Une reconnaissance pour ce plat alsacien emblématique, qui met en lumière un savoir-faire local et un terroir d'exception.

RÉMI DISPERSYN, UN GERSOIS ÂGÉ DE 35 ANS, PASSIONNÉ PAR LA CUISINE TRADITIONNELLE, parcourt la France pour rencontrer des grands-mères et collecter leurs recettes. **Son objectif : sauvegarder ce patrimoine gastronomique et le transmettre aux générations futures.**

LE ROQUEFORT

FÊTE EN 2025 SES 100 ANS D'APPELLATION PROTÉGÉE, LA PLUS ANCIENNE EN FRANCE. EN 2023, IL S'EST VENDU PRÈS DE **15 000 TONNES** DE ROQUEFORT, ET LE FROMAGE A FAIT VIVRE 2 600 ÉLEVEURS DANS SIX DÉPARTEMENTS AUTOUR DU VILLAGE DE ROQUEFORT, DANS L'AVEYRON.

LITTÉRATURE

LIRE LES YEUX FERMÉS, C'EST DÉSORMAIS POSSIBLE !

En France, l'association Les Doigts qui rêvent propose un large choix de livres tactiles illustrés pour permettre aux enfants déficients visuels de lire comme tous les autres. Une initiative innovante qui sensibilise au passage le public à la déficience visuelle.

GISÈLE PELICOT

VA RACONTER SES MÉMOIRES DANS UN LIVRE QUI SERA PUBLIÉ À PARTIR DE JANVIER 2026. INTITULÉ *UN HYMNE À LA VIE*, **L'OUVRAGE VEUT TRANSMETTRE UN MESSAGE DE FORCE ET DE COURAGE** À TOUS CEUX QUI TRAVERSENT DES ÉPREUVES DIFFICILES.

En Haute-Loire, des lettres d'amour d'un poilu de la Première Guerre mondiale adressées à sa future épouse ont récemment été découvertes par son petit-fils, Bruno Murgue. Ces lettres révèlent un homme passionné et sensible qui contraste avec le grand-père autoritaire de ses souvenirs !

EN JUIN 2024 S'EST TENUE LA 10E ÉDITION DU GRAND PRIX POÉSIE RATP, présidée par l'écrivaine Amélie Nothomb. Un rendez-vous littéraire très attendu, qui a attiré près de 12 000 poètes en herbe, de France et de Belgique.

LE JOURNAL DE MICKEY A FÊTÉ SES 90 ANS EN 2024 !

NÉ EN FRANCE EN 1934, ET NON AUX ÉTATS-UNIS COMME ON POURRAIT LE PENSER, CE MAGAZINE JEUNESSE A MARQUÉ DES GÉNÉRATIONS DE LECTEURS EN INTRODUISANT L'UNIVERS DE MICKEY ET DE SES AMIS DANS LE QUOTIDIEN DES FRANÇAIS.

UN LIVRE ILLUSTRÉ CACHÉ PENDANT LA SECONDE GUERRE MONDIALE A ÉTÉ REDÉCOUVERT !

À C'QUI PARAÎT EST UN MANUSCRIT CLANDESTIN DE JACQUES GRENIÉ, ILLUSTRÉ PAR DANIEL DIÉTLIN ET QUI TÉMOIGNE DE LA VIE DES RÉSISTANTS SOUS L'OCCUPATION. UN VÉRITABLE TRÉSOR POUR LES HISTORIENS !

COMÉDIE-FRANÇAISE

Le comédien **CLÉMENT HERVIEU-LÉGER** a été nommé à la tête de la Comédie-Française, remplaçant le metteur en scène Éric Ruf, parvenu au terme de son mandat. Membre de la troupe depuis 2005 et sociétaire depuis 2018, il a joué et mis en scène de nombreuses pièces de théâtre.

LE 11 MARS 2025 a eu lieu une nouvelle édition du quart d'heure de lecture nationale. Lancée en 2018 par le ministère de l'Éducation nationale et le Centre national du livre, cette initiative encourage chacun à consacrer quinze minutes de son temps à la lecture pour la remettre au cœur de notre quotidien.

ENCORE INCONNUE IL Y A QUELQUES ANNÉES, L'ÉCRIVAINE AMÉRICAINE FREIDA MCFADDEN est aujourd'hui en tête des ventes dans le monde avec sa trilogie *La Femme de ménage*. Son roman est devenu un véritable phénomène littéraire et s'est déjà écoulé en France à près de 2 millions d'exemplaires, tous formats confondus.

À Aix-en-Provence, la librairie Mon Chat Pitre est la première « ronron-librairie » de France, un concept unique qui allie passion des livres et amour des chats. Cette librairie pas comme les autres recueille des chats issus de refuges, qui évoluent librement parmi les rayonnages et ravissent les clients par leur présence apaisante.

Soixante ans après Luchino Visconti, François Ozon s'attaque à une nouvelle adaptation de l'un des romans les plus connus d'Albert Camus, *L'Étranger*. C'est l'acteur Benjamin Voisin qui a été choisi pour jouer le rôle du personnage principal, Meursault. La sortie du film au cinéma est prévue pour le début de l'année 2026.

Le roman *Le Rêve du jaguar*, publié par Miguel Bonnefoy aux éditions Rivages, a reçu le prix Femina en novembre 2024. Un succès qui se renforce puisque cette saga haletante avait également remporté le Grand Prix du roman de l'Académie française un mois auparavant.

AU TERME DE PLUSIEURS MOIS DE SÉLECTION, LE PRIX GONCOURT DES LYCÉENS A ÉTÉ FINALEMENT DÉCERNÉ À SANDRINE COLLETTE POUR SON ROMAN *MADELAINE AVANT L'AUBE*. ELLE SUCCÈDE AINSI À NEIGE SINNO, LAURÉATE EN 2023 POUR SON LIVRE *TRISTE TIGRE*.

LA BANDE DESSINÉE *AU-DEDANS* ÉCRITE PAR WILL MCPHAIL A REMPORTÉ LE PRIX DE LA BD FNAC FRANCE INTER 2025.

À TRAVERS UN RÉCIT INTIME ET ÉMOUVANT, ELLE RETRACE LE PARCOURS DE NICK, UN JEUNE HOMME RENFERMÉ QUI VA LENTEMENT S'ÉVEILLER AU MONDE ET PARTIR À SA RENCONTRE.

APRÈS LES TROIS MOUSQUETAIRES, C'EST LE CÉLÈBRE ROMAN D'ALEXANDRE DUMAS *LE COMTE DE MONTE-CRISTO* QUI A ÉTÉ ADAPTÉ AU CINÉMA, AVEC PIERRE NINEY DANS LE RÔLE DU PERSONNAGE ÉPONYME. FRANCHISSANT LE CAP DES 8 MILLIONS D'ENTRÉES À LA MI-SEPTEMBRE, IL EST L'UN DES GROS SUCCÈS CINÉMATOGRAPHIQUES DE L'ANNÉE 2024.

MODE

À Marseille,

ANNA STEZI, une jeune créatrice, transforme de vieux maillots de l'Olympique de Marseille en collections de mode uniques. Une technique d'upcycling inédite qui a déjà séduit plusieurs joueurs de football professionnels.

LA MARQUE DE LUXE BA&SH A RÉCEMMENT NOUÉ UN PARTENARIAT AVEC L'ASSOCIATION 125 ET APRÈS, FONDÉE PAR SARAH BARUKH POUR SOUTENIR LES FEMMES VICTIMES DE VIOLENCES CONJUGALES. À L'OCCASION DE LA JOURNÉE INTERNATIONALE DES DROITS DES FEMMES, LA MARQUE DE PRÊT-À-PORTER A LANCÉ LE T-SHIRT *TOGETHER*, DONT L'INTÉGRALITÉ DES BÉNÉFICES SERA REVERSÉE À L'ASSOCIATION.

À SEULEMENT 8 ANS, L'AMÉRICAIN MAX ALEXANDER

est le plus jeune créateur de mode au monde. Après avoir organisé son premier défilé à 4 ans, il habille désormais des célébrités et comptabilise plusieurs millions de *followers* sur les réseaux sociaux.

LA MAISON DE MODE DE LUXE VIVIENNE WESTWOOD A ORGANISÉ SON TOUT PREMIER DÉFILÉ DE MODE EN INDE, À MUMBAI, À LA PORTE DE L'INDE. UN ÉVÉNEMENT UNIQUE DURANT LEQUEL LA MARQUE A DÉVOILÉ UNE COLLECTION EXCEPTIONNELLE CRÉÉE AVEC DES SOIES INDIENNES NATURELLES TISSÉES À LA MAIN.

LE K-WAY A FÊTÉ SES 60 ANS EN 2025 !

Lancée au début des années 1960 par un créateur français, la marque a longtemps été raillée pour son esthétique, avant d'être rachetée par un entrepreneur italien. Vingt ans plus tard, elle est devenue un incontournable des podiums de la mode, défilant désormais aux côtés de maisons prestigieuses, comme Gucci ou Prada.

En Zambie, une petite-fille a transformé sa grand-mère en icône de mode en l'habillant avec des tenues extravagantes. Margret est devenue une véritable star sur Instagram, où elle s'est fait connaître sous le pseudonyme de Legendary Glamma et où elle rassemble des milliers d'abonnés.

MERCATO DANS LA MODE

Le duo Jack McCollough-Lazaro Hernandez a été choisi pour prendre la direction artistique de la marque Loewe, propriété du groupe LVMH. Les deux Américains, qui ont fondé la marque Proenza Schouler, ont été désignés par LVMH pour succéder à Jonathan Anderson.

Paris Hilton s'est récemment associée à la plateforme de revente de mode Vestiaire Collective pour soutenir les victimes des incendies de Los Angeles. La femme d'affaires a mis en vente plus de 100 pièces de créateurs issues de sa propre collection, promettant de reverser l'intégralité des bénéfices aux familles touchées par la catastrophe.

Le musée du Louvre a organisé en mars 2025 son Grand Dîner pour célébrer l'ouverture de sa première exposition de mode, lancée en janvier précédent. Ce dîner de collecte de fonds, présenté comme un Met Gala à la française, a rassemblé de nombreuses personnalités issues du monde de la mode, parmi lesquelles le styliste Gaultier et le mannequin Gigi Hadid.

EN ÉCOSSE, LE MUSICIEN MUNRO BAGPIPER A CHOISI DE REVÊTIR SON KILT TRADITIONNEL

pour jouer de la cornemuse au sommet des plus hautes montagnes du pays. Son objectif : perpétuer une tradition séculaire et emblématique de la culture écossaise.

LA LIGUE GRAND EST DE JUDO A LANCÉ LE PROJET « SAKIDO », QUI VISE À DONNER UNE SECONDE VIE AUX KIMONOS USÉS. GRÂCE À CETTE INITIATIVE INNOVANTE, CES ÉQUIPEMENTS NE SONT PLUS JETÉS, MAIS BIEN RECYCLÉS ET TRANSFORMÉS EN TROUSSES, *TOTE BAGS* ET SACS DE SPORT.

ARNAUD VAILLANT ET SÉBASTIEN MEYER, LES DEUX CRÉATEURS DE LA CÉLÈBRE MARQUE DE PRÊT-À-PORTER FÉMININ COPERNI, ONT SOUHAITÉ CÉLÉBRER LE GAMING LORS DU DÉFILÉ 2025 DE LEUR MARQUE. ILS ONT RÉUNI PLUS DE 200 JOUEURS DE GAMING DANS L'ENCEINTE DE L'ADIDAS ARENA, À PARIS, QUI SE SONT AFFRONTÉS LORS D'UNE PARTIE DE GAMING, TANDIS QUE LES MANNEQUINS DÉFILAIENT EN PARALLÈLE.

De nouvelles blouses, inspirées des tenues de cosmonautes, ont été créées par l'Institut des textiles du monde et le Studio 510HT pour les soignants de l'Hôpital américain de Reims. Ces créations ont pour but d'égayer un peu le quotidien des enfants hospitalisés et de dédramatiser le soin.

POUR CONTRER LES GÉANTS DE LA FAST-FASHION, UNE PROPOSITION DE LOI A ÉTÉ DÉPOSÉE PAR LA DÉPUTÉE ANNE-CÉCILE VIOLLAND visant à interdire la publicité pour les produits et entreprises relevant de la fast-fashion. Avec cette initiative, la France devient le premier pays au monde à légiférer pour limiter les dérives des géants de la vente en ligne.

LES MONITEURS DE SKI ONT L'INTERDICTION DE VENDRE OU DE DONNER LEUR TENUE.

ALORS, POUR NE PAS LES JETER, ZOÉ A CRÉÉ 3ᴱ MANCHE, UNE ENTREPRISE QUI LES RECYCLE POUR EN FAIRE DES BOBS, DES COUSSINS OU ENCORE DES PORTE-MÉDAILLES. UNE BELLE INITIATIVE POUR DONNER UNE SECONDE VIE AUX TENUES DE SKI !

MUSIQUE

Le clip de **la chanteuse**

AYA NAKAMURA

DJADJA

a dépassé le milliard de vues sur YouTube. À 29 ans, elle devient la plus jeune artiste et la première d'origine africaine à atteindre ce palier.

ÂGÉE DE 100 ANS, RUTH SLENCZYNSKA EST LA DERNIÈRE ÉLÈVE VIVANTE DU COMPOSITEUR SERGUEÏ RACHMANINOV. ELLE CONTINUE DE JOUER DU PIANO ET A MÊME SORTI UN ALBUM À 97 ANS !

POUR LA QUATORZIÈME FOIS, LE CHANTEUR **JEAN-JACQUES GOLDMAN** A ÉTÉ ÉLU « PERSONNALITÉ PRÉFÉRÉE DES FRANÇAIS ».

APRÈS SIX ANS D'ABSENCE, L'EX-BEATLES PAUL MCCARTNEY A DONNÉ DEUX CONCERTS À PARIS DEVANT PLUS DE 35 000 SPECTATEURS.

À PLUS DE 60 ANS DE CARRIÈRE, L'ARTISTE CONTINUE DE FAIRE VIBRER LE PUBLIC ET DE MARQUER L'ACTUALITÉ MUSICALE !

LA CHANTEUSE LADY GAGA

a annoncé cinq nouvelles dates de concert en France ! Une tournée qui n'était pas prévue, mais qui fait suite à l'accueil chaleureux qu'a reçu son dernier album, disponible depuis mars 2025 !

DE PASSAGE À LONDRES POUR DEUX CONCERTS EN NOVEMBRE 2024, LE CÉLÈBRE COMPOSITEUR LUDOVICO EINAUDI A ENCHANTÉ LES USAGERS DE LA GARE ST PANCRAS INTERNATIONAL EN IMPROVISANT UN PETIT CONCERT GRATUIT SUR LE PIANO DE LA GARE.

COCORICO !

Le groupe de musique français Justice a remporté en février 2025 le Grammy Award du meilleur titre dance/ électronique à Los Angeles pour son tube *Neverender* avec Tame Impala. C'est le troisième Grammy Award pour le groupe, après un premier en 2009 dans la catégorie « meilleur remix » puis un deuxième en 2019 pour le meilleur album dance/ électronique.

FAIRE DES MATHS EN RAPPANT !

C'est le défi que s'est lancé Antoine Carrier, professeur de mathématiques au collège Dupaty de Blanquefort, en Gironde, pour faciliter leur apprentissage. Sous le nom d'A'Rieka, il partage régulièrement sur les réseaux sociaux des vidéos qui abordent les principales notions de mathématiques sous la forme de rap.

ALEXANDRE, LÉANDRE ET EVAN SONT NÉS SOURDS PROFONDS ET PORTENT UN IMPLANT COCHLÉAIRE QUI LEUR PERMET D'ENTENDRE ET DE PARLER. Passionnés de musique, ils ont appris à jouer d'un instrument sans pouvoir pour autant intégrer un cursus classique. Avec d'autres enfants, sourds et entendants, et le soutien de musiciens professionnels, ils ont décidé de former l'Orchestre des colibris au conservatoire de Marseille, pensé spécialement pour les enfants sourds et malentendants.

Les Français n'ont jamais autant écouté de musique qu'en 2024, avec en moyenne 19 heures d'écoute hebdomadaire !

Le développement constant du streaming, les séries, les biopics au cinéma et même la K-pop font partie des raisons de cette hausse.

Les professeurs du conservatoire de Nice interviennent dans les écoles défavorisées pour que les élèves puissent accéder à la culture ! **EN 3 ANS, ILS DOIVENT FORMER UN ORCHESTRE**, et les meilleurs d'entre eux entreront au conservatoire.

Après plusieurs semaines de préparation, Emmanuel Legros et Cyrille Vallarcher ont réalisé l'un de leurs rêves : **JOUER UN CONCERT DE BATTERIE EN DIRECT DEPUIS LE CIEL, À BORD D'UNE MONTGOLFIÈRE, À 1 000 M DU SOL.** Un défi sur le plan technique qui leur a permis de vivre un moment unique !

EN AUVERGNE-RHÔNE-ALPES, UN CAMION AMÉNAGÉ POUR ACCUEILLIR UN OPÉRA ITINÉRANT PARCOURT LA RÉGION À LA RENCONTRE DE SES HABITANTS. Chaque semaine, la troupe composée de cinq artistes et quinze personnes joue dans le chapiteau de 90 places *Le Sang du glacier*, une pièce spécialement créée par l'Opéra de Lyon. Le camion et sa troupe voyagent ensuite de ville en ville, pour faire connaître l'opéra dans les zones les plus rurales.

DEUX FOIS PAR AN, LES AUDITIONS DES MUSICIENS DU MÉTRO DE LA RATP OFFRENT À 300 MUSICIENS L'OPPORTUNITÉ DE SE PRODUIRE SUR UNE GRANDE SCÈNE PARISIENNE, LE MÉTRO. CE CONCOURS, PRÉSIDÉ PAR UN JURY COMPOSÉ D'AGENTS DE LA RATP ET DE VOYAGEURS, PERMET D'OBTENIR L'AUTORISATION DE JOUER DANS LES GARES ET STATIONS DU RÉSEAU. CERTAINS CHANTEURS, COMME LÂAM, KEZIAH JONES OU ZAZ, ONT D'AILLEURS ÉTÉ REPÉRÉS GRÂCE À CETTE MISE EN LUMIÈRE.

Le DJ MARTIN GARRIX a visité le Prinses Máxima Centrum, un centre de cancérologie infantile aux Pays-Bas, pour animer une classe de DJ auprès de certains des patients. Il a également été nommé ambassadeur du centre pour soutenir la lutte contre le cancer infantile.

CHIFFRE

5 MILLIONS

C'EST LA SOMME VERSÉE PAR TAYLOR SWIFT À L'ASSOCIATION FEEDING AMERICA POUR SOUTENIR LES VICTIMES DE L'OURAGAN MILTON. SON AIDE SERVIRA À LA RECONSTRUCTION ET À LA FOURNITURE DES RESSOURCES ESSENTIELLES AUX PERSONNES TOUCHÉES.

PATRIMOINE

PRÈS DE CINQ ANS APRÈS L'INCENDIE QUI A DÉVASTÉ NOTRE-DAME DE PARIS, LA CATHÉDRALE A ROUVERT SES PORTES EN DÉCEMBRE 2024.

Grâce aux travaux de reconstruction réalisés par plusieurs milliers d'artisans et d'architectes, les murs, les vitraux et l'orgue ont été soigneusement restaurés. Des aménagements ont également été réalisés pour rendre ce monument emblématique accessible aux personnes en situation de handicap.

DANS LE VAR, À CAVALAIRE-SUR-MER, DES ARCHÉOLOGUES ONT DÉCOUVERT SOUS UN PARKING DES VESTIGES D'UNE MAISON DATANT D'ENVIRON 5 400 ANS AVANT NOTRE ÈRE ! C'EST L'UN DES PLUS ANCIENS HABITATS NÉOLITHIQUES DE FRANCE.

La Khazneh, le plus célèbre monument de Pétra, en Jordanie, est désormais inscrite au Patrimoine mondial de l'Unesco.

LA BASILIQUE DE SAINT-DENIS, NÉCROPOLE DES ROIS ET REINES DE FRANCE, va retrouver sa tour nord et sa flèche, démontée en 1846, après des années d'attente. La reconstruction n'avait pas pu débuter faute de fonds, mais les premières pierres sont désormais prêtes à être scellées.

CHIFFRE

6 MILLIONS D'EUROS

C'EST LE PRIX AUQUEL S'EST VENDU LE PLUS GRAND SQUELETTE DE DINOSAURE JAMAIS MIS AUX ENCHÈRES, UN APATOSAURE DE 22 M. L'ACHETEUR SOUHAITE DÉSORMAIS L'EXPOSER DANS UN MUSÉE POUR LE RENDRE ACCESSIBLE À TOUS.

Nice est la deuxième ville la plus touristique de France après Paris !

La cité a battu tous les records cette année en accueillant notamment plus de 260 000 visiteurs entre le 19 et le 21 juillet 2024 lors de l'arrivée du Tour de France.

UN JEU-CONCOURS, LANCÉ PAR LA FONDATION DU PATRIMOINE, permet de gagner cinquante petits pavés de la cathédrale Notre-Dame de Paris. La vente de ces pierres, trop endommagées pour être réintégrées à la cathédrale, permettra de financer la préservation du patrimoine français.

DES CHERCHEURS DES ARCHIVES D'ÉTAT EN ALLEMAGNE ONT RETROUVÉ UN FRAGMENT DE LA TAPISSERIE DE BAYEUX DANS LA PROPRIÉTÉ D'UN ARCHÉOLOGUE ALLEMAND, QUI L'AVAIT SUBTILISÉ DISCRÈTEMENT PENDANT LA SECONDE GUERRE MONDIALE. LE MORCEAU DE TISSU DEVRA ÊTRE PROCHAINEMENT RESTITUÉ À LA FRANCE.

Le presbytère de Notre-Dame de Paris, conçu en 1866 par Viollet-le-Duc, a été classé monument historique ! Cela complète la protection de l'ensemble de la cathédrale, déjà en partie classée depuis 1862.

UN FOSSILE HUMAIN VIEUX DE PLUS D'UN MILLION D'ANNÉES a été découvert en Espagne, devenant ainsi la plus ancienne découverte du genre en Europe de l'Ouest.

EN MAYENNE, UN COUPLE A LÉGUÉ 600 000 EUROS POUR RÉNOVER LE CHÂTEAU DE LEUR RENCONTRE !

Tombés amoureux en 1940 au collège du château de Sillé-le-Guillaume, Jeanne Dufour et André Guittet ont gardé un souvenir impérissable de ce lieu et ont décidé de tout mettre en œuvre pour le préserver.

Douze squelettes vieux de plus de deux millénaires ont été retrouvés à Pétra, en Jordanie. Les archéologues espèrent que l'étude de ces découvertes apportera des éclaircissements sur l'histoire de Pétra et de ses habitants.

La 2e édition de l'exposition itinérante « Lascaux III », lancée en 2012, débutera son nouveau tour du monde à Bordeaux mi-juin 2025. Parmi les nouveautés, une reproduction de la célèbre salle des Taureaux, avec 25 m de parois démontables, accompagnée d'une expérience immersive pour plonger le visiteur dans la préhistoire.

BASÉE À TULLE (CORRÈZE), **LA MANUFACTURE MAUGEIN,** le plus ancien fabricant français d'accordéons, qui avait été placée en liquidation judiciaire en septembre 2024, a été sauvée ! Elle a en effet été reprise par l'un de ses employés et a rouvert ses portes au public au début du mois de mars 2025.

L'UNESCO A OFFICIELLEMENT INSCRIT LE SAVOIR-FAIRE DES COUVREURS-ZINGUEURS PARISIENS SUR LA LISTE DU PATRIMOINE CULTUREL IMMATÉRIEL DE L'HUMANITÉ. Leur expertise, transmise de génération en génération, contribue à l'identité visuelle de la capitale avec ses célèbres toits en zinc.

PEINTURE

Une équipe de huit experts s'est attelée à la restauration de l'emblématique *Ronde de nuit* de Rembrandt, au Rijksmuseum d'Amsterdam, aux Pays-Bas, sous les yeux d'un public fasciné. Réalisée d'ordinaire en laboratoire, la restauration de cette toile de plus de 4 m sur 3 m attire chaque jour plus de 2 000 spectateurs.

SURVIVANTE DU CANCER, **COLLEEN WALL** illumine les salles de chimiothérapie des hôpitaux avec des fresques colorées, pour offrir aux patients une échappée apaisante et pleine d'espoir.

DEUX ŒUVRES INÉDITES DE L'ARTISTE SURRÉALISTE BELGE RENÉ MAGRITTE ONT ÉTÉ VENDUES AUX ENCHÈRES À L'HÔTEL DES VENTES DE CAEN.

Réalisées entre 1930 et 1944, ces peintures sont restées pendant toutes ces années dans le secret d'une collection privée au sein de la famille du poète Ernst Moerman, qui en était devenu propriétaire avant sa mort.

LE CENTRE POMPIDOU A FAIT LE PLEIN DE VISITEURS AVANT SA FERMETURE TEMPORAIRE EN SEPTEMBRE 2025.

La fréquentation du musée parisien a en effet augmenté de plus de 20 % en 2024 par rapport à 2023 ! Ces cinq années de travaux vont lui permettre de rouvrir en 2030 avec davantage de place encore consacrée à la création.

32 villes françaises ont décidé de remplacer leurs panneaux publicitaires par des œuvres d'art pendant 1 mois. L'initiative *La beauté sauvera le monde* a habillé les panneaux publicitaires de toiles de Monet, Van Gogh ou encore Hokusai, et a transformé les rues des villes en véritables musées.

L'ARTISTE **PHARRELL WILLIAMS** A RÉUNI 39 ARTISTES NOIRES DANS UNE EXPOSITION INTITULÉE « FEMMES », À LA GALERIE PERROTIN À PARIS. LORS DU VERNISSAGE, PHARRELL WILLIAMS A EXPLIQUÉ VOULOIR METTRE EN LUMIÈRE LE TRAVAIL DE JEUNES ARTISTES, ESSENTIELLEMENT DES FEMMES AFRICAINES ET AFRO-DESCENDANTES. UNE EXPOSITION JOYEUSE POUR RENDRE HOMMAGE À LA PENSÉE NOIRE ET RACONTER LE CORPS NOIR.

COCORICO !

LA FRANÇAISE **SOPHIE CALLE,** ARTISTE PLASTICIENNE ET PHOTOGRAPHE, FAIT PARTIE DES CINQ LAURÉATS DU PRIX PRAEMIUM IMPERIALE 2024 RETENUS PAR LA JAPAN ART ASSOCIATION LORS D'UNE CÉRÉMONIE ORGANISÉE AU MUSÉE NATIONAL PICASSO À PARIS. SURNOMMÉ « LE NOBEL DES ARTS », LE PRIX PRAEMIUM IMPERIALE VIENT RÉCOMPENSER LES ARTISTES DONT LE TRAVAIL PARTICIPE À LA PROMOTION DE LA CULTURE DANS LE MONDE ENTIER.

UNE CENTENAIRE HAUTE EN COULEUR !

JACQUELINE CARRON A 104 ANS, et malgré son âge, cette ancienne professeure de mathématiques continue de peindre les paysages qu'elle observe dans la Drôme. Selon elle, le secret de sa longévité réside dans cette passion qui continue de l'animer jour après jour.

Des écoliers contribuent à la plus grande peinture du monde pour les Jeux olympiques. **À l'occasion des Jeux de Paris 2024, des dizaines d'élèves originaires de la Drôme ont été invités à prendre part à la plus grande peinture du monde.** L'œuvre, révélée en mai, a ensuite été exposée à Paris tout au long de la compétition sportive.

En vue de la réouverture prochaine du Carré Sainte-Anne à Montpellier, **L'ARTISTE JR** a été choisi par la Ville de Montpellier pour investir ce lieu transformé en espace culture et centre d'art contemporain. Pour cette occasion, JR a lancé un appel aux habitants afin de créer une œuvre collective qui viendra habiller la nef de l'ancienne église.

UN TABLEAU INÉDIT DU STREET-ARTISTE

BANKSY

a été adjugé à Londres lors d'une vente aux enchères pour plus de 4 millions de livres. Intitulée *Crude Oil (Vettriano)*, cette œuvre a été mise en vente par la prestigieuse maison de ventes aux enchères Sotheby's, dans la capitale britannique.

MENACÉES PAR LES INCENDIES QUI ONT RAVAGÉ LOS ANGELES EN JANVIER 2025, PLUSIEURS ŒUVRES D'**ANTOINE WATTEAU** ONT ÉTÉ **MIRACULEUSEMENT SAUVÉES DES FLAMMES** PAR LEUR PROPRIÉTAIRE. ELLES ONT PU REJOINDRE LA GRANDE RÉTROSPECTIVE CONSACRÉE AU PEINTRE FRANÇAIS PAR LE CHÂTEAU DE CHANTILLY, DANS L'OISE, DE MARS À JUIN 2025.

@LAURENTS.ART

À l'âge de seulement 3 ans, le jeune **LAURENT SCHWARZ**, également connu sous le pseudo @laurents.art sur Instagram, est déjà un peintre reconnu par la profession. Il s'est fait connaître sur les réseaux sociaux pour ses toiles abstraites qui se vendent des milliers d'euros. Un talent précoce puisque le jeune Allemand a commencé à peindre à l'âge de seulement 1 an et demi et produit en moyenne un tableau par semaine.

LE HENNÉ, cette poudre auburn utilisée dans de nombreux pays d'Afrique et du Moyen-Orient pour dessiner des motifs sur le corps intègre le Patrimoine immatériel de l'Unesco.

Le tableau *Woman Carrying the Embers,* peint par le maître flamand Pieter Brueghel le Jeune vers 1626 et volé à l'époque communiste, a refait surface aux Pays-Bas dans un petit musée de la province du Limbourg. L'œuvre, qui avait disparu depuis 50 ans, a pu être retrouvée en partie grâce à l'aide d'un célèbre détective d'art.

PHOTOGRAPHIE

DES PHOTOS AU POIL !

Quentin Meyer adore les chiens et la photographie, et a décidé d'allier ses deux passions. Dans les rues de Strasbourg et de Colmar, ce passionné part à la rencontre des chiens et de leur propriétaire et tire le portrait des toutous qu'il croise au cours de ses balades.

Des élèves en classe de CP à l'école Albert-Jacquard à Sérent, dans le Morbihan, ont participé à un atelier photo pour apprendre à faire des portraits. De quoi donner des idées à leur professeur, qui les a invités à prendre en photo les Sérentais et Sérentaises volontaires afin de mettre en application leurs nouvelles connaissances.

YANNICK ALLÉNO ET L'ARTISTE JR ONT LANCÉ LE PROJET « *ALIVE* »,

UN COLLAGE DE 3 000 PORTRAITS DE PROCHES DE VICTIMES DE VIOLENCES ROUTIÈRES QUI SERA PROCHAINEMENT INSTALLÉ SUR LE PONT DE L'ALMA.

Ce projet s'inscrit dans l'engagement du chef, endeuillé par la perte de son fils dans un accident de la route, pour sensibiliser contre les violences routières et offrir un espace de recueillement aux familles.

Dans le cadre d'un projet de studio itinérant, **LE PHOTOGRAPHE YANN ARTHUS-BERTRAND** s'est installé quelques jours au Mans pour photographier gratuitement des habitants ! Celui qui s'est fait connaître du grand public grâce à *La Terre vue du ciel* a un objectif : témoigner d'une France fière de sa diversité au travers de dizaines de milliers de portraits réalisés dans tout le pays.

UN MAGNIFIQUE DOUBLE ARC-EN-CIEL A ÉMERVEILLÉ LES HABITANTS DE LA VILLE DE MARSEILLE.

Ce phénomène, aussi rare que beau, a été capturé et partagé par de nombreux habitants de la cité phocéenne.

LE PRIX INTERNATIONAL 2025 DE LA FONDATION HASSELBLAD,

la plus grande récompense au monde dans le domaine de la photographie, a été attribué à la photographe française Sophie Ristelhueber pour son travail sur les traces, les empreintes et les stigmates. La dernière Française à avoir été récompensée par ce prix important était Sophie Calle, en 2010.

ABRITÉE PAR L'INSTITUT DE FRANCE, LA FONDATION PHOTO4FOOD MÈNE DES ACTIONS DE SOLIDARITÉ EN FINANÇANT DES REPAS POUR LES PLUS DÉMUNIS, GRÂCE À LA VENTE DE PHOTOS D'ART OFFERTES PAR DE JEUNES PHOTOGRAPHES. EN RETOUR, LA FONDATION PROMEUT LEUR TRAVAIL AUPRÈS D'UNE LARGE COMMUNAUTÉ DE PASSIONNÉS ET D'ACHETEURS ET ORGANISE DES EXPOSITIONS POUR METTRE EN LUMIÈRE LEURS CRÉATIONS.

LA PHOTO D'UN OURS POLAIRE S'ENDORMANT SUR UN PETIT ICEBERG, PRISE PAR LE PHOTOGRAPHE BRITANNIQUE NIMA SARIKHANI, A REMPORTÉ LE PRIX DU PUBLIC DU WILDLIFE PHOTOGRAPHER OF THE YEAR. CE CLICHÉ, QUI MET EN LUMIÈRE L'IMPACT DU RÉCHAUFFEMENT CLIMATIQUE SUR L'HABITAT DES ANIMAUX POLAIRES, VEUT SENSIBILISER À LA CAUSE ENVIRONNEMENTALE.

CHIFFRE

900 PORTRAITS EN UNE HEURE

C'EST CE QU'A ACCOMPLI **SAIDU ABDULRAHAMAN**, UN PHOTOGRAPHE DE 28 ANS ORIGINAIRE DE L'ÉTAT DE YOBE, AU NIGERIA. AVEC 897 PORTRAITS RÉALISÉS EN SEULEMENT 60 MINUTES, IL VIENT DE FAIRE SON ENTRÉE DANS LE *GUINNESS WORLD RECORDS*, EXPLOSANT AU PASSAGE L'ANCIEN RECORD, QUI S'ÉLEVAIT À 500 PHOTOS.

À Bayonne, un projet photographique porté par **Claude Billès** et **Caroline Worboys** réunit les habitants autour d'une grande fresque urbaine. Cette dernière, composée de 350 portraits qui orneront les murs de la ville, a pour but de recréer un lien fort entre les habitants et leur environnement urbain. Elle verra le jour à l'automne 2025.

Une exposition photographique, intitulée « ELLES FONT VIVRE LE CHU », a été inaugurée dans le hall principal de l'hôpital de Caen, dans le Calvados. Une vingtaine de portraits mettent ainsi en lumière la diversité des métiers exercés par des femmes au sein de l'établissement. Une belle reconnaissance pour ces femmes qui œuvrent nuit et jour pour le bien-être des patients.

Pour créer des ponts entre la Vendée et New York, le photographe sablais Jean-Marc Arthot a lancé un projet photographique inédit : réaliser **50 portraits** de Vendéens partis vivre aux États-Unis et d'Américains vivant en Vendée. Un joli clin d'œil aux **50 étoiles** du drapeau américain et qui vient renforcer les liens entre la France et les États-Unis.

UN PROJET DE RÉINSERTION SOCIALE PORTÉ PAR MAMEDY DOUCARA, ancien champion du monde de taekwondo et désormais photographe, a permis à des détenus de la prison de la Santé de Paris de suivre des cours d'initiation à la photographie. Une sélection de leurs clichés, pris lors d'une rencontre avec des athlètes olympiques, a ensuite été exposée dans l'établissement en présence d'élus, des sportifs et des représentants de fédérations.

À L'OCCASION DU LANCEMENT DE SON EXPOSITION AU MUSÉE DES ABATTOIRS À TOULOUSE, LE RAPPEUR OLI DU DUO BIGFLO ET OLI, EN COLLABORATION AVEC LE PHOTOGRAPHE JR, A INVITÉ LES TOULOUSAINS À SE FAIRE PHOTOGRAPHIER GRATUITEMENT. CET ÉVÉNEMENT S'INSCRIT DANS LE CADRE DU PROJET « *INSIDE OUT* » DE JR, UN GIGANTESQUE PROJET COLLABORATIF QUI TRANSFORME LES RUES DES VILLES EN GALERIES DE PORTRAITS PHOTO.

L'OSCAR DE LA MEILLEURE PHOTOGRAPHIE 2025

C'est Lol Crawley, un directeur de photographie britannique, qui a remporté l'Oscar de la meilleure photographie pour le film *The Brutalist*. Il s'agit de sa première nomination et de sa première victoire à la cérémonie. Crawley avait déjà remporté un BAFTA et un prix de la British Society of Cinematographers pour son travail sur le même film.

DIVERS

INCROYABLE MAIS VRAI !

Nigel Richards, le quintuple champion du monde de Scrabble en anglais et champion en français, vient de réaliser un nouvel exploit ! Le Néo-Zélandais a remporté le championnat du monde de Scrabble hispanophone… sans parler espagnol, grâce à son incroyable mémoire !

À la maternité de Meurthe-et-Moselle, **ALINE MARTIN** chante des berceuses pour apaiser les bébés, dans le cadre d'un partenariat entre l'Opéra national de Lorraine et le centre hospitalier de Nancy.

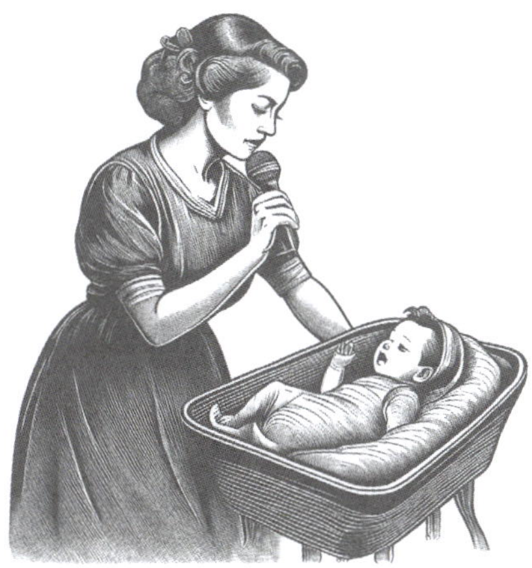

ZEUS,
LE CHEVAL MÉTALLIQUE DE LA CÉRÉMONIE D'OUVERTURE DES J.O., VA ENTAMER UNE TOURNÉE À TRAVERS LA FRANCE À PARTIR DU 3 MARS 2025 ! IL DÉBUTERA SA COURSE À PARIS ET SERA EXPOSÉ DANS PLUSIEURS GRANDES VILLES FRANÇAISES, DONT LYON ET BORDEAUX.

DANS UN CINÉMA À CARDIFF, AU ROYAUME-UNI, UNE MÈRE DE FAMILLE A DONNÉ NAISSANCE À UNE PETITE FILLE EN PLEINE SÉANCE. GRÂCE AU PERSONNEL, L'ACCOUCHEMENT SUR PLACE S'EST BIEN DÉROULÉ ET LA PETITE LOWRI BÉNÉFICIE MÊME DÉSORMAIS D'UN ABONNEMENT DE CINÉMA GRATUIT À VIE.

En Bretagne, l'association « Un enfant, un avenir » a mis en place des ateliers de cuisine animés par de grands chefs cuisiniers et à destination d'enfants malades. Certains d'entre eux ont par exemple eu la chance de participer à un atelier de cuisine animé par **LA CHEFFE ÉTOILÉE NOLWENN CORRE.**

À Marseille, Andrée Dupuy, une résidente de maison de retraite, a envoyé un poème au pape François… qui lui a répondu avec une lettre très louangeuse ! Un miracle pour cette nonagénaire qui n'attendait pas de réponse.

Inconnu du grand public avant l'Euro 2024 en Allemagne, le saxophoniste **ANDRÉ SCHNURA** est devenu une véritable star sur les réseaux sociaux en faisant danser des milliers de supporters tout au long de la compétition.

Céline Thollet, floricultrice, cultive des fleurs naturelles, locales et de saison !
Pour la Saint-Valentin, elle propose des barres de fleurs, une alternative à la surconsommation de roses, souvent produites dans de mauvaises conditions.

Au Canada, un disquaire a découvert dans sa collection une démonstration des Beatles enregistrée en 1962 !

Rob Frith, le disquaire, ne souhaite pas la vendre et a proposé de la remettre directement à Paul McCartney s'il accepte de venir la récupérer à Vancouver.

FESTIVAL DU LIVRE DE PARIS 2025

POUR SA 4E ÉDITION, LE FESTIVAL DU LIVRE 2025 A RÉINVESTI LE GRAND PALAIS ET ACCUEILLI PLUS DE **1 000 AUTEURS ET AUTRICES** FRANCOPHONES ET INTERNATIONAUX. LES PASSIONNÉS DE LANGUE FRANÇAISE ONT PU RELEVER LE DÉFI DE LA GRANDE DICTÉE, QUI PORTAIT CETTE ANNÉE SUR LE THÈME MARITIME.

À LYON, UNE TROUPE DE THÉÂTRE INCLUSIVE A REVISITÉ LA CÉLÈBRE PIÈCE DE THÉÂTRE *ROMÉO ET JULIETTE* À TRAVERS UN DOCUMENTAIRE. **TOUS SONT PORTEURS D'UN HANDICAP ET COMÉDIENS DANS LA COMPAGNIE INSOLITE FABRIQ.**

LES CRÉATEURS NANTAIS DE LA VASQUE OLYMPIQUE DES J.O. DE PARIS VONT ÊTRE NOMMÉS MEILLEURS OUVRIERS DE FRANCE !

Aux côtés du designer Mathieu Lehanneur et des autres entreprises qui ont participé à créer cette vasque, plus de 50 personnes ont été honorées pour leur savoir-faire exceptionnel.

Un peu plus de treize ans après avoir cartonné sur Canal+, la suite de la fiction *Bref* créée par Kyan Khojandi et Navo a battu tous les records. Seulement trois semaines après sa sortie sur Disney + *Bref 2* était à la première position des programmes les plus visionnés du service de streaming en France et a obtenu la meilleure note jamais enregistrée par une série sur le site AlloCiné : 4,8/5.

LA CRÉATRICE DE VÊTEMENTS NAYAROZ **A FONDÉ LA MARQUE NAY AFFORDS,**

avec laquelle elle customise des jeans recyclés.
Si la jeune femme a commencé ses créations dans sa chambre, sa marque rencontre aujourd'hui un succès fulgurant et elle collabore désormais avec de grandes marques telles que Levi's.

À L'OCCASION DE LA JOURNÉE NATIONALE CONTRE LE HARCÈLEMENT SCOLAIRE, L'ASSOCIATION MARION LA MAIN TENDUE ET L'AGENCE KINDAI ONT DÉTOURNÉ DES INSULTES PRÉSENTES DANS LES ÉCOLES POUR EN FAIRE DES MESSAGES D'ART URBAIN PUISSANTS ET INSPIRANTS.

NOTRE TOP 25 UNDER 25 YEARS

CULTURE

11 ELSA BOIS
(25 ANS)

Née le 22 juillet 2000 à Romans-sur-Isère, Elsa Bois est une danseuse et chorégraphe française et l'une des figures montantes de la danse sportive en France. Issue d'une famille passionnée de danse – sa mère est une ancienne costumière et championne de danse –, Elsa commence la danse latine à l'âge de 5 ans. À 7 ans, elle débute les compétitions avec son partenaire Quentin Chippaux, et ils remportent ensemble cinq titres de champions de France dans les années suivantes. En 2011, à seulement 10 ans, Elsa gagne l'émission concours *Qui sera le meilleur ce soir ?*, diffusée sur TF1. Elle représente également la France lors de championnats européens et mondiaux de danse de salon, notamment avec ses partenaires Djoe Del Sindaco et Raphaël Provitera. Parallèlement à sa carrière sportive, Elsa poursuit sa scolarité à Romans-sur-Isère et obtient un baccalauréat scientifique en 2017, suivi d'une licence STAPS en activités physiques adaptées et santé. En 2021, Elsa rejoint l'émission *Danse avec les stars* sur TF1 en tant que danseuse professionnelle. C'est là qu'elle se fait connaître du grand public en se distinguant aux côtés de partenaires tels que le vidéaste Michou, avec qui elle termine troisième lors de la saison 11, l'acteur Thomas Da Costa, le rappeur Black M ou encore le nageur Florent Manaudou, avec qui elle atteint la 2e place lors de la saison 14, en 2025. Devenue une figure emblématique de *Danse avec les stars*, Elsa Bois partage aujourd'hui son temps entre les plateaux télé et les cours de danse qu'elle dispense à de jeunes élèves à Villeurbanne.

12 DOMMARAJU GUKESH
(19 ANS)

Né le 29 mai 2006 à Chennai, en Inde, Dommaraju Gukesh, également connu sous le nom de Gukesh D, est un joueur d'échecs qui a marqué l'histoire de la discipline en devenant le plus jeune champion du monde d'échecs. Issu d'une famille de scientifiques – son père est chirurgien ORL et sa mère microbiologiste –, Gukesh découvre les échecs à l'âge de 7 ans et démontre rapidement un talent exceptionnel. À 9 ans, il remporte le championnat d'Asie des moins de 12 ans, et en 2018, il décroche cinq médailles d'or lors du championnat d'Asie junior. En janvier 2019, à seulement 12 ans, 7 mois et 17 jours, il devient le deuxième plus jeune grand maître international de l'Histoire, manquant de peu le record de précocité. Rapidement, sa progression fulgurante le mène à franchir la barre des 2 700 points Elo en 2022, devenant ainsi l'un des plus jeunes joueurs à atteindre ce niveau. En 2024, à 18 ans, Gukesh participe aux Championnats du monde d'échecs, où il affronte le champion en titre, le Chinois Ding Liren. Le 12 décembre 2024, Gukesh s'impose avec un score de 7,5 à 6,5, devenant ainsi le 18e champion du monde d'échecs et le plus jeune de l'Histoire à ce jour, surpassant l'ancien record détenu depuis 1985 par le Russe Garry Kasparov, à l'âge de 22 ans. Une victoire historique qui annonce un changement dans le monde des échecs.

13 MAYANE-SARAH EL BAZE
(21 ANS)

Née en 2004 et révélée en 2024 dans le film à succès *Un p'tit truc en plus*, Mayane-Sarah est une actrice française de cinéma et de télévision. Originaire de Villeurbanne et porteuse de trisomie 21, elle se passionne dès son plus jeune âge pour le spectacle vivant, et notamment le théâtre et la danse hip-hop. Avant le succès de sa participation au film *Un petit truc en plus*, Mayane avait déjà participé à plusieurs productions – elle a fait des apparitions dans des séries télévisées telles que *HPI*, avec Audrey Fleurot. Elle a également joué dans le court-métrage *She Is Oh-Oh*, réalisé par Léa Reguillot, qui a remporté le prix du jury international au festival de Floride en 2023. Après avoir conquis le cœur des Français avec sa fraîcheur et sa bonne humeur dans *Un p'tit truc en plus*, Mayane franchit un nouveau cap en 2025 en intégrant la quatorzième saison de *Danse avec les stars* sur TF1. Première candidate atteinte de trisomie 21 à participer à l'émission, elle impressionne le jury et le public par sa détermination. Dès le début de l'aventure, elle déclare : « Je veux être traitée comme tout le monde. Je veux montrer qu'on peut s'attendre à des choses incroyables de nous aussi. » Elle est également mannequin dans une agence de mannequinat inclusive et a participé à la Fashion Week de 21 rêves à Aix-en-Provence. Parallèlement à sa carrière artistique, Mayane poursuit ses études au sein d'un CAP tapisserie d'ameublement en décor.

15

MAÏWÈNE BARTHELEMY

(23 ANS)

Issue d'une famille d'agriculteurs, Maïwène Barthelemy naît en 2002 à Raincourt, un petit village de Haute-Saône. Après l'obtention de son baccalauréat, elle s'inscrit en BTS production animale à Vesoul Agrocampus, envisageant de suivre les traces de ses parents dans le domaine agricole. Le destin de Maïwène prend un tournant inattendu lorsqu'elle participe à un casting organisé par la réalisatrice Louise Courvoisier. Ce casting sauvage, réalisé dans les lycées agricoles de la région, visait à trouver des acteurs non professionnels pour le film *Vingt Dieux*. Maïwène est choisie pour incarner Marie-Lise, une agricultrice tombant sous le charme d'un jeune Jurassien insouciant qui se lance dans la fabrication du meilleur comté, avec lequel il souhaite remporter le concours agricole de la région. Présenté dans la section Un Certain Regard au Festival de Cannes 2024, le film *Vingt Dieux* reçoit le prix de la jeunesse et séduit tant la critique que le public. Le film obtient quatre nominations aux César, dont celle du meilleur espoir féminin pour Maïwène, qu'elle remporte le 28 février 2025. Malgré cette reconnaissance, Maïwène reste attachée à ses racines agricoles. Elle poursuit sa formation en BTS et continue de travailler dans des fermes, notamment avec des vaches laitières. Interrogée sur une éventuelle carrière dans le cinéma, elle déclare : « Je ne reste pas fermée à l'idée évidemment, car l'expérience était franchement géniale, mais ce sont deux mondes difficilement compatibles et je préfère garder les pieds sur terre. » Avec sa maturité et son naturel désarmant, Maïwène n'a pas fini de faire parler d'elle, sous les projecteurs du cinéma ou dans le monde agricole !

14

PIERRE GARNIER

(23 ANS)

Né le 6 mars 2002 à Caen, Pierre Garnier a grandi à Villedieu-les-Poêles, une petite commune située dans la Manche. Dès son plus jeune âge, il se passionne pour la musique et apprend en autodidacte la guitare et la batterie, s'aidant de vidéos disponibles en ligne pour progresser. En parallèle, il commence à composer ses propres morceaux, esquissant les premiers contours de son univers musical. Après l'obtention d'un DUT en techniques de commercialisation à l'IUT de Caen, Pierre entame une licence en langues étrangères appliquées, qu'il interrompt pour se consacrer pleinement à la musique. En 2023, il intègre le casting de la onzième saison de la *Star Academy*, diffusée sur TF1, où son timbre de voix et sa sensibilité artistique séduisent rapidement le public. Le 3 février 2024, il remporte le télécrochet avec 55 % des suffrages. Lors de la finale, Pierre interprète *Ceux qu'on était*, une chanson qu'il a écrite et composée lui-même. Le titre devient un succès immédiat, atteignant la 1re place des ventes en moins de 24 heures. Le 7 février 2024, il sort officiellement ce single, qui est certifié disque d'or le 27 février, platine le 25 mars et diamant le 13 mai 2024. En janvier 2025, Pierre entame sa première tournée, le *Chaque Seconde Tour*, avec douze dates à travers la France, dont un concert à l'Olympia de Paris. Le 12 février 2025, il est nommé aux Victoires de la musique dans les catégories révélation masculine et chanson de l'année pour *Ceux qu'on était*. À seulement 23 ans, Pierre Garnier est devenu l'une des révélations incontournables de la scène musicale française.

SOCIÉTÉ

1000 BONNES NOUVELLES

ANIMAUX

LIBRE, ENFIN !

Après 40 années de captivité, Charley, le dernier éléphant du zoo de Pretoria, en Afrique du Sud, a retrouvé la savane grâce à l'ONG Four Paws. Depuis septembre 2024, il vit en harmonie avec ses congénères dans la réserve de Shambala et a reçu un nouveau nom, issu de la langue zouloue, pour célébrer sa nouvelle vie : Duma.

L'ART AU SERVICE DES ANIMAUX

Photographe animalière exerçant en Mayenne, Julie Crenn se rend régulièrement à la SPA de Laval depuis 2019 pour tirer le portrait de ses nombreux candidats à l'adoption. Ses images soignées et très esthétiques, qui mettent en valeur la personnalité de chaque animal, ont permis à de nombreux chiens et chats de trouver un nouveau foyer aimant !

DROITS DES ANIMAUX

La Nouvelle-Zélande a annoncé l'interdiction des courses de lévriers d'ici 2026. Pratiqué dans le pays depuis la fin du XIXe siècle, ce « sport » a longtemps fait l'objet de critiques de la part des défenseurs des droits des animaux en raison des nombreux décès et blessures observés parmi les chiens.

DES CHIENS CONTRE L'ANXIÉTÉ

Au Canada, des chiens d'assistance spécialement entraînés permettent une meilleure prise en charge des personnes souffrant de stress post-traumatique. Grâce à leur odorat extrêmement puissant, ils peuvent percevoir les variations chimiques subtiles, révélatrices de l'arrivée d'une crise d'anxiété, dans l'haleine des victimes et ainsi alerter les soignants.

SENSIBILISER LES ENFANTS DÈS LE PLUS JEUNE ÂGE AU RESPECT DES ANIMAUX, TEL EST L'UN DES OBJECTIFS DE L'ÉDUCATION NATIONALE DEPUIS LA RENTRÉE 2024. LES ÉLÈVES DE CP ABORDENT DÉSORMAIS CETTE QUESTION DANS LE CADRE DU PROGRAMME D'ENSEIGNEMENT MORAL ET CIVIQUE (EMC).

MOUSTIC A RETROUVÉ SON MAÎTRE ET SA NORMANDIE NATALE ! Durant l'été 2023, lors d'un road-trip en Norvège, Jean-Philippe perd son chat, qui le suit fidèlement depuis plus de 14 ans. Grâce à un appel sur les réseaux sociaux, qui mobilise 25 000 Norvégiens, le félin est finalement repéré six mois plus tard dans un abri de jardin.

OUF !

La générosité a sauvé la SPA de Bayonne, menacée par de graves difficultés financières. Fin octobre 2024, l'association avait lancé une campagne d'appel aux dons pour récolter les

100 000 €

nécessaires à sa survie… Un mois plus tard, ce sont plus de 146 000 € qui ont été collectés !

DÉLIVRÉES !

DEUX JEUNES CHOUETTES EFFRAIES ONT ÉTÉ SECOURUES APRÈS AVOIR CHUTÉ DANS LA COUR D'UNE ÉCOLE À MOIGNY-SUR-ÉCOLE. NOURRIS ET SOIGNÉS PAR L'INSTITUTRICE ET SES ÉLÈVES AVANT D'ÊTRE CONFIÉS À DES SPÉCIALISTES, LES OISEAUX ONT DEPUIS RETROUVÉ LEUR LIBERTÉ.

DES ANIMAUX POUR ALLER MIEUX !

Ermelinda, infirmière passionnée de l'hôpital psychiatrique de Ville-Évrard, à Neuilly-sur-Marne, et François, ânier, ont créé Les Z'amis de Nono pour offrir aux patients des moments de détente et de réconfort grâce à la médiation animale. Outre Nono, l'âne à l'origine du projet, l'association compte des chèvres, des lapins, des cochons d'Inde et même des tortues !

LA COMMUNE DE VIEUX-BOUCAU, DANS LES LANDES, A PRIS LA DÉCISION HISTORIQUE D'INTERDIRE LA CORRIDA AVEC MISE À MORT EN SEPTEMBRE 2025. Cette mesure, qui a pour objectif de mettre fin à la souffrance inutilement infligée aux taureaux de combat, constitue une première majeure dans ce département, où la corrida est considérée comme une tradition.

À L'ABRI !

À Nice, le Parc Phoenix offre une nouvelle vie aux animaux exotiques victimes de trafic et de maltraitance. Des espèces rares, telles que les serpents et les perroquets, sont fréquemment exploitées par un commerce illégal très lucratif. Ce refuge unique en son genre est l'un des rares en France à offrir à ces animaux sauvages un nouveau départ.

En Inde, des éléphants robotisés sont utilisés pour jouer les doublures lors des cérémonies religieuses.

Cette initiative permet de perpétuer des traditions millénaires dans lesquelles l'éléphant est roi… en leur épargnant captivité et mauvais traitements.

SAIN ET SAUF

PERDU DANS LES MONTAGNES PÉRUVIENNES ALORS QU'IL TENTAIT D'ATTEINDRE LE COL DE PUNTA UNION, UN RANDONNEUR A ÉTÉ SECOURU PAR UN CHIEN ERRANT QUI L'A ACCOMPAGNÉ ET GUIDÉ JUSQU'À UN SENTIER SÉCURISÉ. LE RANDONNEUR A ENSUITE GARDÉ CE *PERRITO* À SES CÔTÉS JUSQU'À SON RETOUR AU CAMP DE BASE.

AVEC SON ALLURE DE GROSSE PELUCHE ET SA CORPULENCE IMPRESSIONNANTE, PESTO EST DEVENU LA STAR DES RÉSEAUX SOCIAUX DE L'AQUARIUM SEA LIFE DE MELBOURNE, EN AUSTRALIE. BELLE MASCOTTE QUE CE POUSSIN MANCHOT ROYAL POUR L'ORGANISME, ENGAGÉ DANS LA PRÉSERVATION DES OCÉANS !

COUP DE CHANCE !

En pleine compétition, la surfeuse Gabriela Bryan a été rejointe par une dizaine de dauphins sur une vague. Un moment suspendu, capturé par les photographes, qui est venu couronner la victoire de la jeune Américaine !

DROITS HUMAINS

SYMBOLE

Gisèle Pelicot, devenue une figure de résilience et d'inspiration à l'occasion du procès des viols de Mazan, a été élue femme la plus influente de 2025 par le journal britannique *The Independant*.

EN IRLANDE, LA CONTRACEPTION EST DÉSORMAIS GRATUITE POUR LES FEMMES DE 17 À 35 ANS. CETTE MESURE VISE À AMÉLIORER L'ACCÈS AUX SOINS DE SANTÉ REPRODUCTIVE ET À PROMOUVOIR L'ÉGALITÉ DES SEXES EN PROPOSANT AUX FEMMES UNE MEILLEURE PRISE EN CHARGE DE LEUR SANTÉ.

DROITS LGBT+

LA THAÏLANDE A LÉGALISÉ LE MARIAGE ENTRE PERSONNES DE MÊME SEXE, OUVRANT LA VOIE EN ASIE DU SUD-EST. DEPUIS JANVIER 2025, TOUS LES COUPLES, HOMOSEXUELS COMME HÉTÉROSEXUELS, BÉNÉFICIENT DES MÊMES DROITS SOCIAUX ET ÉCONOMIQUES. UNE AVANCÉE SIGNIFICATIVE POUR LES DROITS DES PERSONNES LGBT+ DANS CETTE RÉGION DU MONDE.

En Côte-d'Or, **le musée de la Résistance en Morvan met en avant l'action des femmes résistantes durant la Seconde Guerre mondiale** à travers des ateliers, pour contrebalancer une lecture de l'Histoire trop souvent faite sous un prisme masculin. Les recherches menées par les participants se concrétisent ensuite par la création de fiches sur Wikipédia.

À CUBA, 553 PRISONNIERS POLITIQUES

ET DE DROIT COMMUN DÉTENUS ONT ÉTÉ REMIS EN LIBERTÉ. LE PROCESSUS DE LIBÉRATION AVAIT COMMENCÉ MI-JANVIER 2025 DANS LE CADRE D'UN ACCORD CONCLU AVEC LES ÉTATS-UNIS, QUI ACCEPTAIENT DE RETIRER L'ÎLE DE LEUR LISTE DES PAYS SOUTENANT LE TERRORISME.

UNE PRÉSIDENTE EN NAMIBIE !

En décembre 2024, Netumbo Nandi-Ndaitwah, 72 ans, a été élue présidente de la Namibie. Investie en mars 2025, elle est la première femme du pays à accéder à cette fonction : un événement historique qui s'inscrit dans une nouvelle avancée significative de l'égalité des sexes dans le pays, classé au huitième rang mondial pour l'écart entre les femmes et les hommes.

ABOLITION

Le mercredi 31 décembre 2024, le Zimbabwe a franchi une étape historique en interdisant officiellement aux tribunaux de prononcer la peine de mort, imitant ainsi 23 autres nations d'Afrique subsaharienne (sur 48). Dans les faits, la peine capitale n'était plus appliquée depuis 2005.

LES VICTIMES DE CYBERATTAQUES

ET DE CYBERHARCÈLEMENT EN FRANCE PEUVENT DÉSORMAIS COMPTER SUR UN NOUVEAU DISPOSITIF : 17CYBER. CETTE PLATEFORME PERMET D'ENTRER EN CONTACT À TOUT MOMENT AVEC DES POLICIERS SPÉCIALISÉS, POUR OBTENIR UN SOUTIEN IMMÉDIAT ET UN ACCOMPAGNEMENT ADAPTÉ.

DU VENT DANS LES CHEVEUX

En juillet 2024, le gouverneur de Porto Rico a signé une loi interdisant la discrimination capillaire. Une mesure bienvenue visant plus particulièrement la communauté afro-caribéenne de l'île, toujours confrontée à des injonctions à faire disparaître coupes afros, locks, torsades ou tresses. Une belle victoire qui célèbre la diversité de l'État, dont plus de la moitié des habitants revendiquent des racines multiples.

RECONNAISSANCE

50 ans après la dépénalisation de l'IVG, le Parlement engage un premier pas vers la réhabilitation des femmes condamnées pour avortement. Le 12 mars 2025, la commission du Sénat a adopté un texte reconnaissant la violence d'une telle épreuve.

DES BÉBÉS À L'ASSAUT DES RUES !

À Londres, de nombreuses statues d'hommes célèbres se sont retrouvées affublées d'un porte-bébé contenant une poupée : une action menée par de nombreux pères de famille pour dénoncer le retard du Royaume-Uni en termes de congé paternité. Elle est aussi la preuve d'une prise de conscience grandissante quant à l'importance du soutien parental dans les premières étapes de la vie d'un enfant.

ENFIN LIBRE !

Le militant écologiste Paul Watson a été libéré en décembre 2024 après cinq mois de détention au Groenland. Le défenseur des baleines et fondateur de Sea Shepherd, arrêté par les autorités danoises pour des faits prétendument commis en 2010, a reçu un grand soutien de la part de la France, où il avait demandé l'asile politique.

UNE VICTOIRE POUR LES DROITS DES ENFANTS !

En novembre 2024, la Colombie a officiellement interdit le mariage des enfants de moins de 18 ans pour protéger les jeunes filles des unions précoces souvent liées à la pauvreté. Cette loi, en discussion depuis 2007, attend désormais la promulgation présidentielle pour entrer en vigueur.

Barbie célèbre la diversité !

En novembre 2024, Mattel a lancé une nouvelle Barbie, baptisée du nom de l'une des plus grandes fêtes d'Inde, Diwali. Conçue en collaboration avec la styliste indienne Anita Dongre, cette poupée arbore des vêtements traditionnels indiens, tels qu'un *choli* (haut court), un *koti* (gilet fleuri) et une *lehenga* (jupe longue à motifs) et rend hommage à la richesse culturelle du sous-continent.

LIBRES !

ACCUSÉS D'ESPIONNAGE ET DÉTENUS DEPUIS UN AN PAR LE BURKINA FASO, QUATRE AGENTS DES SERVICES SECRETS FRANÇAIS ONT ENFIN ÉTÉ LIBÉRÉS EN DÉCEMBRE 2024. L'ÉLYSÉE A EXPRIMÉ SA GRATITUDE AU ROI DU MAROC, MOHAMMED VI, POUR SON RÔLE DÉTERMINANT DANS CETTE LIBÉRATION.

ÉDUCATION

UNE CRÈCHE GRATUITE ET ITINÉRANTE

SILLONNE LES RUES DE MARSEILLE POUR SOULAGER LES JEUNES PARENTS EN SITUATION DE PRÉCARITÉ. CE BUS ACCUEILLE DES ENFANTS ÂGÉS DE 12 MOIS À 4 ANS ET PROPOSE DES SÉANCES OCCASIONNELLES D'UNE DEMI-JOURNÉE DANS DES QUARTIERS PRIORITAIRES.

EN ALLEMAGNE, CERTAINES ÉCOLES PRIMAIRES PROGRAMMENT **DES « COURS DE BONHEUR »** HEBDOMADAIRES : UNE HEURE DE PRISE DE PAROLE LIBRE POUR LES ÉLÈVES AUTOUR DE THÈMES PROPOSÉS PAR L'ENSEIGNANT, COMME **LE COURAGE**, **L'HUMANITÉ** OU **LA RÉUSSITE**. ÉCHANGER, CRÉER DES INTERACTIONS, DÉPASSER LES PEURS ET LES ANGOISSES : UNE BELLE INITIATIVE POUR ALLER MIEUX.

COCORICO !

CÉLINE HALLER, UNE INSTITUTRICE DE STRASBOURG, FAIT PARTIE DES DIX FINALISTES DU GLOBAL TEACHER PRIZE 2025, UN PRIX PRESTIGIEUX QUI CÉLÈBRE LES MÉTHODES D'ENSEIGNEMENT INNOVANTES. SI ELLE N'A PAS REMPORTÉ LE TITRE, ELLE A DÉJÀ LARGEMENT TRANSFORMÉ LA VIE DES DIZAINES D'ÉLÈVES PASSÉS DANS SA CLASSE GRÂCE À SON PROJET DE PETITS-DÉJEUNERS PÉDAGOGIQUES, MIS EN PLACE IL Y A UNE DIZAINE D'ANNÉES.

La région Occitanie a installé des distributeurs gratuits de produits d'hygiène sur les campus universitaires pour aider les étudiants en situation de précarité.

DÉTOX NUMÉRIQUE DANS LES CÉVENNES !

En juin 2024, un professeur de technologie de Sommières a emmené ses élèves pour quatre jours de randonnée sans le moindre téléphone portable. L'objectif de cette expérience était de se déconnecter du monde numérique pour renouer avec la nature et les relations humaines. Un défi relevé avec tant de brio et de plaisir que l'expérience va être reconduite !

AU TOGO, L'ONG STYLE HER EMPOWERED CONÇOIT DES UNIFORMES SCOLAIRES EXTENSIBLES ET AJUSTABLES QUI S'ADAPTENT À LA CROISSANCE DES ÉLÈVES. Cette invention permet aux filles de poursuivre leur scolarité sans contrainte vestimentaire et d'étudier dans de meilleures conditions.

INSPIRANT

Née d'une mère incarcérée, élevée seule par un père bipolaire, **Aurora Sky Castner** a surmonté un parcours semé d'embûches pour réaliser son rêve : être admise à Harvard. Grâce à sa détermination, cette jeune Américaine a obtenu une bourse pour étudier le droit dans l'une des universités les plus prestigieuses au monde.

LE PÈRE NOËL AUSSI A SON ÉCOLE !

DEPUIS 1937, une école américaine forme les aspirants Pères et Mères Noël des grands magasins, qui y apprennent à interagir avec les enfants et à répondre à toutes leurs questions avec bienveillance.

SAUZON BIDET ET TIMOTHÉE DESSENNE sont les premiers élèves titulaires d'un bac professionnel à intégrer la prestigieuse école d'HEC.

UNE LIBRAIRIE AMBULANTE !

ANTONIO LA CAVA, PROFESSEUR ITALIEN À LA RETRAITE, A CRÉÉ BIBLIOMOTOCARRO, UNE MINI-LIBRAIRIE MOBILE QUI PARCOURT LES ROUTES D'ITALIE POUR OFFRIR AUX ENFANTS DES VILLAGES LES PLUS ISOLÉS UN MEILLEUR ACCÈS À LA LECTURE.

DE CHANTELOUP-LES-VIGNES À HARVARD

Abdallah Lamane, un jeune étudiant originaire des Yvelines, est devenu le premier Français à être admis au prestigieux programme doctoral conjoint Harvard-MIT depuis 2016. Étudiant brillant, il mène des recherches en ingénierie biomédicale et souhaite améliorer la détection du cancer grâce à l'intelligence artificielle.

Afin de promouvoir l'égalité des chances à l'école, la ville de Bordeaux a remis **GRATUITEMENT** un kit de fournitures scolaires à tous les élèves entrant en CP en septembre 2024. Crayons, feutres, gourde en Inox… au total, un peu plus de **2 000 ENFANTS** ont pu bénéficier de cet ensemble d'une valeur d'environ 50 €.

DOMAINE DE L'ÉCOLE

LE LYCÉE AGRICOLE DE ROUFFACH, DANS LE HAUT-RHIN, PRODUIT CHAQUE ANNÉE **PLUS DE 60 000 BOUTEILLES** DE VIN GRÂCE À SES ÉTUDIANTS, LEUR OFFRANT UNE EXPÉRIENCE PÉDAGOGIQUE UNIQUE. LEUR VENTE FINANCE ENSUITE UNE PARTIE DU MATÉRIEL DE LA SECTION VITICOLE… UN PROJET LANCÉ IL Y A PLUS DE 150 ANS !

En Occitanie, une école innovante propose chaque lundi des cours en plein air pour les élèves de maternelle. Selon les enseignants, cette approche permet de réduire le stress des élèves et d'améliorer leur concentration.

À 105 ANS,

L'AMÉRICAINE VIRGINIA HISLOP VIENT DE RÉALISER SON RÊVE EN RECEVANT SON DIPLÔME UNIVERSITAIRE À STANFORD ! EN 1941, ELLE N'AVAIT PAS PU ACHEVER SON MÉMOIRE DE MASTER EN ENSEIGNEMENT CAR SON FIANCÉ AVAIT ÉTÉ APPELÉ SOUS LES DRAPEAUX. MAIS LA PRESTIGIEUSE UNIVERSITÉ A DÉCIDÉ DE RECONNAÎTRE SES EFFORTS ACADÉMIQUES, 83 ANS PLUS TARD.

EXPLOITS

À peine remise d'un cancer du sein, **SANDRINE WILMET-BESSON** s'apprête à relever un défi de taille : gravir le Kilimandjaro, en octobre 2025, pour prouver qu'**APRÈS LA MALADIE, IL Y A LA VIE !**

Jang Ik-sun, un étudiant sud-coréen atteint de dystrophie musculaire, a obtenu sa maîtrise en protection sociale en février 2025. Incapable de se mouvoir ou de tenir un stylo, il a rédigé l'intégralité de son mémoire universitaire à l'aide d'une souris à suivi oculaire, validant chaque lettre d'un clignement d'œil.

UNE PREMIÈRE EN FRANCE

Courant 2024, le tout premier « don croisé » de France a permis de sauver trois vies grâce à trois paires de donneurs/receveurs opérés simultanément entre Reims et Bordeaux. Dans chaque cas, l'un était en attente d'un rein et son partenaire incompatible pour lui en donner un – mais compatible avec l'un des receveurs en attente. Ces trois duos se sont alors associés, avec succès. Un exploit réitéré fin novembre 2024, avec trois nouveaux donneurs.

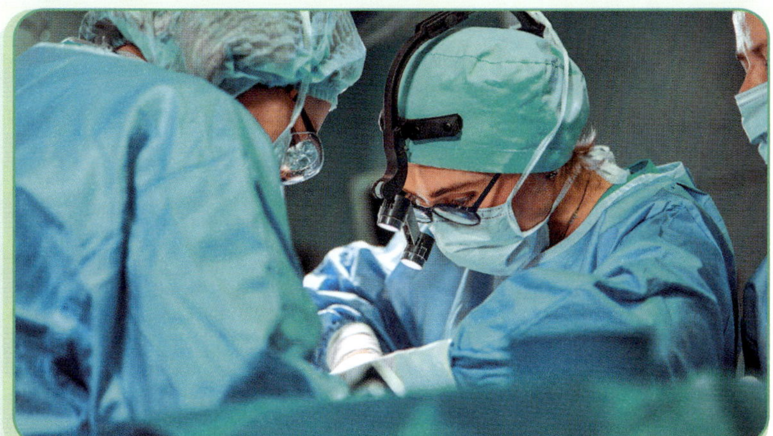

LE CHIFFRE

325 000

C'EST LE NOMBRE D'ARBRES PLANTÉS EN 2024 PAR LE CANADIEN ANTOINE MOSES. DEPUIS PRESQUE DIX ANS, ANTOINE MOSES DÉDIE SA VIE À LA RESTAURATION DE LA NATURE EN PLANTANT DES ARBRES… ET EN COURANT ! EN JUILLET 2021, IL A MÊME ÉTABLI UN RECORD MONDIAL AVEC QUELQUE 23 060 ARBRES PLANTÉS EN L'ESPACE DE 24 HEURES.

LA NOUVELLE DOYENNE DE L'HUMANITÉ EST **INAH CANABARRO LUCAS**, UNE RELIGIEUSE BRÉSILIENNE NÉE EN 1908. CETTE SŒUR DE LA CONGRÉGATION DE SAINTE THÉRÈSE DE L'ENFANT JÉSUS CONSACRE SA VIE À LA FOI… MAIS ÉGALEMENT AU FOOTBALL, PUISQU'ELLE EST UNE FAN INCONDITIONNELLE DU SPORT CLUB INTERNACIONAL, CLUB DE PORTO ALEGRE FONDÉ EN 1909, SOIT UN AN APRÈS SA NAISSANCE !

Le numéro 1 mondial des moins de 8 ans aux échecs est français !

Jeune Marseillais, Luca Protopopescu a découvert ce sport à 4 ans… Depuis, il a battu son ancien entraîneur lors d'un tournoi, pourtant classé maître international !

EN FÉVRIER 2025, LE NÉPALAIS HARI BUDHA MAGAR

est devenu la première personne doublement amputée au-dessus du genou à atteindre le sommet de l'Aconcagua, le plus haut sommet d'Amérique du Sud. Après avoir gravi l'Everest en 2023, il poursuit son défi d'escalader les plus hauts sommets du monde malgré son handicap.

160 KM/H !

DAVID ARIS, 94 ANS, EST DEVENU EN AOÛT 2024 L'HOMME LE PLUS ÂGÉ À SE MESURER À LA TYROLIENNE DE ZIP WORLD EXPERIENCE, AU PAYS DE GALLES, L'UNE DES PLUS RAPIDES AU MONDE. UN DÉFI EN HOMMAGE À JUNE, SA FEMME DÉCÉDÉE, DESTINÉ À RÉCOLTER DES FONDS POUR L'HÔPITAL ST JOHN DE LANCASTER QUI S'ÉTAIT OCCUPÉ D'ELLE DURANT LES DERNIÈRES ANNÉES DE SA VIE.

À PETKA, EN SERBIE, DES SECOURISTES SONT PARVENUS À SAUVER UN HOMME ENSEVELI SOUS LA TERRE DEPUIS PLUS DE HUIT HEURES ! APRÈS L'EFFONDREMENT D'UN CHANTIER EN FÉVRIER 2025, **CET OUVRIER S'ÉTAIT RETROUVÉ PIÉGÉ À PLUS 3 MÈTRES SOUS TERRE.** GRÂCE À LA PERSÉVÉRANCE DES SECOURS, IL EST AUJOURD'HUI SAIN ET SAUF.

PRÈS DE LYON, EN JANVIER 2025, UN JEUNE DE 14 ANS A SAUVÉ LA VIE DE SON CHAUFFEUR DE BUS, victime d'une crise cardiaque. Face à la détresse respiratoire du conducteur, Axel Fournier prévient les secours et suit les consignes du Samu. Il a depuis obtenu la médaille de la ville de Thizy-les-Bourgs pour son acte héroïque.

À COUPER LE SOUFFLE !

UN AUSTRALIEN A DÉFIÉ LES PROBABILITÉS EN VIVANT 100 JOURS AVEC UN CŒUR ARTIFICIEL EN TITANE,
un record prometteur pour cette technologie. L'homme, qui souffrait d'une grave insuffisance cardiaque, a depuis reçu une greffe et se rétablit progressivement.

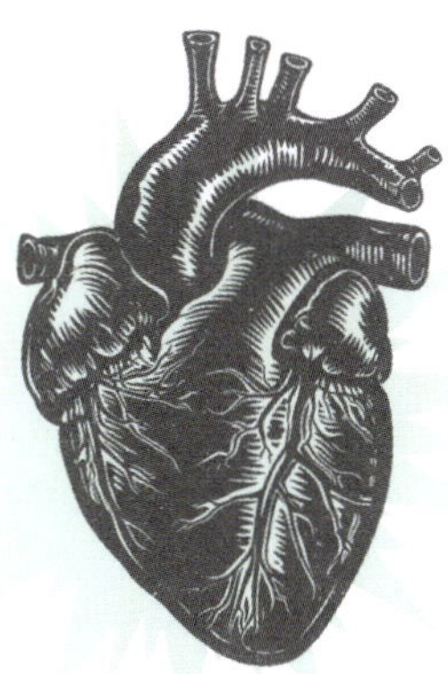

À 72 ANS, CHRIS TERRILL A BATTU LE RECORD DU MONDE DU MARATHON EN BÉQUILLES LORS D'UNE ÉPREUVE À BRIGHTON EN 2024. AMATEUR DE COURSE À PIED ET DE LONGUES DISTANCES, CHRIS A PRIS LE DÉPART MALGRÉ SA RÉCENTE OPÉRATION DE LA HANCHE ET A FRANCHI LA LIGNE D'ARRIVÉE EN SEULEMENT 6 HEURES, 11 MINUTES ET 11 SECONDES. UNE PERFORMANCE EXCEPTIONNELLE HOMOLOGUÉE PAR *LE GUINNESS DES RECORDS* EN FÉVRIER 2025.

ÉMILIEN, PARTICIPANT EMBLÉMATIQUE *DES 12 COUPS DE MIDI*, A FÊTÉ LE 27 SEPTEMBRE 2024 SA PREMIÈRE ANNÉE À LA TÊTE DE L'ÉMISSION.
Arrivé en septembre 2023, il s'est rendu célèbre dans le programme par son impressionnante culture générale et détient désormais le record de participations de l'histoire du jeu.

À UN FIL !

EN MARS 2025, un parapentiste a été sauvé par des militaires après que sa voile se fut enroulée autour d'un câble utilisé par les pisteurs pour transporter la dynamite et sécuriser les avalanches. Suspendu à une dizaine de mètres du sol, il a dû être secouru en urgence car le fil d'acier, conçu pour ne supporter que quelques kilos, menaçait de céder sous son poids !

L'AUDOIS MAXIME REY A ACHEVÉ **UN TOUR DU MONDE À VÉLO** APRÈS **PLUS DE 980 JOURS D'AVENTURE.**

PARTI EN OCTOBRE 2020, IL A PARCOURU **57 130 KM** ET TRAVERSÉ **52 PAYS** AVANT DE RENTRER CHEZ LUI EN JUIN 2024 ! BRAVO À LUI !

HANDICAP

FAITES PLACE SUR LA PISTE !

Chaque premier mercredi du mois, la discothèque *Le Taly's*, située près de Saint-Brieuc en Bretagne, a décidé d'ouvrir ses portes exclusivement aux personnes en situation de handicap. Ces rendez-vous très attendus offrent un espace festif adapté aux besoins des participants, et leur permettent de profiter pleinement de la musique.

Prévention et handicap

La piscine E'Caux Bulles d'Yvetot en Seine-Maritime propose désormais des cours d'aisance aquatique pour les enfants autistes, une grande première pour le département. Ces « séances piscine », encadrées par des maîtres-nageurs spécialement formés, ont pour objectif principal de prévenir la noyade, première cause de mortalité chez les enfants autistes.

Un projet remarquable ! À 31 ans, la Lyonnaise Éléonore Vern s'apprête à réaliser un exploit hors du commun : faire le tour du monde en solitaire et en fauteuil roulant, en un an. Atteinte d'une infirmité motrice cérébrale, elle est déterminée à partir à l'aventure afin de sensibiliser à l'accessibilité des personnes en situation de handicap.

L'INCLUSION S'ÉCRIT *en majuscules* !

Des travailleurs en situation de handicap, employés par l'entreprise ETP Synergie située dans le Jura, fabriquent des stylos qui sont désormais commercialisés dans la boutique de l'Assemblée nationale. Cette initiative valorise leur savoir-faire tout en sensibilisant les élus à la cause du handicap.

UN VÉRITABLE PRODIGE

Atteint de surdité sévère depuis l'enfance, David Le Gendre dirige un orchestre dans une association locale. Dès son plus jeune âge il se prend de passion pour la musique et, avec l'aide de ses professeurs, il apprend à ressentir les vibrations. Grâce à son travail, il se rapproche de son rêve : devenir un grand chef d'orchestre !

UNE OVATION SILENCIEUSE

En Allemagne, la députée Heike Heubach a réalisé son premier discours en langue des signes au Bundestag, l'Assemblée parlementaire du pays. À l'issue de son intervention, elle a été applaudie en langue des signes par ses collègues !

L'INNOVATION TECHNOLOGIQUE AU SERVICE DU HANDICAP

Atteint de la maladie de Charcot depuis plusieurs années, Olivier Goy a pu remarcher pour la première fois grâce à un fauteuil-exosquelette. Avec cette création de la start-up Lifebloom, il est désormais en mesure de se lever seul et de marcher sans craindre une chute.

INCLUSION AU TRAVAIL

En avril 2025 à Saint-Nazaire, Célia et Nicolas ont ouvert les portes de leur boulangerie inclusive *L'Évidence*, dans laquelle ils forment des apprentis atteints d'autisme. Avec ce projet, ils entendent prouver que l'autisme n'empêche pas de travailler, à condition d'adapter le poste de travail.

QUEL PARCOURS FORMIDABLE !

Atteinte du syndrome de Down, Ana Victoria Espino De Santiago vient d'obtenir son diplôme de droit à l'Université de Zacatecas au Mexique, faisant d'elle la première avocate au monde porteuse de cette affection. Elle souhaite désormais créer des lois pour lutter contre la discrimination à l'égard des personnes en situation de handicap.

UNE INITIATIVE QUI APPORTE UN PETIT QUELQUE CHOSE DE PLUS !

Artus a créé la fondation « Un p'tit truc en plus », dédiée à l'aménagement de maisons de vacances inclusives et adaptées aux personnes en situation de handicap. Ce projet ambitieux proposera, tout au long de l'année, des séjours d'une semaine adaptés aux besoins des vacanciers.

Un changement en faveur de l'inclusion.

L'Assemblée nationale a adopté la suppression du vote « assis et levé » afin de ne pas exclure les élus dans l'incapacité de se tenir debout et ainsi de garantir l'égalité entre tous les députés. Cette modification du règlement portée par Sébastien Peytavie, premier député en fauteuil roulant, vise à rendre le processus de vote plus inclusif.

UN DÉFI HORS NORMES !

PIERRE CABON ET SA COMPAGNE MYRIAM SONT FINISHERS DE LA PREMIÈRE ÉDITION DU HANDI MARATHON DES SABLES, UNE COURSE CONNUE POUR SA DIFFICULTÉ. DEVENU PARAPLÉGIQUE À LA SUITE D'UNE BLESSURE À LA MOELLE ÉPINIÈRE LORS DE L'ATTENTAT AU BATACLAN, LE FRANÇAIS ET SA COMPAGNE ONT CRÉÉ UN MÉDIA DÉDIÉ AUX VOYAGES EN FAUTEUIL ROULANT, ET ONT ENTREPRIS UN TOUR DU MONDE.

QUELLE GÉNÉROSITÉ !

Le célèbre YouTubeur américain MrBeast, suivi par plus de 380 millions de personnes, a aidé 2 000 personnes amputées à remarcher en leur offrant des prothèses adaptées. Ces dernières, très coûteuses, ne sont malheureusement pas toujours prises en charge par les assurances.

INCLUSION ET TÉLÉVISION

CAVALIER ÉMÉRITE, AUTEUR OU ENCORE CRÉATEUR DE CONTENUS, SALIM EJNAÏNI DEVIENT, À 33 ANS, LA PREMIÈRE PERSONNE NON-VOYANTE À PRÉSENTER UNE ÉMISSION À LA TÉLÉVISION FRANÇAISE. DÉSORMAIS PRÉSENTATEUR DU PROGRAMME « À VOS MARQUES », DIFFUSÉ SUR SPORT EN FRANCE, IL ANIME L'ÉMISSION À L'AIDE D'UN PROMPTEUR EN BRAILLE.

Des activités accessibles à petit prix ! La ville de Nogent-sur-Seine a lancé le Handi Pass, un carnet de réductions destiné à ses habitants en situation de handicap âgés de 20 à 65 ans. Ce pass coûte 4 euros et propose des offres et réductions sur une large gamme d'activités culturelles, sportives et de loisirs. Pour encourager les inscriptions au dispositif, le Handi Pass est gratuit la première année !

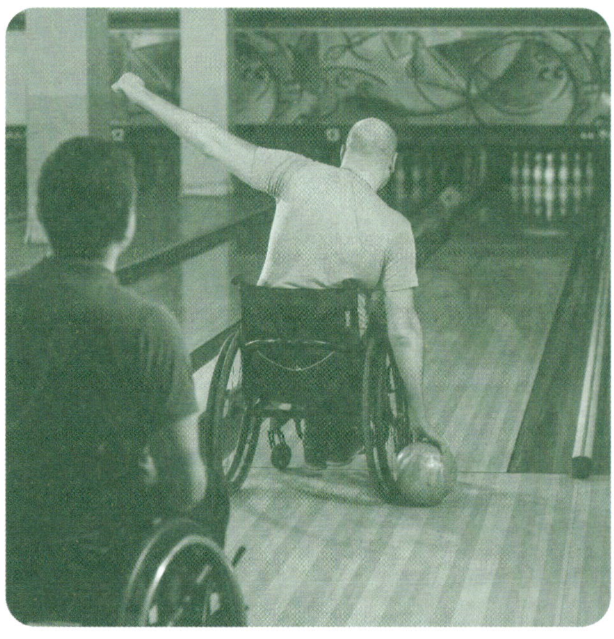

HISTOIRES INCROYABLES

UN BEAU GESTE INATTENDU !

Un inconnu a légué 11 millions d'euros à la commune française de Thiberville, située dans l'Eure. Ce Parisien qui s'appelait lui-même Roger Thiberville, avait prévu ce legs à sa mort. Un joli clin d'œil à cette ville, dans laquelle il n'a pourtant jamais vécu.

UN NOUVEAU DÉPART

MAMADOU BAMBA, UN IVOIRIEN ARRIVÉ EN FRANCE POUR FUIR LA GUERRE ALORS QU'IL N'AVAIT QUE 16 ANS, A TROUVÉ UNE NOUVELLE VIE PAISIBLE DANS UNE FERME BÉARNAISE. FASCINÉ PAR LE TRAVAIL AGRICOLE, IL Y APPREND LE MÉTIER D'ÉLEVEUR BOVIN GRÂCE À UN TUTEUR BIENVEILLANT, ET POURSUIT DES ÉTUDES EN PARALLÈLE.

QUELLE CHANCE !

Alors qu'il cherche un paquet de chips dans sa Citroën, un père de famille retrouve un billet de loterie « My Million » gagnant, et devient millionnaire. Le britannique, âgé de 44 ans, avait acheté ce ticket quatre mois avant et l'avait laissé de côté, finissant par l'oublier dans son véhicule.

Un concert pour l'inclusion

Un événement un peu particulier a été organisé au Mans. Un double concert caritatif a eu lieu pour le jeune Willow, 11 ans, atteint d'une maladie génétique rare. Grâce à ses parents, des artistes bénévoles et la ville, 1 400 euros ont été collectés dans l'objectif de financer les soins de Willow.

UNE COLOCATION ÉTONNANTE !

PRÈS DU HAVRE, EN SEINE-MARITIME, JESSIE 20 ANS, ET JOSÉE 88 ANS, VIVENT ENSEMBLE DANS L'APPARTEMENT DE L'OCTOGÉNAIRE DEPUIS PLUS DE DEUX ANS. CETTE COLOCATION INTERGÉNÉRATIONNELLE A PERMIS DE RÉDUIRE L'ISOLEMENT DE JOSÉE, MAIS AUSSI DE CRÉER DES LIENS PRÉCIEUX ENTRE CES DEUX GÉNÉRATIONS, QUE PRÈS DE 60 ANS SÉPARENT.

UNE LIVRAISON PAS COMME LES AUTRES !

Dans les Hautes-Alpes, Fabienne et Corine, deux factrices dévouées, réalisent une tournée un peu particulière. Trois fois par semaine, elles parcourent plus de 120 km pour livrer, non pas des lettres et des colis, mais des plateaux-repas à une vingtaine de personnes âgées isolées. Un service très apprécié, qui permet aussi de rompre l'isolement.

Un acte d'une grande générosité

En Arkansas, Emily Roberts et son fiancé Dylan McCay s'apprêtaient à se dire oui pour la vie lorsque leur route a croisé celle d'Acklin, une jeune chienne blessée. Pour la sauver, ils n'ont pas hésité à utiliser tout le budget de leur mariage afin de couvrir les frais de vétérinaire. Leur geste a ému des milliers de personnes, qui se sont mobilisées à leur tour pour leur offrir une lune de miel bien méritée !

LA FIN D'UNE LONGUE SÉPARATION

Au Chili, à l'aéroport de Santiago, d'émouvantes retrouvailles ont eu lieu entre Adamary García et sa mère biologique Edita Bizama. Arrachée à sa mère sous la dictature de Pinochet, Adamary a été adoptée aux États-Unis sans connaître son histoire et ses origines. Des retrouvailles bouleversantes après quarante ans de séparation forcée, qui marquent le début d'un lien renoué.

HONNÊTETÉ ET BIENVEILLANCE

À UZÈS DANS LE GARD, UN BURALISTE A REÇU UNE LETTRE ANONYME ACCOMPAGNÉE D'UN BILLET DE 50 EUROS. SON AUTEUR Y EXPRIMAIT SES REGRETS D'AVOIR VOLÉ UNE POIGNÉE DE BONBONS LORSQU'IL ÉTAIT ENFANT ET SOUHAITAIT LE DÉDOMMAGER. UNE SURPRISE INATTENDUE POUR LE COMMERÇANT, QUI S'EST DIT TRÈS TOUCHÉ PAR CE GESTE.

JACKPOT !

En Inde, alors qu'il travaille sur une parcelle d'une mine de diamants qu'il a louée, un fermier déterre deux diamants, dont le second est estimé à 73 000 euros. Un grand coup de pouce pour ce fermier qui a perdu son emploi pendant la pandémie de Covid-19, et qui s'est retrouvé en grande difficulté. L'argent récolté par la vente des pierres précieuses lui a permis de faire construire une maison à sa famille.

LUTTE CONTRE LA DETTE MÉDICALE

DANS L'ÉTAT DU MAINE AUX ÉTATS-UNIS, DEUX ORGANISATIONS À BUT NON LUCRATIF SE SONT ASSOCIÉES AFIN D'ANNULER PLUS DE 1,8 MILLION DE DOLLARS DE DETTES MÉDICALES DE RÉSIDENTS À FAIBLE REVENU. PLUS DE 1 500 HABITANTS DU MAINE ONT PU BÉNÉFICIER DE CETTE AIDE, ILS PEUVENT DÉSORMAIS APPRÉHENDER L'AVENIR AVEC PLUS DE SÉRÉNITÉ.

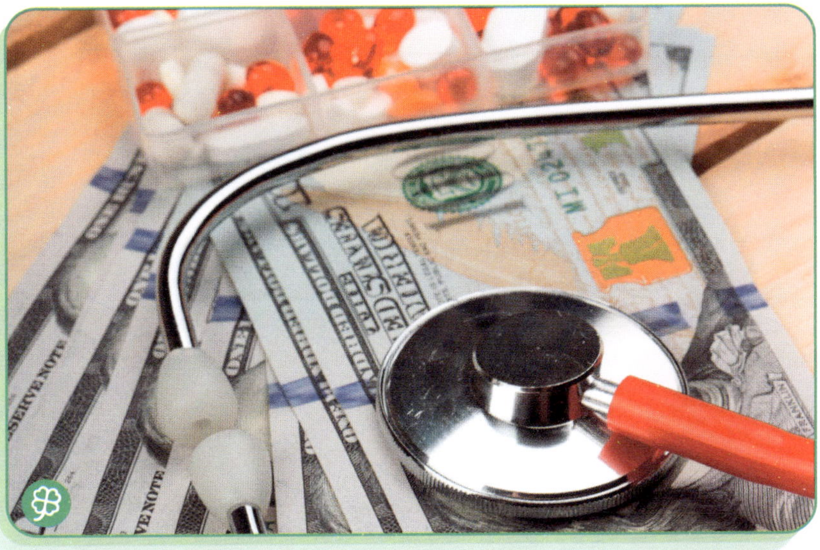

UNE FAMILLE HEUREUSE

LUCA TRAPANESE, UN ITALIEN CÉLIBATAIRE, A ADOPTÉ LA JEUNE ALBA, PORTEUSE DU SYNDROME DE DOWN. LA PETITE FILLE, ABANDONNÉE À SA NAISSANCE ET REJETÉE PAR PLUS DE VINGT FAMILLES, N'A QUE 13 JOURS LORSQUE LUCA L'ADOPTE. UNE RENCONTRE ÉMOUVANTE QUI MARQUE LE DÉBUT D'UNE VIE DE FAMILLE ET D'UN ENVIRONNEMENT REMPLI D'AMOUR POUR LA PETITE ALBA.

Une belle initiative

À seulement 10 ans, Ben redonne vie aux pierres tombales oubliées, en les nettoyant avec soin. Son initiative a suscité un élan de générosité, et Ben a décidé de reverser 10 % des dons qu'il a reçus à l'association « Stevie Stones », qui aide à financer des monuments funéraires pour les familles endeuillées par la perte d'un enfant.

TOUS LES HÉROS NE PORTENT PAS DE CAPE !

Alors qu'il fait du bénévolat en Haïti, Jimmy Amisial, un étudiant américain originaire du Texas, trouve un bébé de 4 mois abandonné dans une poubelle. Il décide alors d'élever et de subvenir aux besoins du petit Emilio tout en poursuivant ses études à l'Université. À la suite d'une procédure d'adoption, Jimmy est depuis peu devenu le père adoptif du petit garçon.

JEUNESSE

QUEL PALMARÈS !

ELOUAN MILLET, ÂGÉ DE 16 ANS ET ORIGINAIRE DU CALVADOS, EST DEVENU LE MEILLEUR APPRENTI DE FRANCE DANS SA SPÉCIALITÉ, LA TAILLE DE PIERRE. APRÈS AVOIR OBTENU SON CAP TAILLEUR DE PIERRE, IL SORT MAJOR DE SA PROMOTION ET REMPORTE TROIS MÉDAILLES D'OR –DÉPARTEMENTALE, RÉGIONALE ET NATIONALE – AU CONCOURS DU MEILLEUR APPRENTI. UN JEUNE TALENT TRÈS PROMETTEUR POUR L'AVENIR DE L'ARTISANAT.

Égalité pour tous les étudiants. L'Assemblée nationale a adopté à l'unanimité une proposition de loi permettant à tous les étudiants de bénéficier du repas à 1 euro dans les restaurants universitaires du Crous. Cette mesure, qui était jusqu'à présent réservée aux étudiants boursiers ou en difficulté, sera désormais ouverte à tous.

UN ADOLESCENT TRÈS INGÉNIEUX

À seulement 13 ans, un collégien de Belfast prénommé Ruarcc a construit un robot en Lego capable de résoudre des Rubik's Cube. Cet impressionnant robot utilise 5 000 lignes de code Python et des capteurs de couleurs, ce qui lui permet de résoudre les Rubik's Cube en peu de temps grâce à la détection des couleurs.

Quelle performance !

Le joueur de basket-ball Victor Wembanyama devient le plus jeune joueur français sélectionné pour le NBA All-Star Game, un match annuel opposant historiquement les meilleurs joueurs de la NBA. À seulement 21 ans, il est le 4e Français à participer à ce célèbre événement américain, après Tony Parker, Joakim Noah et Rudy Gobert.

UNE AIDE POUR LES ÉTUDIANTS

EN SEINE-MARITIME, LA VILLE DE PETIT-QUEVILLY A INSTAURÉ UN REVENU MINIMUM POUR LES ÉTUDIANTS, QUI PEUT ATTEINDRE 100 EUROS PAR MOIS. CONSCIENTE DE LA PRÉCARITÉ DES ÉTUDIANTS, LA VILLE A MIS EN PLACE CE DISPOSITIF POUR LES AIDER À COUVRIR LEURS DÉPENSES ET BESOINS LES PLUS ESSENTIELS, ET POUR LEUR PERMETTRE D'AMÉLIORER LEUR QUOTIDIEN.

UN GESTE QUI SAUVE LA VIE

En Arizona, Thomas Conley, un jeune garçon de 8 ans, a sauvé la vie de l'un de ses camarades de classe qui était en train de s'étouffer avec un raisin. Sans hésiter, Thomas a pratiqué la manœuvre de Heimlich, une technique de compression abdominale qui sert à expulser le corps étranger. Quel extraordinaire acte de bravoure !

UN PRO DU CALCUL !

DIEGO FERNÁNDEZ,

UN ENFANT DE 7 ANS ORIGINAIRE DE MADRID, A ÉTÉ COURONNÉ GRA ND VAINQUEUR DU CHAMPIONNAT INTERNATIONAL DE CALCUL MENTAL DES 5-13 ANS. EN SEULEMENT

5 MINUTES,

IL A RÉUSSI À RÉSOUDRE

70 OPÉRATIONS

ARITHMÉTIQUES

SELON LA MÉTHODE ALOHA, QUI UTILISE LE BOULIER JAPONAIS « SOROBAN » POUR LE CALCUL MENTAL.

DE VRAIS PETITS SUPER-HÉROS !

AU CHU D'AMIENS, DES LYCÉENS ONT FABRIQUÉ DES CAPES POUR LES ENFANTS HOSPITALISÉS. CONFECTIONNÉES À PARTIR DES MAILLOTS DE SPORTIFS APPRÉCIÉS PAR LES ENFANTS, UNE TRENTAINE DE CAPES ONT AINSI ÉTÉ FABRIQUÉES PAR CES ADOLESCENTS, POUR RÉDUIRE LE STRESS ET DISTRAIRE LES JEUNES ENFANTS AVANT LEUR OPÉRATION.

LA TECHNOLOGIE AU SERVICE DES ENFANTS MALADES

À Montpellier, les services de pédiatrie du CHU Lapeyronie ont reçu six casques de réalité virtuelle pour leurs petits patients. Grâce à cette technologie, les enfants peuvent s'évader à travers de magnifiques paysages, ce qui leur permet d'être apaisés lors des soins, et de réduire leurs douleurs et leurs angoisses.

QUELLE PROUESSE !

À seulement 15 ans, la jeune Lyonnaise Yona Amard a décroché son baccalauréat avec la mention Bien, elle a notamment brillé lors de son Grand Oral, pour lequel elle a obtenu la note de 20/20. Un parcours brillant pour cette adolescente, qui a fait le choix de poursuivre ses études dans l'animation 3D, à la Confluence Institute de Lyon.

UNE TERRE D'ACCUEIL

Au Pays basque, ce sont plus de 560 mineurs non accompagnés qui ont pu bénéficier d'un nouveau départ, grâce à la prise en charge de leur accueil et de leur formation par le département. Cette initiative a permis à ces jeunes de développer de nouvelles compétences pour préparer leur avenir professionnel, et d'envisager une nouvelle vie.

UN NOUVEAU RECORD !

La jeune Norvégienne Karen Kyllesø, âgée de 21 ans, a réalisé un bel exploit en devenant la personne la plus jeune à atteindre le pôle Sud à skis, seule et sans assistance. Elle a parcouru **1 130 KM EN PRÈS DE 54 JOURS,** tirant un traîneau de deux fois son poids sous des températures glaciales, allant jusqu'à -25 °C.

ENSEIGNEMENTS D'UN « MINI-MÉDECIN » !

AU ROYAUME-UNI, À TAMWORTH, SE DÉROULENT DES SESSIONS D'APPRENTISSAGE DES GESTES DE PREMIERS SECOURS AVEC UN FORMATEUR PAS COMME LES AUTRES, PUISQU'IL S'AGIT D'UN « MINI-AMBULANCIER » DE 10 ANS, JACK DAWSON. PASSIONNÉ PAR CE MÉTIER DEPUIS SES 2 ANS, IL ENSEIGNE AUX PETITS ET AUX GRANDS LES GESTES QUI SAUVENT, AU SEIN DE L'ASSOCIATION « TAMWORTH HAVE A HEART ».

Un bracelet pour communiquer

À seulement 8 ans, la jeune Anglaise **ZOEYA KHAN** a révolutionné la communication en classe en créant un bracelet lumineux. Conçue pour aider les enfants neurodivergents à exprimer leurs émotions avec différentes couleurs, cette invention a remporté la médaille de bronze d'un concours d'ingénierie destiné aux écoliers britanniques.

Une crèche dans un Ehpad

Près du château de Chantilly dans l'Oise, une micro-crèche intergénérationnelle a ouvert ses portes au sein d'une maison de retraite, dans laquelle seniors et tout-petits se donnent mutuellement le sourire. Les 70 résidents de l'Ehpad ont ainsi partagé de beaux moments de convivialité avec une douzaine d'enfants, âgés de 3 mois à 3 ans.

REVANCHE SUR LE TEMPS

EN BRETAGNE, YANN STEPHAN, UN HABITANT DU FINISTÈRE DE 46 ANS, A DÉCIDÉ DE REPRENDRE SES ÉTUDES POUR DEVENIR AIDE-SOIGNANT. ALORS QU'IL ACCOMPAGNE SA MÈRE EN FIN DE VIE, IL DÉCIDE DE CHANGER DE VOIE PROFESSIONNELLE POUR AIDER LES PLUS FRAGILES, ET AVOIR UN TRAVAIL OÙ L'HUMAIN EST AU CŒUR DE TOUT. POUR CETTE RECONVERSION, YANN A PU COMPTER SUR LE DISPOSITIF « TRANSITION PRO ».

DÉROBÉ À SON PROPRIÉTAIRE EN 2020, UN VIOLON DATANT DE 1749 ET D'UNE VALEUR DE 50 000 EUROS A ÉTÉ RACHETÉ QUATRE ANS PLUS TARD SUR UN MARCHÉ AUX PUCES EN ALBANIE. ÉMU PAR CETTE HISTOIRE, SON NOUVEL ACQUÉREUR A DÉCIDÉ DE RETROUVER ET DE CONTACTER SON ANCIEN PROPRIÉTAIRE, QUI A PU RÉCUPÉRER SON PRÉCIEUX INSTRUMENT.

UNE BELLE REVANCHE !

Diagnostiqué autiste à l'âge de 3 ans, le Londonien Jason Arday n'a appris à parler qu'à l'âge de 11 ans et à lire à 18 ans, à cause de son handicap. Grâce à sa patiente et à sa motivation, il a pu réaliser son rêve de devenir professeur à la prestigieuse université de Cambridge, où il enseigne aujourd'hui la sociologie et l'éducation.

L'AMOUR À TOUS LES ÂGES !

À 75 ANS, MARTINE VIT LE GRAND AMOUR AVEC CLAUDE, 93 ANS, DANS LEUR RÉSIDENCE SENIOR. ILS ONT TOUS LES DEUX EU UN COUP DE FOUDRE À LEUR PREMIÈRE RENCONTRE LORS D'UNE ACTIVITÉ DE CHORALE. UNE ALCHIMIE S'EST IMMÉDIATEMENT INSTALLÉE ENTRE EUX, ET ILS SE SONT DÉCLARÉS LEUR ATTIRANCE. DÉSORMAIS, ILS NE SE QUITTENT PLUS !

EN QUÊTE D'IDENTITÉ

Anne-Laure Giron, âgée de 50 ans et née sous X en 1971, vient retrouver sa mère biologique après plus de 30 ans de recherches. Aujourd'hui, elle milite pour les droits des enfants et organise régulièrement les cafés-partage pour le collectif « Nés sous X et d'ailleurs ». Elle a aussi écrit un ouvrage, *X un jour, X toujours*, pour laisser une trace à son fils unique.

HOMMAGES SUR UN TIMBRE

La Poste a mis en vente des timbres à l'effigie de Lucie Randoin, une grande scientifique et physiologiste de la nutrition du XXe siècle, malheureusement peu connue, qui a découvert la vitamine B et C. Une façon d'honorer la mémoire de celle qui a participé au développement des sciences de la nutrition.

La bravoure d'une « Juste »

Odette Bergoffen a 100 ans, et elle a reçu à Angers la Légion d'honneur, pour l'héroïsme dont elle a fait preuve en 1942. À une période où plus de huit cents juifs de l'ouest de la France ont été déportés, elle a aidé une mère juive et ses deux enfants à échapper aux rafles nazies à Vernoil-le-Fourrier.

D'ÉMOUVANTES RETROUVAILLES

APRÈS SEPT LONGUES ANNÉES DE SÉPARATION EN RAISON DE LA GUERRE CIVILE EN SYRIE, LA CHUTE DU RÉGIME EN PLACE A PERMIS À DEUX FRÈRES DE S'ENLACER DE NOUVEAU. ALORS QUE L'UN S'ÉTAIT RÉFUGIÉ EN TURQUIE TANDIS QUE L'AUTRE ÉTAIT RESTÉ EN SYRIE, ILS SONT MAINTENANT RÉUNIS DANS LES RUES DE LA VILLE D'ALEP OÙ ILS ONT GRANDI.

TOUS EN PISTE !

À 78 ANS, JEAN-MICHEL DUBLANC, ALIAS « PAPY GUETTA », ENFLAMME LE DANCEFLOOR À THOIRÉ-SUR-DINAN ET SES ALENTOURS, DANS LE SUD DE LA SARTHE. AVEC SON STYLE VINTAGE ET SES 1 000 CD QU'IL MIXE « À L'ANCIENNE », CE DJ SEPTUAGÉNAIRE FAIT DANSER DES CENTAINES DE PERSONNES GRÂCE À SES BONNES ONDES ET SA BONNE HUMEUR.

À 96 ans, Colette Mansard, une bretonne autrice-compositrice et passionnée de chant, a participé aux auditions à l'aveugle du télécrochet *The Voice*. Parolière pour Annie Cordy et Juliette Gréco, elle rêvait un jour de monter sur scène pour chanter ses propres chansons, enregistrées dans les années 1960. C'est désormais chose faite !

DES RETROUVAILLES TOUCHANTES

Envoyées dans des camps de travail forcé différents en 1939 durant la Seconde Guerre mondiale, Barbara et Helena Stefaniak se sont retrouvées trois ans après, avant que la vie ne les sépare encore une fois. À 96 et 100 ans, ces deux sœurs ont été réunies de nouveau grâce à l'organisme « Wish of a Lifetime », qui aide les personnes âgées à réaliser leurs rêves.

BARBARA RIBEIRO, ÂGÉE DE 94 ANS, A RETROUVÉ BEN COLWELL, QU'ELLE A SAUVÉ DE LA NOYADE 64 ANS PLUS TÔT, ALORS QU'IL N'AVAIT QUE 2 ANS. AUJOURD'HUI ÂGÉ DE 66 ANS ET PÈRE DE FAMILLE, BEN A PU UNE NOUVELLE FOIS EXPRIMER SA GRATITUDE ENVERS SA SAUVETEUSE GRÂCE À CETTE RENCONTRE, RENDUE POSSIBLE PAR SES FRÈRES ET SŒURS.

QUELLE FORCE !

À 68 ans, Joëlle Lemarchand a été sacrée championne de France de développé couché à Cambrai, avant de remporter un mois plus tard la médaille d'argent dans sa catégorie aux championnats d'Europe de force athlétique, à Albi. Cette retraitée, qui a découvert cette discipline à l'âge de 8 ans, peut soulever jusqu'à 100 kg !

UN BEL EXPLOIT

Jean Le Cam, âgé de 65 ans et doyen du Vendée Globe 2024-2025, entre un peu plus dans l'histoire de la voile en franchissant la ligne d'arrivée de cette célèbre course au large pour la 5e fois. Après 85 jours en mer, il arrive en 20e position. Grande figure de la discipline, Jean a bouclé la moitié des éditions de ce tour du monde en solitaire et sans escale, créé en 1989.

L'ÂGE N'EST QU'UN CHIFFRE !

À 80 ANS,

CHOI SOON-HWA EST PARVENUE À SE HISSER JUSQU'EN FINALE DU CONCOURS DE MISS UNIVERS CORÉE. CETTE ANCIENNE INFIRMIÈRE, DEVENUE MANNEQUIN À 72 ANS POUR RÉSOUDRE DES PROBLÈMES FINANCIERS, A CRÉÉ LA SENSATION DANS LE MONDE TRÈS NORMÉ DES CONCOURS DE BEAUTÉ, RÉSERVÉS AUX FEMMES ÂGÉES DE 18 À 28 ANS JUSQU'EN 2024.

SOLIDARITÉ

UN PAQUET DE CADEAUX !

CE SONT PRÈS DE **178 KG DE JOUETS D'OCCASION**, SOIT 12 HOTTES PLEINES, QUI ONT ÉTÉ COLLECTÉS EN DORDOGNE GRÂCE À L'OPÉRATION « **LAISSE PARLER TON CŒUR** ». TOUS LES DONS ONT ENSUITE ÉTÉ CONFIÉS À DES ASSOCIATIONS LOCALES POUR ÊTRE REVENDUS À PETITS PRIX, OU OFFERTS À DES FAMILLES MODESTES. DE QUOI DONNER UN PETIT COUP DE POUCE AU PÈRE NOËL !

UN TOIT POUR TOUS

C'est un véritable élan de solidarité qui s'est organisé à Lyon, où vingt-six écoles ont ouvert leurs portes pour accueillir des familles sans abri durant la trêve hivernale. Une initiative du collectif de parents d'élèves et d'instituteurs « Jamais sans toit », qui œuvre depuis plus de dix ans pour offrir aux écoliers sans domicile un toit, au sein des établissements scolaires.

UNE INITIATIVE GÉNÉREUSE

Dans les rues du centre-ville de La Rochelle, on peut croiser par hasard le chemin de Benjamin Lhomme, un jeune coiffeur de 21 ans, qui propose des coupes de cheveux gratuites aux personnes sans domicile fixe. Une démarche solidaire accueillie avec enthousiasme par les principaux concernés, que Benjamin aimerait voir fleurir dans d'autres villes.

À SEULEMENT 14 ANS, CLÉMENCE A RÉCOLTÉ **1 100 EUROS AU PROFIT DE L'ASSOCIATION « LES BLOUSES ROSES »** DE VALENCIENNES, QUI ORGANISE DES ACTIVITÉS LUDIQUES ET CRÉATIVES DANS LES HÔPITAUX. SUR SON TEMPS LIBRE, LA COLLÉGIENNE DE TROISIÈME A CONFECTIONNÉ 555 PORTE-CLÉS QU'ELLE A REVENDUS, AVEC LE SOUTIEN DES COMMERÇANTS LOCAUX.

UNE AIDE GÉNÉREUSE

LE GRAND CASINO DE BÂLE EN SUISSE EST VENU EN AIDE À UN BOULANGER DU HAUT-RHIN, David Pichot, en difficulté financière à cause de l'augmentation du prix de l'électricité. Le casino a ainsi fait un don de 90 000 euros et, grâce à cet acte de générosité, le boulanger et ses employés ont pu reprendre leur activité sereinement.

Mobilisation pour la solidarité. Les grands noms de Twitch et de YouTube se sont réunis, durant deux jours, pour participer au marathon caritatif « Stream for Humanity », avec pour objectif de récolter des dons pour les victimes de conflits armés. Cette initiative a permis de récolter plus de 3,5 millions d'euros, reversés à l'organisation « Médecins sans frontières ». Un bel élan de solidarité !

UN VÉRITABLE HÉROS NATIONAL !

Scott Ruskan, membre des gardes-côtes de 26 ans, s'est illustré lors de sa première mission de sauvetage. Malgré des pluies torrentielles et des vents violents, il a enchaîne les allers-retours pour secourir familles, enfants et personnes âgées piégés par les eaux. Son sang-froid et sa détermination ont permis de sauver 165 vies en quelques heures

UN CADEAU POUR LA VIE

CARISSA FISHER, une maîtresse d'école à New York, a fait preuve d'une grande générosité en proposant de donner une partie de son foie à l'un de ses anciens élèves. Ezra Toczek, âgé de 5 ans, souffre d'une maladie hépatique grave, mais grâce à ce don exceptionnel, son état de santé s'améliore de jour en jour !

LE SPORT AU SERVICE DE LA SOLIDARITÉ

COMME CHAQUE ANNÉE DEPUIS PLUS DE 10 ANS, LES ÉQUIPEMENTS INUTILISÉS DES JOUEURS DES ÉQUIPES PERDANTES DU SUPER BOWL SONT ENVOYÉS ET DISTRIBUÉS À DES PERSONNES DANS LE BESOIN DANS LE MONDE ENTIER. CETTE ANNÉE, CE SONT LES ÉQUIPEMENTS DE L'ÉQUIPE DES KANSAS CITY CHIEFS QUI SONT ENVOYÉS EN UKRAINE, MONGOLIE, GÉORGIE, ESTONIE ET LETTONIE.

À Bessines-sur-Gartempe en Haute-Vienne, **le restaurant « La Bellevue » cartonne grâce à son menu anticrise à 10 euros**, qui comprend une entrée, un plat, un dessert, un verre de vin et un café. Cette formule hypercompétitive a séduit les clients au budget serré et a permis au restaurateur de sauver son établissement en difficulté financière, en passant de 7 clients à plus de 70 par jour.

SURNOMMÉ LE « LOUP ROUGE », L'ALSACIEN JÉRÉMY HAGENBOURGER A RÉALISÉ

408 DONS DU SANG DEPUIS SES 18 ANS.

VÉRITABLE HÉROS DU QUOTIDIEN, IL DONNE EN MOYENNE SIX FOIS SON SANG PAR AN, ET FAIT AUSSI DES DONS DE PLASMA ET DE PLAQUETTE. GRÂCE À LUI ET À SON SANG, PLUSIEURS CENTAINES DE VIES, VOIRE DES MILLIERS, ONT PU ÊTRE SAUVÉES.

LA FÉE BRICOLEUSE DE PARIS

Depuis neuf ans, **Nancy Krawczyk** œuvre au sein de l'espace sanitaire de l'association « **Aux Captifs, la Libération** » à Paris, comme responsable de la douche et des machines à laver. Celle qu'on surnomme alors la « **dame des douches** » prodigue soins, hygiène et vêtements aux sans-abris, tout en offrant une écoute bienveillante à chacun d'entre eux.

UN CADEAU D'ANNIVERSAIRE PARTAGÉ

Originaire des Pyrénées-Atlantiques, Anthony Escofet a fêté ses 28 ans, et a décidé d'utiliser la cagnotte créée par ses amis pour offrir un magnifique cadeau à son grand-père. Il a ainsi organisé une randonnée surprise au lac d'Estaing pour son grand-père atteint de la maladie d'Alzheimer, mais aussi pour tous les patients du service. Une superbe bouffée d'air frais pour les résidents !

Des Pères Noël à moto !

Comme chaque année depuis plus de 12 ans, plusieurs centaines de motards déguisés en Père Noël ont sillonné les rues de Reims durant la période de Noël. Avec plus de 2 000 cadeaux collectés dans leurs hottes, ils traversent la ville pour les offrir aux enfants hospitalisés ou placés en foyer. Une belle tradition solidaire qu'ils ne comptent pas arrêter de sitôt.

UN BOULANGER SANS FRONTIÈRES

LOÏC NERVI, UN BOULANGER ORIGINAIRE DE LORGUES DANS LE VAR, A DÉCIDÉ DE TRAVERSER L'EUROPE À QUATRE REPRISES, ET DE FABRIQUER DU PAIN EN UKRAINE. GRÂCE À UN CAMION DE DÉMÉNAGEMENT TRANSFORMÉ EN BOULANGERIE MOBILE, IL PARCOURT LES 3 400 KM QUI LE SÉPARENT DE L'UKRAINE, AVEC L'INTENTION D'APPORTER DU RÉCONFORT À LA POPULATION UKRAINIENNE, VICTIME DE LA GUERRE.

DIVERS

Des élus en maternelle !

C'est une rentrée des classes un peu spéciale qui a eu lieu à Cussac-sur-Loire en Haute-Loire, où le maire a pris l'initiative d'inscrire les adjoints et les conseillers municipaux en classe de petite section de maternelle. Les élus sont allés jusqu'à partager une journée avec les petits élèves, une action symbolique pour dénoncer le projet de fermeture d'une classe à la rentrée de septembre.

L'ARTISANAT AU SERVICE DE LA SOLIDARITÉ

À Saint-Malo, l'association des compagnons bâtisseurs a mis en place des ateliers de menuiserie, afin d'initier les personnes en situation de grande exclusion aux rudiments du métier. Pendant une année, les volontaires fabriquent du mobilier pour les associations locales, et découvrent les bases de l'artisanat.

OBJECTIF PLANÈTE PROPRE !

LUDOVIC FRANCESHET EST ÉBOUEUR PARISIEN ET DEPUIS CINQ ANS, IL EST AUSSI UNE STAR SUR TIKTOK. SUIVI PAR PRÈS DE 600 000 PERSONNES, IL A REÇU LE TIKTOK AWARD D'HONNEUR À L'OCCASION DES TIKTOK AWARDS 2024. UNE RÉCOMPENSE MÉRITÉE POUR CELUI QUI UTILISE LES RÉSEAUX SOCIAUX POUR SENSIBILISER À LA GESTION DES DÉCHETS ET AUX EFFETS NÉFASTES DE LA SURCONSOMMATION.

Chauffeur de bus parisien et passionné d'histoire, Pierre Bazin partage chaque jour avec ses passagers des anecdotes et des faits historiques sur les lieux emblématiques de la capitale.
Une initiative originale et appréciée, qui permet aux usagers de découvrir Paris sous un nouvel angle.

LE CHIFFRE

RECORD BATTU !

CETTE ANNÉE ENCORE DANS LES HAUTES-PYRÉNÉES, LES BIGOURDANS ÉTAIENT AU RENDEZ-VOUS DE LA SOLIDARITÉ. GRÂCE À LEUR GÉNÉROSITÉ ET À L'ENGAGEMENT DES BÉNÉVOLES, LA COLLECTE 2024 DE LA BANQUE ALIMENTAIRE A PERMIS DE RECUEILLIR 48,6 TONNES DE DENRÉES POUR VENIR EN AIDE AUX PLUS DÉMUNIS, SOIT PRÈS DE 2 TONNES DE PLUS QUE L'ANNÉE PRÉCÉDENTE.

Lutter contre les violences faites aux femmes

Le CHU de Clermont-Ferrand a inauguré la première Maison des femmes en Auvergne. Cet établissement est un lieu de soutien qui peut accompagner chaque année jusqu'à 400 femmes victimes de tout type de violences.

Lutter contre le harcèlement

La ville de Montpellier a intégré le dispositif « Angela », un réseau de lieux refuges pour les personnes en détresse, dans le but de lutter contre le harcèlement de rue. Plus de 70 commerces et établissements participent déjà à cette initiative, et sont reconnaissables grâce à un sticker « Dispositif Angela » apposé sur leur devanture.

UNE FEMME UNIVERSELLE

La ville de Fleury-Mérogis, dans l'Essonne, a choisi Joséphine Baker pour incarner Marianne, symbole de liberté et d'engagement. Un buste de Marianne en bronze à l'effigie de l'artiste et résistante est désormais installé devant l'hôtel de ville, représentant les valeurs de la République dans la commune francilienne.

Le bistrot vient à vous !

Pour ramener du lien social dans les villages où il n'y a plus de commerces, le bistrot mobile « Api Truck's » sillonne une trentaine de communes du Puy-de-Dôme. Plus qu'un simple café itinérant, il est devenu un lieu de convivialité, où les habitants peuvent se retrouver pour échanger et discuter.

Une agréable terrasse

Dans le quartier du Mourillon à Toulon, le Havana Café, ouvert depuis vingt-quatre ans, vient de recevoir le prix de la meilleure terrasse de France. Une belle reconnaissance pour ce petit bar, qui réunit aussi bien les habitants du quartier que les touristes, dans un cadre convivial et décontracté.

UN GESTE SOLIDAIRE.

Restaurateur près de Bordeaux, **Mustapha Abouabderrahmane** a mis en place sur la terrasse de son établissement des barnums chauffés, pour venir en aide aux sans-abri. Une initiative soutenue par les commerçants locaux et la mairie, grâce auxquels Mustapha peut aussi proposer des dîners chauds et des petits-déjeuners aux personnes qu'il héberge.

DU PAIN CONTRE UNE DANSE !

Près de Nice à Drap, une boulangerie a décidé de vendre ses baguettes à un prix un peu spécial. En effet, la boulangerie offre une baguette aux clients qui entrent dans la boutique en dansant. Une belle manière de commencer la journée et de faire des économies !

LES FRANÇAIS DE PLUS EN PLUS GÉNÉREUX !

Les associations ont observé une augmentation des dons en 2024, avec une moyenne de 206 euros par donateur, soit 15 euros de plus qu'en 2023. Cette hausse est un signe très encourageant pour le secteur associatif, qui dépend largement de ces contributions pour fonctionner.

DES JEUX DE SOCIÉTÉ INCLUSIFS

À Paris, dans le 12e arrondissement, il existe une ludothèque pas comme les autres, où valides et déficients visuels peuvent jouer ensemble, grâce à un catalogue de jeux de plateau inclusif. Un endroit unique qui propose 1 500 jeux, dont 450 adaptés, pour gommer les différences et permettre des moments d'inclusion et de convivialité.

AIDER À SE RECONSTRUIRE

À Grenoble, l'association « Ça déménage » intervient pour aider les femmes victimes de violences ou en grande précarité à emménager dans un nouveau logement. L'association met à leur disposition un camion de déménagement, du mobilier, de l'électroménager et du linge de maison, pour leur permettre de reconstruire leur vie en toute sécurité.

NOTRE TOP 25 UNDER 25 YEARS

SOCIÉTÉ

16

BARTHÉLEMY MERCIER
(22 ANS)

À Quemper-Guézennec, dans un petit village des Côtes-d'Armor, Barthélemy, 22 ans, consacre ses journées à la mosaïque. Porteur de trisomie 21, il a trouvé dans cet art manuel un moyen d'expression et d'épanouissement personnel. Encouragé par sa famille, Barthélemy découvre la mosaïque durant l'enfance et ce loisir devient rapidement une passion. Pour lui offrir les meilleures conditions de création, son père, Émeric, lui a construit un atelier attenant à la maison. Barthélemy y travaille aujourd'hui entre quatre et cinq heures par jour, réalisant des pièces variées : pendentifs, plaques de maison, plateaux de jeux, ou encore portraits inspirés de ses dessins animés préférés. Barthélemy ne se limite pas à la création artistique, il est également devenu un vrai entrepreneur : il vend ses pièces, échange avec les clients, et développe depuis peu une véritable activité artisanale. En 2024, il a même franchi une étape importante en exposant pour la première fois au Salon du Made in France, à Paris. Accompagné de son père, il y a présenté son travail au grand public et a reçu de nombreux retours enthousiastes. Une expérience fondatrice qui a confirmé son envie de vivre de sa passion et de faire connaître ses créations à plus grande échelle.

17

AVERY COLVERT
(14 ANS)

Avery Colvert, 14 ans, a créé un fonds de soutien pour les victimes des incendies à Los Angeles. En janvier 2025, alors que de violents incendies ravagent plusieurs quartiers de Los Angeles, Avery Colvert décide de se mobiliser pour venir en aide à ses amis et lance un fonds d'urgence destiné à soutenir les jeunes touchés par la catastrophe : vêtements, fournitures scolaires, hébergement temporaire… Elle mobilise sa communauté, organise des collectes locales, des ventes solidaires, et mène des campagnes en ligne pour leur fournir des biens de première nécessité. Très vite, son initiative dépasse le cercle local puisque des célébrités comme Paris Hilton, Charli XCX et Mindy Kaling s'engagent à ses côtés et apportent un soutien financier et médiatique. Grâce à cette visibilité, Avery a même pu élargir le champ de son action à d'autres jeunes en difficulté dans la région. Le 25 février 2025, son engagement a été salué à l'échelle internationale puisqu'elle a reçu le prix TIME100 Impact, devenant la plus jeune lauréate de l'Histoire.

18 SERGEY
(7 ANS)

Sergey est âgé de 7 ans, et c'est un prodige russe du codage informatique. Passionné par la programmation depuis l'âge de 4 ans, il a développé à seulement 7 ans des applications et des jeux simples qui témoignent d'une compréhension avancée des concepts informatiques pour son âge. Son talent a même été reconnu par une entreprise de cybersécurité qui lui a proposé une offre d'emploi symbolique, pour souligner son potentiel exceptionnel. Sergey partage également ses connaissances en codage sur YouTube, où il enseigne la programmation à d'autres enfants. Encouragé par ses parents et suivi par une communauté grandissante en ligne, Sergey continue de développer ses projets tout en poursuivant sa scolarité. Il rêve déjà de créer sa propre entreprise de cybersécurité pour protéger les utilisateurs d'Internet.

19 RENAD
(10 ANS)

À 10 ans, Renad, une jeune habitante de Gaza, est devenue une figure emblématique des réseaux sociaux grâce à ses recettes de cuisine élaborées à partir des colis d'aide humanitaire. Malgré les conditions difficiles dans lesquelles elle vit, elle propose des « recettes de guerre », telles que des filets de poisson, des gâteaux au chocolat, ou encore des *maqlouba*, un plat traditionnel palestinien. Son compte Instagram, Renadfrom-Gaza, géré par sa grande sœur Nouran, a dépassé les 800 000 abonnés, et son compte TikTok les 500 000. Au-delà de la cuisine, Renad utilise ses vidéos pour sensibiliser sur le quotidien des Gazaouis et son naturel a touché des milliers de personnes. En quelques mois, ses vidéos sont devenues virales, partagées dans le monde entier, et elle a reçu des encouragements de chefs cuisiniers, de journalistes et d'internautes émus par sa détermination. Son rêve est d'ouvrir un jour son propre restaurant, Cheffe Renad, pour y cuisiner les recettes qu'elle partage depuis plusieurs mois.

20 RAPHAËL SPENLÉ
(20 ANS)

À 20 ans, Raphaël Spenlé a mis sur pied un service inédit en France, une plateforme d'urgence pour animaux blessés ou abandonnés, accessible 7j/7. Son objectif est simple : permettre à toute personne découvrant un animal en danger de déclencher rapidement une intervention adaptée. L'idée lui est venue à 16 ans, après avoir vu un chat grièvement blessé sur le bord d'une route, sans qu'aucun service ne puisse intervenir à temps. Il découvre alors que, contrairement aux êtres humains, les animaux ne disposent d'aucun numéro d'urgence national. Il décide de commencer seul à répertorier les vétérinaires, refuges et associations locales capables de réagir rapidement avant de créer un réseau de bénévoles prêts à intervenir sur le terrain. En parallèle, il développe une interface simple où l'on peut signaler un animal en détresse, que ce soit pour un accident, une maltraitance ou un abandon. Il est aujourd'hui à la tête de l'association Raphaël Spenlé, et son service a déjà permis le sauvetage de plusieurs centaines d'animaux. Son ambition : rendre ce service national et reconnu, comme n'importe quel numéro d'urgence.

SCIENCES

1000 BONNES NOUVELLES

ASTRONOMIE

RETOUR SUR LA TERRE FERME

COINCÉS DANS L'ESPACE DEPUIS JUIN 2024, **LES ASTRONAUTES BUTCH WILMORE ET SUNITA WILLIAMS** SONT ENFIN REVENUS SUR TERRE. LEUR MISSION, DONT LA DURÉE INITIALE ÉTAIT DE HUIT JOURS, A ÉTÉ PROLONGÉE DE **NEUF MOIS** À CAUSE D'UNE DÉFAILLANCE DE LEUR CAPSULE, LES CONTRAIGNANT À RESTER À BORD DE LA STATION SPATIALE INTERNATIONALE BIEN PLUS LONGTEMPS QUE PRÉVU.

UN PHÉNOMÈNE RARE

Dans la nuit du 17 au 18 septembre 2024 a eu lieu une magnifique éclipse partielle de la Lune visible depuis une grande partie du monde, à l'exception de l'est du continent asiatique, de l'Australie et de l'ouest du Pacifique. Cet événement annonce l'arrivée de deux éclipses totales dans les années à venir.

EN ROUTE VERS L'ESPACE !

L'Agence spatiale européenne a annoncé que l'astronaute Sophie Adenot s'envolerait dans l'espace pour une mission de six mois au printemps 2026. Elle devient ainsi la deuxième femme française astronaute de l'Histoire à rejoindre la Station spatiale internationale.

NEPTUNE SOUS UN NOUVEAU JOUR !

À L'AIDE DU TÉLESCOPE JAMES-WEBB, UNE ÉQUIPE A RÉUSSI À PHOTOGRAPHIER LES AURORES DE NEPTUNE POUR LA PREMIÈRE FOIS. CETTE AVANCÉE OFFRE AUX ASTRONOMES DE NOUVELLES CLÉS POUR MIEUX COMPRENDRE L'ATMOSPHÈRE DE LA PLANÈTE LA PLUS LOINTAINE DU SYSTÈME SOLAIRE.

L'INCLUSION DANS L'ESPACE

EN FÉVRIER 2025, JOHN MCFALL EST DEVENU LE PREMIER ASTRONAUTE EN SITUATION DE HANDICAP DE L'HISTOIRE À OBTENIR LA CERTIFICATION MÉDICALE POUR EFFECTUER DES MISSIONS DE LONGUE DURÉE À BORD DE LA STATION SPATIALE INTERNATIONALE. GRÂCE À DES INITIATIVES COMME CELLES-CI, DANS UN AVENIR PROCHE L'EXPLORATION SPATIALE NE SERA PLUS LIMITÉE PAR LE HANDICAP.

DÉCOUVERTE DANS L'ESPACE

Des astronomes de l'Observatoire européen austral ont découvert une nouvelle exoplanète à six années-lumières de la Terre, baptisée « Barnard b », située autour de l'étoile de Barnard, une des plus proches de notre Soleil. Là-bas, une année dure trois jours terrestres et il y fait 125 degrés. Rien que ça !

Des soirées d'observation

Après le succès des « Nuits des étoiles » organisées chaque été, l'Association française d'astronomie a lancé un nouveau rendez-vous, les « Nuits de l'équinoxe ». Pour cette première édition du 21 au 23 mars 2025, des événements ont été organisés dans toute la France afin que petits et grands puissent contempler la beauté du ciel en ce début de printemps.

OBJECTIF LUNE !

Avec l'atterrissage de son vaisseau *Blue Ghost* sur la Lune en mars 2025, la société américaine Firefly Aerospace devient la deuxième entreprise privée à réussir cet exploit. L'expédition avait pour but d'étudier certains phénomènes lunaires grâce à des instruments scientifiques embarqués à bord du vaisseau.

UNE INCROYABLE DÉCOUVERTE !

LE 11 MARS 2025, L'UNION ASTRONOMIQUE INTERNATIONALE A ANNONCÉ LA DÉCOUVERTE DE **128 NOUVEAUX SATELLITES NATURELS** AUTOUR DE SATURNE. LA GÉANTE AUX ANNEAUX COMPTE DÉSORMAIS **274 SATELLITES** CONNUS, POUR LA PLUPART DES FRAGMENTS DE PETITES LUNES.

LES PLANÈTES S'ALIGNENT !

Dans la nuit du 28 février au 1er mars 2025, le ciel a offert une parade planétaire, un spectacle rare qui a rassemblé sept planètes observables ensemble dans le ciel. Parmi elles, cinq étaient visibles à l'œil nu depuis la Terre : Vénus, Mercure, Mars, Jupiter et Saturne.

DÉCOLLAGE RÉUSSI !

Le 6 mars 2025, le lanceur « Ariane 6 » a décollé avec succès depuis le Centre spatial guyanais, avec pour objectif de mettre en orbite un satellite d'observation de la Terre à usage militaire. Ce lancement confirme le succès de vol d'inauguration de juillet 2024 et symbolise une nouvelle étape pour le lanceur européen.

UNE MISSION POUR COMPRENDRE LA COMPOSITION DE LA LUNE

La capsule chinoise « Chang'e-6 » a réalisé une première historique en rapportant sur Terre des échantillons de la face cachée de la Lune, une zone encore inexplorée jusqu'ici. Une avancée importante pour la recherche spatiale, offrant aux scientifiques des éléments inédits sur la composition de ce satellite naturel.

Une expédition interstellaire !

Une mission ambitieuse vers Alpha Centauri, l'étoile la plus proche du Soleil, est en préparation. Des scientifiques vont envoyer plusieurs centaines de sondes spatiales pour explorer ce système stellaire et collecter des données sur de potentielles exoplanètes habitables.

CHEESE !

Pour fêter ses 1 500 jours sur la planète Mars, Perseverance, un robot de la NASA, a pris un selfie pour immortaliser le moment. Au-delà du caractère amusant de la photo, ce cliché cache une mine d'informations scientifiques sur l'environnement dans lequel évolue Perseverance.

UNE NOUVELLE FENÊTRE SUR L'ESPACE

Installé à l'Observatoire national de San Pedro Martir, au Mexique, le télescope *Colibri* a livré ses premières images le 7 septembre 2024. Cet instrument hyperréactif, muni de trois caméras, est capable de pointer n'importe quelle région du ciel en moins de 20 secondes.

BIEN-ÊTRE ET SANTÉ MENTALE

Dormir à l'université !

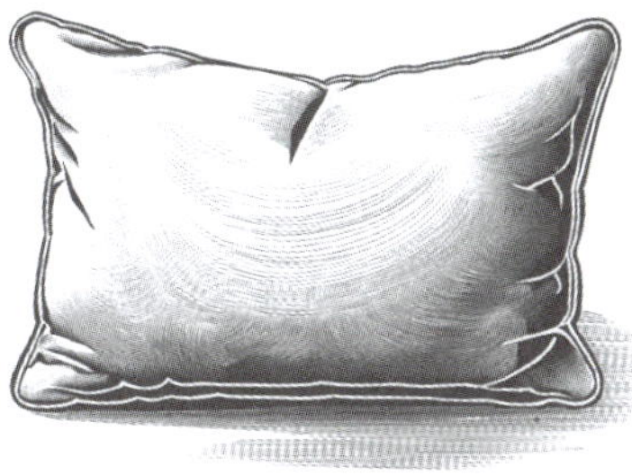

Au sein de l'université de Lille, deux capsules de sommeil sont expérimentées pour permettre aux étudiants de se reposer. Ce dispositif est censé les aider à faire face au stress et aux angoisses. Une réussite puisqu'en moyenne, une capsule est utilisée onze fois dans la journée.

ACCÈS AU BIEN-ÊTRE MENTAL

Depuis le 1er janvier 2025, il est possible de consulter un psychologue gratuitement et sans ordonnance médicale, une fois par mois. Pour bénéficier de ces douze séances par an gratuites, il faut consulter l'un des professionnels partenaires inscrits sur le site de l'Assurance Maladie.

UNE PREMIÈRE EN EUROPE

LA BELGIQUE DEVIENT LE TOUT PREMIER PAYS EUROPÉEN À ACCORDER AUX COUPLES UN CONGÉ EN CAS DE FAUSSE COUCHE SURVENANT AVANT DIX-HUIT SEMAINES DE GROSSESSE. UNE AVANCÉE MAJEURE POUR LE DROIT AU DEUIL, QUI RECONNAÎT LA DOULEUR VÉCUE ET OFFRE UN SOUTIEN CONCRET AUX COUPLES.

À Saint-Alban-Leysse en Savoie, l'association Zicomatic propose des séances de sport adaptées aux enfants en situation de handicap mental. Ces activités visent à stimuler leurs capacités physiques tout en renforçant leur confiance en eux. Une belle initiative pour une inclusion par le mouvement.

UN TÉMOIGNAGE RARE

Le journaliste Nicolas Demorand, coprésentateur de la matinale de France Inter, a révélé être atteint de bipolarité dans son livre *Intérieur nuit*. À travers ce récit personnel, il souhaite briser le tabou autour de cette maladie mentale et sensibiliser le grand public à l'importance de la santé psychique.

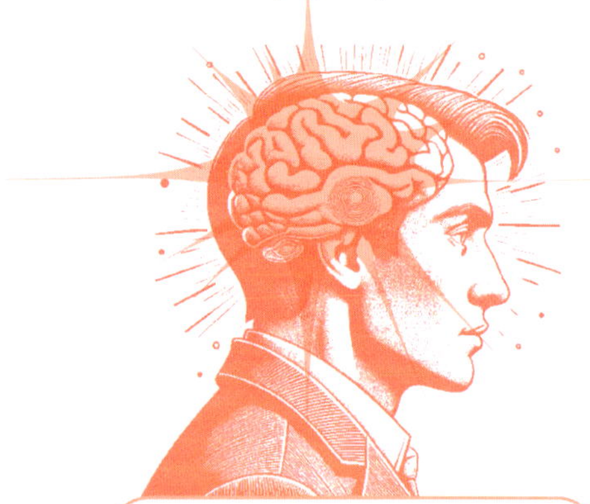

Un village pour se reconstruire

À Fontainebleau, en Seine-et-Marne, un village des blessés a ouvert ses portes. Ce centre unique en son genre accueille des militaires et gendarmes souffrant de traumatismes physiques et psychiques, et il hébergera aussi à partir de 2026 leurs familles. Une grande première en France.

L'institut du cancer de Montpellier a accueilli **MIROKI**, un robot compagnon qui rassure et accompagne les enfants atteints de cancer pendant leurs séances de radiothérapie. Présent à leurs côtés, il permet de rendre plus doux et amusant ce moment souvent angoissant.

SANTÉ MENTALE ET POLITIQUE

DEVENUE UNE GRANDE CAUSE NATIONALE EN 2025 EN FRANCE, LA SANTÉ MENTALE SE DOIT D'ÊTRE MIEUX PRISE EN COMPTE. POUR CONCRÉTISER CET ENGAGEMENT, LE GOUVERNEMENT A NOMMÉ DES RÉFÉRENTS EN SANTÉ MENTALE DANS CHAQUE MINISTÈRE, DONT LE RÔLE EST DE FORMULER DES PROPOSITIONS POUR AMÉLIORER LA PRÉVENTION, L'ACCOMPAGNEMENT ET LA PRISE EN CHARGE DES TROUBLES PSYCHIQUES.

SANTÉ MENTALE ET JEUX OLYMPIQUES

Pour accompagner les sportifs de haut niveau face à la pression durant la compétition, plusieurs dispositifs, comme la présence renforcée de psychologues sur les sites, ont été déployés par le comité d'organisation des Jeux olympiques de Paris. Une initiative inédite pour les aider à mieux gérer leur stress.

UN SYSTÈME SIMPLIFIÉ

Déjà présent dans certains hôpitaux, le dispositif permettant aux femmes victimes de violences de porter plainte directement à l'hôpital sera généralisé à tous les hôpitaux dotés d'un service d'urgence ou d'un service gynécologique, d'ici fin 2025. Une avancée pour les femmes victimes de violences, qui vise à mieux les protéger et les accompagner.

LE 3 MAI 2025 S'EST DÉROULÉE À NÎMES LA 3e ÉDITION DE LA JOURNÉE « DESTINATION BIEN-ÊTRE ». L'ÉVÉNEMENT A RÉUNI HABITANTS ET VISITEURS AUTOUR D'UN LARGE ÉVENTAIL D'ACTIVITÉS ALLANT DE LA SOPHROLOGIE À L'HYPNOTHÉRAPIE, LE TOUT DANS UNE AMBIANCE CONVIVIALE ET APAISANTE.

UN ESPACE POUR LES PERSONNES ATTEINTES D'UN CANCER

À PARIS, LA PHARMACIE DES BUTTES-CHAUMONT A CRÉÉ UNE « BULLE », UN ESPACE QUI ACCUEILLE LES PERSONNES ATTEINTES D'UN CANCER. TROIS PHARMACIENS, SPÉCIALEMENT FORMÉS, SONT PRÉSENTS POUR OFFRIR UN ACCOMPAGNEMENT ADAPTÉ ET PROPOSER DES PERRUQUES, PROTHÈSES MAMMAIRES ET SOUTIEN PSYCHOLOGIQUE.

ÉTUDIANT ET SANTÉ MENTALE

LE 11 AVRIL 2025, LE CROUS NORMANDIE A INAUGURÉ **« L'OXYGÈNE »**, UN BÂTIMENT DÉDIÉ AU BIEN-ÊTRE DES ÉTUDIANTS. SUR DEUX ÉTAGES, CE LIEU PROPOSE SOINS, ATELIERS DE DÉVELOPPEMENT PERSONNEL ET SOUTIEN ADAPTÉ, RÉPONDANT À UNE DEMANDE CROISSANTE AUTOUR DE LA SANTÉ MENTALE DES ÉTUDIANTS DE LA RÉGION.

DU SPORT POUR TOUS !

Dans l'Eure, le Centre hospitalier Eure-Seine d'Évreux propose des séances de sport adaptées aux personnes atteintes de cancer. La danse synchronisée ou encore le pôle dance permettent ainsi aux malades de retrouver de la motricité et de réapprivoiser progressivement leur corps.

La gendarmerie de Mauriac a mis en place un espace d'écoute sécurisé et confidentiel pour les mineurs victimes de violences intrafamiliales. Soutenu par des associations spécialisées, ce lieu offre aux jeunes un accompagnement bienveillant et la possibilité de se confier à des professionnels formés.

Le Média Positif

1000 bonnes nouvelles

CHIMIE

UNE HISTOIRE INCROYABLE !

Pendant près de vingt ans, Tim Friede, un Américain autodidacte expert en serpents, s'est injecté des centaines de fois le venin de serpents venimeux. À force de morsures et d'injections, son corps a développé une immunité et des anticorps dont la science espère tirer profit pour créer un nouvel antivenin.

Une invention pour plus de sécurité

Des chercheurs de l'université de Colombie-Britannique ont mis au point « Spikeless », un bâtonnet mélangeur capable de détecter la présence de drogues dans les boissons. En changeant de couleur au contact de substances comme le GHB ou la kétamine, ce dispositif permet de prévenir le dopage des boissons et de lutter contre les agressions.

UNE BELLE RÉCOMPENSE !

Les chercheurs Demis Hassabis, John Jumper et David Baker ont reçu le prix Nobel de chimie 2024 pour leurs travaux sur les structures de protéines. Grâce à l'intelligence artificielle et au programme « AlphaFold », leurs recherches permettent des progrès majeurs en biologie, médecine et recherche pharmaceutique.

UNE PREMIÈRE MONDIALE !

L'AGENCE JAPONAISE DE L'ÉNERGIE ATOMIQUE PRÉVOIT DE CONSTRUIRE UN RÉACTEUR CAPABLE DE PRODUIRE DE L'HYDROGÈNE SANS ÉMISSION DE CO_2, À PARTIR D'EAU ET DE LUMIÈRE SOLAIRE. CE PROJET PERMET DE RÉPONDRE À LA DEMANDE CROISSANTE D'HYDROGÈNE TOUT EN ENVISAGEANT UNE PRODUCTION D'ÉNERGIE PROPRE ET RENOUVELABLE.

L'ART SOUS L'ŒIL DE LA SCIENCE

DES CHERCHEURS DU CENTRE POMPIDOU ONT ÉTUDIÉ LES COLLAGES DU PEINTRE HENRI MATISSE GRÂCE AUX RAYONS X ET À L'IMAGERIE INFRAROUGE. LEUR ANALYSE DES PAPIERS GOUACHÉS A PERMIS DE RÉVÉLER LA COMPOSITION, L'USURE ET LES GESTES DE L'ARTISTE, OFFRANT UN NOUVEL ÉCLAIRAGE SUR SES TECHNIQUES TOUT EN AIDANT À PRÉSERVER SON ŒUVRE.

UN NOUVEAU TRAITEMENT !

UNE BACTÉRIE PROBIOTIQUE pourrait bientôt traiter la giardiase, une infection parasitaire intestinale courante. Des chercheurs ont sélectionné une souche de la bactérie ***Lactobacillus,*** qui est 15 % plus efficace contre le parasite. Déjà testée chez les animaux, cette solution pourrait bientôt bénéficier aux humains.

UN NOUVEAU TRAITEMENT CONTRE LE PALUDISME

Des chercheurs du CNRS ont découvert une molécule capable d'empêcher les parasites responsables du paludisme d'envahir les cellules sanguines. Publiée dans *Nature Communications*, leur étude pourrait mener vers de nouveaux traitements efficaces contre cette maladie.

UN DÉPISTAGE DU CANCER PLUS ACCESSIBLE

L'AGENCE AMÉRICAINE DU MÉDICAMENT (FDA) a approuvé un outil de dépistage à domicile du cancer du col de l'utérus, pour éviter les frottis réalisés dans les cabinets de gynécologie. Cette baguette est le premier et le seul dispositif d'autoprélèvement à domicile pour le cancer du col de l'utérus, et sera sur le marché à la fin de l'année 2025.

UN ESPOIR POUR VAINCRE LA MALADIE

LE CHERCHEUR MARSEILLAIS **ÉRIC VIVIER** A REÇU LE PRIX LÉOPOLD GRIFFUEL, DÉCERNÉ PAR LA FONDATION ARC, POUR SES RECHERCHES SUR LE CANCER. IL DÉVELOPPE DES IMMUNOTHÉRAPIES CONTRE LE CANCER, QUI REPOSENT SUR L'UTILISATION DE DÉFENSES NATURELLES ET LA MOBILISATION DU SYSTÈME IMMUNITAIRE POUR RECONNAÎTRE ET DÉTRUIRE LES CELLULES TUMORALES.

La chercheuse nantaise **Amélie Guiho** a été mise à l'honneur par la Ligue contre le cancer pour ses travaux sur un vaccin anticancer contre le mélanome. Ses recherches ouvrent de nouvelles perspectives pour améliorer à la fois le taux de survie et la qualité de vie des patients.

EN 2024, LA COMMUNAUTÉ SCIENTIFIQUE A CÉLÉBRÉ LES 90 ANS DE LA DISPARITION DE **MARIE CURIE**, PIONNIÈRE DES RECHERCHES SUR LA RADIOACTIVITÉ ET DOUBLE LAURÉATE DU PRIX NOBEL.
À CETTE OCCASION, PLUSIEURS ÉVÉNEMENTS ONT ÉTÉ ORGANISÉS POUR RAPPELER L'IMPACT DE SES DÉCOUVERTES EN PHYSIQUE ET EN CHIMIE, MAIS AUSSI SON RÔLE DE MODÈLE POUR LES FEMMES SCIENTIFIQUES.

COLLOQUES À LA MAISON DE LA CHIMIE !

Plusieurs conférences se sont déroulées à **la Maison de la Chimie** en 2025, réunissant experts et chercheurs autour de grands enjeux scientifiques. Parmi les temps forts, une rencontre autour de la chimie et l'alimentation, qui a permis de faire le point sur les avancées récentes et les défis à venir dans ce domaine clé.

UNE AVANCÉE POUR LA CHIMIE

Des chercheurs ont découvert un nouvel état de la matière appelé « mi-glace, mi-feu », dans lequel des particules restent figées alors que d'autres vibrent intensément. Cette découverte pourrait donner lieu à des avancées majeures en matière d'énergie, de réfrigération et de technologies de l'information.

Un capteur portable novateur

La start-up grenobloise **Grapheal** a mis au point un capteur électronique miniature capable de détecter les PFAS, des polluants éternels présents dans l'eau courante. Destiné au grand public, ce dispositif fournit des résultats fiables en quelques minutes, directement sur tablette ou smartphone.

UNE GRANDE DÉCOUVERTE !

DES CHERCHEURS ONT IDENTIFIÉ SUR MARS DES MOLÉCULES ORGANIQUES D'UNE TAILLE SANS PRÉCÉDENT, DÉCOUVERTES PAR LE ROVER *CURIOSITY* DANS LES VESTIGES DU CRATÈRE GALE. CES MOLÉCULES SONT INTÉRESSANTES POUR LES RECHERCHES DE TRACES DE VIE SUR LA PLANÈTE ROUGE, CAR ON LES TROUVE SUR TERRE DANS TOUTES LES MEMBRANES CELLULAIRES.

INTELLIGENCE ARTIFICIELLE ET NOUVELLES TECHNOLOGIES

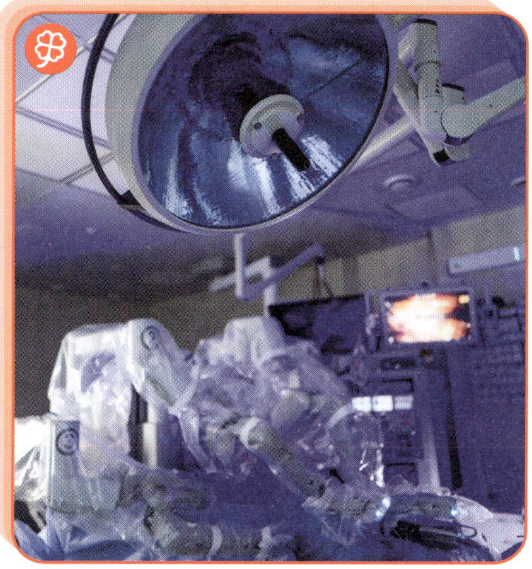

UN ROBOT EN SALLE D'OPÉRATION !

EN MARS 2025, LE CHU DE SAINT-ÉTIENNE A RÉALISÉ LA PREMIÈRE MASTECTOMIE ROBOT ASSISTÉE DE FRANCE POUR LE CANCER DU SEIN. GRÂCE AU ROBOT CHIRURGICAL SP DE DA VINCI, CETTE INTERVENTION N'A NÉCESSITÉ QU'UNE SEULE INCISION, OFFRANT UNE CHIRURGIE ULTRAPRÉCISE, MOINS INVASIVE ET PLUS CONFORTABLE POUR LES PATIENTES.

MON NOUVEAU MÉDECIN : L'INTELLIGENCE ARTIFICIELLE !

Lauren Bannon, une Américaine de 40 ans, a découvert son cancer grâce à Chat GPT. En décrivant ses symptômes à l'IA, cette dernière a évoqué une thyroïdite de Hashimoto, incitant Lauren à demander des examens approfondis à son médecin. Les résultats ont finalement confirmé un cancer de la thyroïde, en octobre 2024, lui permettant d'anticiper les traitements liés à cette maladie.

TROUVER CHAUSSURE À SON PIED !

UNE START-UP JAPONAISE A DÉVELOPPÉ DES CHAUSSURES INTELLIGENTES ÉQUIPÉES D'UN SYSTÈME GPS, SPÉCIALEMENT CONÇUES POUR LES PERSONNES MALVOYANTES. GRÂCE À DES VIBRATIONS DIRECTIONNELLES, ELLES INDIQUENT LE BON CHEMIN À SUIVRE, POUR PLUS D'AUTONOMIE ET DE SÉCURITÉ AU QUOTIDIEN.

UNE INVENTION IMPRESSIONNANTE

DES CHERCHEURS DE L'UNIVERSITÉ DE NORTHWESTERN, À CHICAGO, ONT MIS AU POINT UN PACEMAKER MINIATURE, BIODÉGRADABLE ET AUSSI PERFORMANT QU'UN MODÈLE CLASSIQUE. DE TAILLE COMPARABLE À UN GRAIN DE RIZ, IL SE DISSOUT NATURELLEMENT DANS LE CORPS LORSQU'IL N'EST PLUS NÉCESSAIRE, ÉVITANT AINSI TOUTE INTERVENTION POUR LE RETIRER.

UN FAUTEUIL ROULANT INNOVANT ET ACCESSIBLE !

CONÇU DANS L'ALLIER, EN AUVERGNE, PAR PHILIPPE CARDOSO ET SON BEAU-PÈRE PASCAL MALVEZIN, **LE FAUTEUIL GUS RÉVOLUTIONNE LA MOBILITÉ DE PERSONNES EN SITUATION DE HANDICAP.** PLUS MANIABLE QU'UN MODÈLE MANUEL ET BIEN MOINS COÛTEUX QU'UN FAUTEUIL ÉLECTRIQUE, IL S'INSPIRE DU GYROPODE POUR OFFRIR JUSQU'À 20 KILOMÈTRES D'AUTONOMIE PAR JOUR.

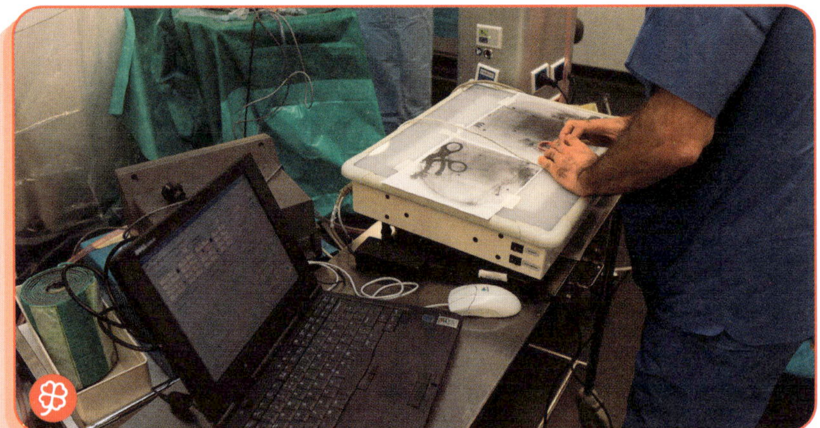

POUVOIR FAIRE ENTENDRE SA VOIX !

Des chercheurs de l'Université de Californie ont créé un implant cérébral qui permet de traduire les pensées d'un patient en paroles, avec une précision de 97,5 %. Le dispositif, pour le moment limité à un vocabulaire de 1 024 mots, est une véritable avancée pour les personnes paralysées ou atteintes de troubles de la parole.

Une expérience bouleversante

Estelle, une jeune Bretonne de 12 ans malvoyante depuis ses 5 ans, a pu retrouver une vue presque normale grâce à des lunettes de réalité augmentée développées par la société Magic Sight. Un moment émouvant pendant lequel elle a pu revoir, pour la première fois depuis ses 5 ans, le visage de sa maman.

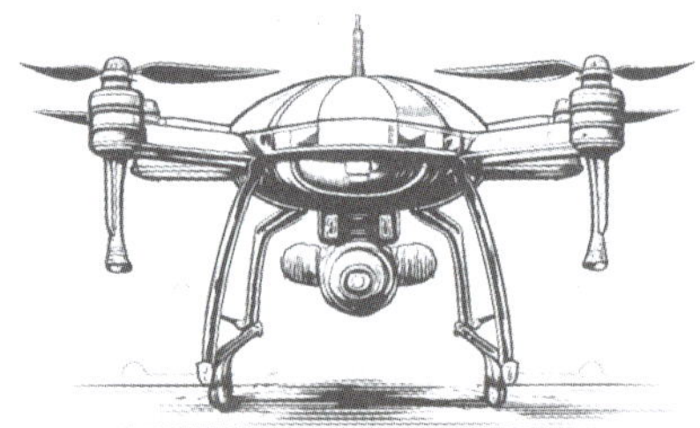

UN DRONE POUR SAUVER DES VIES !

En Seine-Maritime, le premier drone médical d'urgence, développé par la start-up rouennaise Délivrone en partenariat avec le SAMU, est entré en phase de test. Il est capable d'acheminer un défibrillateur en quelques minutes, renforçant les chances de survie en cas d'arrêt cardiaque.

L'INTELLIGENCE ARTIFICIELLE POUR UNE PRISE EN CHARGE RAPIDE

LE BRÉSILIEN GUILHERME CAMARGO DE OLIVEIRA A DÉVELOPPÉ UNE INTELLIGENCE ARTIFICIELLE DISPONIBLE SUR LES SMARTPHONES. PAR LE BIAIS DE LA CAMÉRA, CE DISPOSITIF ANALYSE LES MOUVEMENTS DU VISAGE AFIN DE REPÉRER LES SIGNES PRÉCOCES D'UN AVC, DIRECTEMENT DEPUIS LE DOMICILE DU PATIENT.

UN ŒIL BIONIQUE POUR REDONNER LA VUE

Des chercheurs de l'université Monash, en Australie, ont mis au point le tout premier œil bionique capable de restaurer partiellement la vision pour les personnes atteintes de cécité. Les chercheurs australiens envisagent même d'élargir ses fonctions pour guérir des troubles de la motricité liés à des déficiences neurologiques !

UNE MEILLEURE PRÉDICTION DES CANICULES GRÂCE À L'INTELLIGENCE ARTIFICIELLE !

DES CHERCHEURS LYONNAIS ONT MIS AU POINT UNE IA CAPABLE D'ANTICIPER LES VAGUES DE CHALEUR JUSQU'À UN MOIS À L'AVANCE. PUBLIÉE DANS *PHYSICAL REVIEW FLUIDS*, LEUR ÉTUDE MONTRE QUE LE SIMULATEUR ANALYSE DIVERS PARAMÈTRES ENVIRONNEMENTAUX POUR AFFINER SES PRÉVISIONS. UN OUTIL D'AUTANT PLUS PRÉCIEUX FACE AU RÉCHAUFFEMENT CLIMATIQUE.

DES ÉCOUTEURS DEVIENNENT DES APPAREILS AUDITIFS !

GRÂCE À UNE NOUVELLE FONCTIONNALITÉ DÉVELOPPÉE PAR APPLE, CERTAINS MODÈLES D'AIRPODS PEUVENT DÉSORMAIS AMPLIFIER LES SONS DE MANIÈRE PERSONNALISÉE, EN S'ADAPTANT AUX BESOINS DE CHAQUE UTILISATEUR. UNE INNOVATION PROMETTEUSE QUI OFFRE UNE SOLUTION ACCESSIBLE ET DISCRÈTE AUX PERSONNES MALENTENDANTES.

UNE ENTREPRISE FRANÇAISE A MIS AU POINT UN EXOSQUELETTE POUR LES PERSONNES PARALYSÉES DES JAMBES. Cette invention peut leur permettre de marcher de nouveau, comme pour Pauline Messier, atteinte de la maladie de Charcot, qui a pu marcher une heure sans douleur grâce à cet appareil. Une avancée pleine d'espoir !

Un camion pour se former !

Depuis mars 2025, en Isère, un camion un peu particulier arpente les routes. Équipé de caméras, d'IA et d'un bloc opératoire factice, il a pour objectif de réduire les risques médicaux en simulant des interventions chirurgicales et en formant les professionnels de santé. Un bon complément à la formation en médecine pour entretenir la pratique.

L'INTELLIGENCE ARTIFICIELLE SAUVE DES VIES !

Alors qu'il se pensait condamné à cause d'une maladie sanguine rare, Joseph Coates, 37 ans, a survécu grâce à un traitement inédit suggéré par un algorithme. Depuis, des chercheurs exploitent cette technologie pour croiser 4 000 médicaments avec 18 500 maladies.

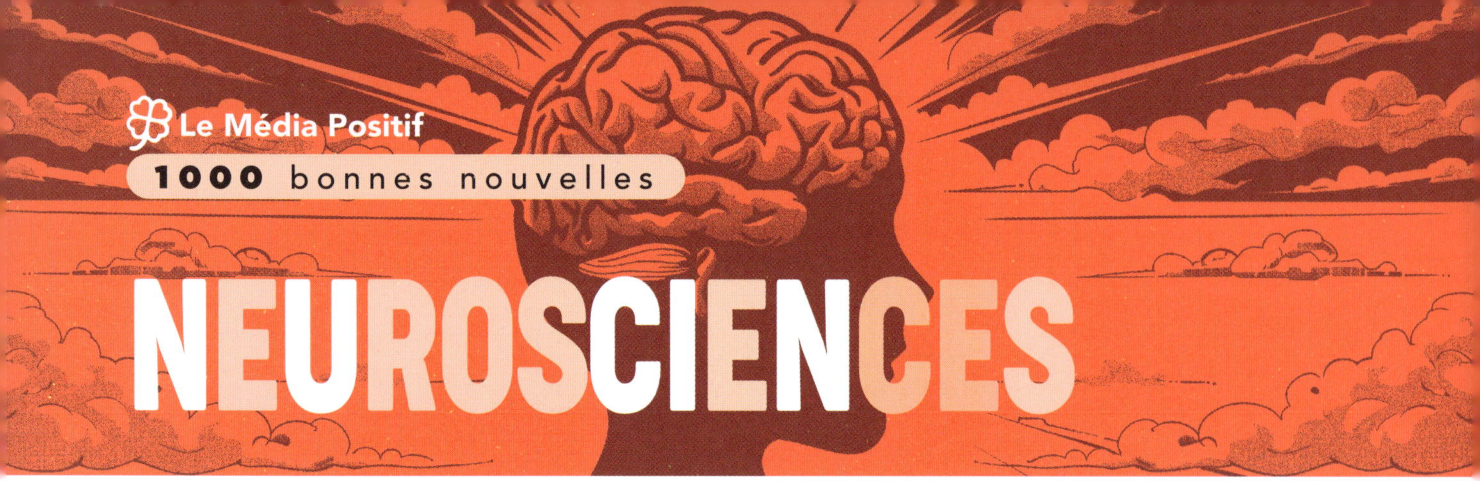

NEUROSCIENCES

Les neurones ne sont pas les seuls acteurs de la mémoire ! Des chercheurs ont découvert que les astrocytes, de petites cellules en forme d'étoile, jouent également un rôle clé dans le stockage et la récupération des souvenirs. Une découverte qui ouvre de nouvelles pistes pour explorer les mécanismes de la mémoire.

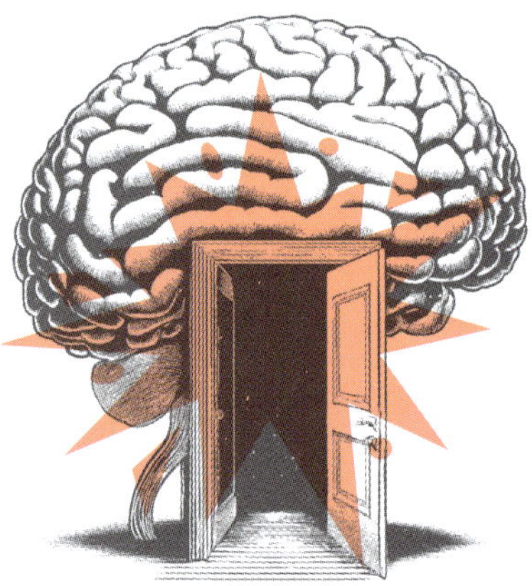

Une prouesse médicale

Des chercheurs suisses ont mis au point une technique expérimentale qui permet à certaines personnes atteintes de lésions à la moelle épinière de marcher à nouveau, grâce à une électrostimulation cérébrale visée. Une percée prometteuse qui ouvre la voie à de nouvelles thérapies pour les personnes paralysées.

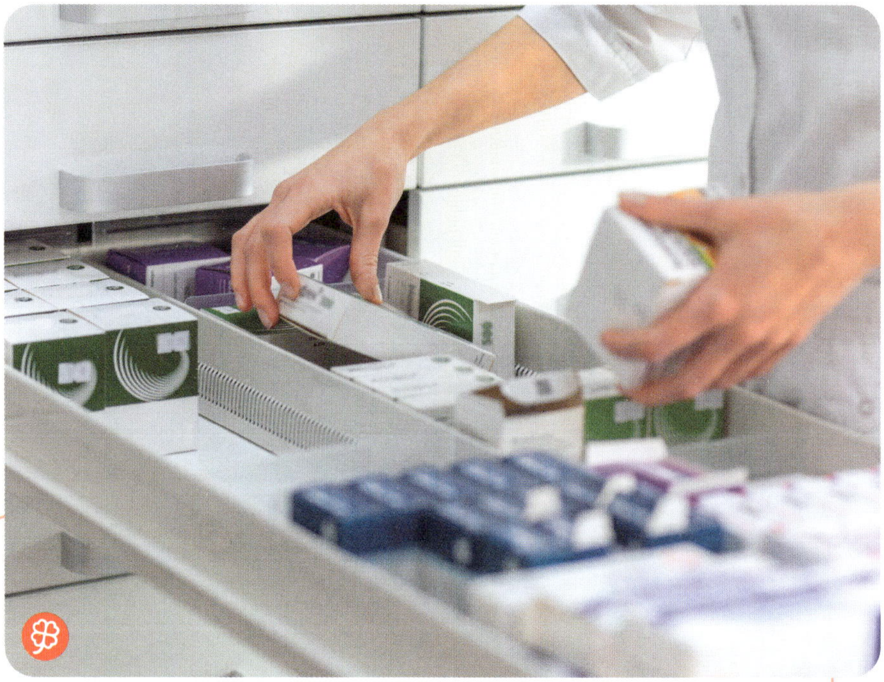

UN NOUVEAU MÉDICAMENT POUR UNE MEILLEURE PRISE EN CHARGE

Le Leqembi, un médicament prometteur pour la maladie d'Alzheimer qui vient d'être autorisé par la Commission européenne, va bientôt être mis sur le marché. Conçu pour agir dès les premiers stades, il cible les troubles cognitifs légers afin de ralentir la progression de la maladie. Une avancée importante et porteuse d'espoir pour les patients.

Une étude a récemment révélé que la mémoire musicale restait intacte avec l'âge. Les personnes âgées se souviennent des mélodies aussi bien que les plus jeunes, faisant de la musique un outil précieux pour stimuler la mémoire et entretenir les fonctions cognitives.

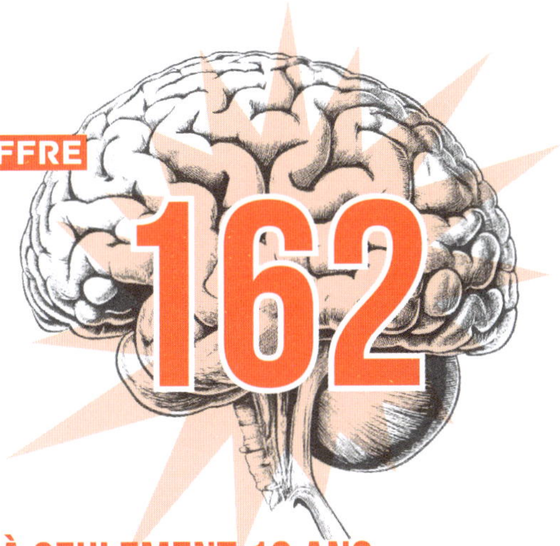

CHIFFRE

162

À SEULEMENT 13 ANS, SOFIA KOT ARCURI, ORIGINAIRE DU ROYAUME-UNI, A OBTENU 162 AU TEST DE QI DE L'ORGANISATION MENSA,

LE SCORE LE PLUS ÉLEVÉ POSSIBLE POUR UNE JEUNE FILLE DE SON ÂGE. UN RÉSULTAT EXCEPTIONNEL QUI LA PLACE AU-DESSUS DU SCORE ESTIMÉ D'ALBERT EINSTEIN ET DE STEPHEN HAWKING.

LE SPORT EST BON POUR LE CERVEAU !

Une étude internationale a mis en lumière le rôle clé de l'exercice physique dans la prévention de la maladie d'Alzheimer. En améliorant la sensibilité des neurones à l'insuline, une hormone connue pour réguler la glycémie mais aussi essentielle à la mémoire, l'activité physique pourrait devenir un véritable allié pour préserver la santé cérébrale.

DES LIVRES POUR EXPLIQUER LA MALADIE

À Montpellier, l'association « ONCODÉFI » édite des livres pour expliquer aux patients déficients intellectuels leur maladie. Une belle initiative pour aider les médecins et les proches aidants à trouver les mots justes, expliquer la maladie, les traitements et recueillir l'avis et le consentement du patient.

Une formation pour l'esprit

Alexis et Nathan, créateurs du compte Instagram, TikTok et YouTube « L'esprit critique », ont lancé une campagne de *crowdfunding* pour créer des formations renforçant les capacités d'analyse de chacun face à l'information. Grâce à un exceptionnel élan de générosité, ils ont récolté presque deux millions d'euros en seulement un mois, dépassant de loin leur objectif.

UN PROJET D'HABITAT ADAPTÉ

Près de Reims, des logements conçus pour les enfants autistes ou hyperactifs et leurs familles seront bientôt disponibles à la location. Le bailleur social, Plurial Novilia, s'est rapproché de médecins du centre hospitalier de la ville, qui ont participé à la conception de maisons sur-mesure pour répondre aux besoins des enfants.

UN IMPLANT DANS LE CERVEAU !

DES CHERCHEURS AMÉRICAINS ONT CONÇU LE PLUS PETIT IMPLANT CÉRÉBRAL AU MONDE. À PEINE PLUS GRAND QU'UN POIS CHICHE, CE DISPOSITIF PERMET DE STIMULER LE CERVEAU SANS CHIRURGIE LOURDE. UNE SOLUTION PLUS SIMPLE, MOINS INVASIVE ET PLUS ÉCONOMIQUE QUE LES INTERVENTIONS TRADITIONNELLES.

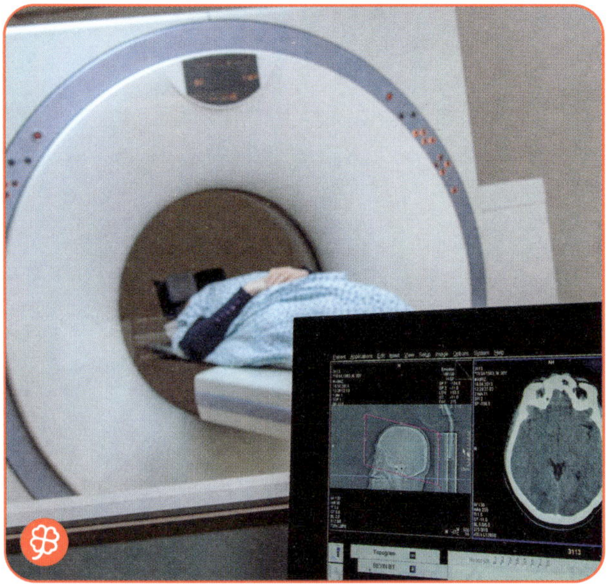

UNE TECHNOLOGIE IMPRESSIONNANTE

INSTALLÉ À NEUROSPIN, SUR LE PLATEAU DE SACLAY, L'IRM ISEULT EST LE PLUS PUISSANT JAMAIS CONÇU. IL A LIVRÉ SES PREMIÈRES IMAGES DU CERVEAU HUMAIN AVEC UNE PRÉCISION INÉGALÉE, RÉVÉLANT DES STRUCTURES MICROSCOPIQUES JUSQU'ICI INVISIBLES. RÉSULTAT DE VINGT ANS DE COLLABORATION ENTRE CHERCHEURS FRANÇAIS ET ALLEMANDS, CETTE PROUESSE TECHNOLOGIQUE MARQUE UN TOURNANT MAJEUR DANS L'EXPLORATION DU CERVEAU.

RETROUVER L'ESPOIR GRÂCE À LA SCIENCE

Rand Laycock, un chef d'orchestre de l'Ohio atteint de la maladie de Parkinson depuis onze ans, a pu diriger à nouveau son orchestre grâce à un stimulateur cérébral implanté dans son cerveau. En réduisant considérablement ses tremblements, ce dispositif lui a changé la vie et lui permet d'entamer la 47e année de sa carrière.

POUVOIR MARCHER À NOUVEAU

LE 1er JUILLET 2024, DES CHERCHEURS DU MIT (MASSACHUSETTS INSTITUTE OF TECHNOLOGY) ONT PUBLIÉ UNE ÉTUDE SUR UNE JAMBE BIONIQUE NOUVELLE GÉNÉRATION, DIRECTEMENT CONTRÔLÉE PAR LE CERVEAU. CONÇUE POUR LES PERSONNES AMPUTÉES AU-DESSUS DU GENOU, CETTE PROTHÈSE PERMET DE RETROUVER UNE DÉMARCHE FLUIDE, STABLE ET PRESQUE NATURELLE.

LA RECHERCHE POUR FACILITER LA DÉMARCHE DIAGNOSTIQUE

En juillet 2024, une étude suédoise a révélé qu'un simple test sanguin pourrait rendre le diagnostic de la maladie d'Alzheimer plus rapide et moins contraignant, **avec une précision de 90 %**. Cette méthode pourrait faciliter un repérage plus précoce et plus large de la maladie.

MIEUX COMPRENDRE LE FONCTIONNEMENT DU CERVEAU

Des chercheurs américains de l'école de médecine de Harvard sont parvenus à visualiser le tissu du cerveau à l'échelle du nanomètre, grâce à une micro-biopsie. Observées au microscope, ces images ouvrent la voie à une compréhension plus fine des mécanismes complexes du cerveau.

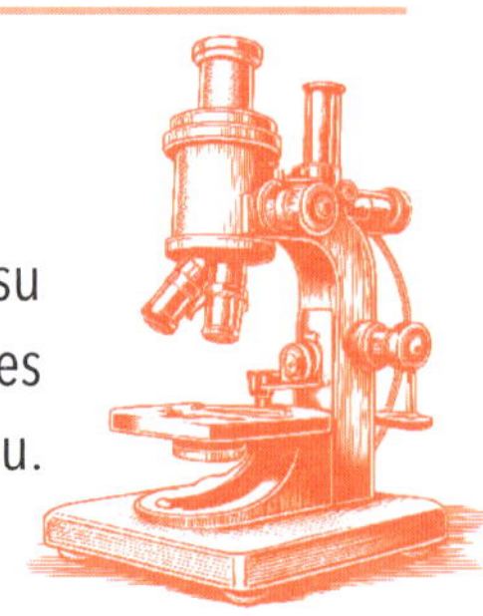

PHYSIQUE

UNE INITIATIVE HISTORIQUE

SUR LA TOUR EIFFEL, SERONT BIENTÔT INSCRITS 40 NOMS DE FEMMES SCIENTIFIQUES. PARMI ELLES, ON PEUT RETROUVER MARIE CURIE, GRANDE PHYSICIENNE AYANT DÉCOUVERT LE POLONIUM ET LE RADIUM. EN EFFET, DEPUIS LA CONSTRUCTION DE LA TOUR EIFFEL EN 1889, SEULS DES NOMS MASCULINS ÉTAIENT GRAVÉS.

UNE BELLE RÉCOMPENSE

Le prix Nobel de physique 2024 a été attribué à John Hopfield et Geoffrey Hinton, pour leurs travaux sur « l'apprentissage automatique », un domaine d'étude visant à donner aux machines la capacité d'apprendre. Inspirées du fonctionnement du cerveau humain, leurs recherches ont posé les bases de l'intelligence artificielle moderne.

La France s'est associée au mouvement *Stand Up for Science* initié aux États-Unis, en organisant, le 7 mars 2025, des rassemblements dans plusieurs villes. L'objectif de ces mobilisations était de défendre les sciences et humanités, la liberté académique et l'université comme piliers d'une société démocratique.

PRÊTS, PARTEZ !

La France a accueilli la 55e édition des Olympiades internationales de physique, qui s'est déroulée du 17 au 25 juillet 2025 à l'École Polytechnique. Le Comité d'honneur, composé de lauréats français du prix Nobel de physique, a ainsi récompensé le travail d'étudiants talentueux, réunis pour relever des défis de haut niveau en physique.

UNE CENTRALE SOLAIRE SUR LA VOIE FERRÉE !

LA SUISSE A INAUGURÉ SA PREMIÈRE CENTRALE SOLAIRE AMOVIBLE PLACÉE SUR UNE VOIE DE CHEMIN DE FER. DES TRAINS DE VOYAGEURS CIRCULENT DÉSORMAIS AU-DESSUS DE 48 PANNEAUX PHOTOVOLTAÏQUES, PRODUISANT ENVIRON 16 000 KWH PAR AN. UNE SOLUTION INNOVANTE, DISCRÈTE ET RESPECTUEUSE DE L'ENVIRONNEMENT.

Un groupe de chercheurs de l'université de Birmingham, au Royaume-Uni, a réussi à visualiser la forme d'un photon unique, pour la première fois. Le photon est une particule de lumière, résultat de l'interaction entre la lumière et la matière, un réel sujet de fascination pour les scientifiques.

UN « OSCAR DE LA SCIENCE » POUR LA FRANCE !

Lors d'une cérémonie qui s'est déroulée le 5 avril 2025 à Santa-Monica aux États-Unis, le prix spécial de physique fondamentale 2025 a été décerné aux équipes du CERN. Cette récompense salue leurs contributions majeures à la compréhension des particules élémentaires et des lois fondamentales de l'Univers.

Des chercheurs de l'université de Southampton ont reproduit une « bombe à trou noir » pour la première fois, en laboratoire. En s'appuyant sur plus de cinquante ans de recherches sur les propriétés des trous noirs, ils ont conçu un dispositif capable d'accumuler puis de libérer une immense quantité d'énergie. Un phénomène théorique jusque-là jamais observé en pratique.

UN FILM DOCUMENTAIRE INÉDIT SUR ALBERT EINSTEIN !

En 2024, Netflix a dévoilé *Einstein et la bombe*, un docu-fiction captivant qui explore une période méconnue de sa vie : sa fuite de l'Allemagne nazie et sa rencontre avec Winston Churchill. Un regard original qui révèle une facette peu connue du célèbre physicien.

UNE TEMPÊTE SOLAIRE D'UNE INTENSITÉ RARE A PROVOQUÉ DE MAGNIFIQUES AURORES BORÉALES VISIBLES JUSQU'EN FRANCE, UN PHÉNOMÈNE INHABITUEL À CES LATITUDES. EN ISÈRE, DANS LES ALPES-MARITIMES OU ENCORE EN PROVENCE, LE CIEL S'EST TEINTÉ DE ROSE, DE MAUVE, DE VIOLET OU ENCORE DE VERT, LE TEMPS D'UNE NUIT.

LE PÔLE NORD SE DÉPLACE !

Selon une publication de la British Geological Survey de décembre 2024, le pôle Nord magnétique a officiellement changé de position, et se rapproche de plus en plus de la Russie. Révisée tous les cinq ans, cette actualisation est essentielle pour garantir la précision des systèmes de navigation mondiaux.

CHIFFRE

PLUS DE 18 000 TONNES DE DÉCHETS ÉLECTRONIQUES

SONT TRIÉS CHAQUE ANNÉE, DANS LE JURA, PAR L'ENTREPRISE « DEMAIN ENVIRONNEMENT ». SPÉCIALISÉE DANS LA DÉPOLLUTION ET LA VALORISATION DES MATIÈRES, ELLE TRAITE UNE GRANDE QUANTITÉ D'OBJETS DIVERS, ALLANT DES CAFETIÈRES AUX ÉCOUTEURS SANS FIL.

PLUS LÉGER QU'UNE PLUME !

Le neutrino, une particule élémentaire très légère, serait un million de fois plus légère que l'électron. Une centaine de chercheurs sont mobilisés sur ce projet depuis plusieurs années, en utilisant une « balance » de haute précision, pour mieux comprendre l'une des grandes énigmes de la physique des particules.

QUELLE INVENTION !

En Suisse, des chercheurs ont réussi à guider la foudre au sommet d'une montagne, grâce à un laser ultrapuissant agissant comme un paratonnerre. Cette technologie pourrait permettre de protéger d'importantes infrastructures sensibles, comme les aéroports ou les centrales nucléaires.

UNE BELLE RECONNAISSANCE

Florence Gazeau, physicienne spécialiste de la nanomédecine, a été élue membre de l'Académie des sciences en 2025. Cette scientifique est reconnue au niveau international pour ses travaux pionniers dans le domaine du nanomagnétisme appliqué à la médecine.

RÉUSSITES MÉDICALES

RECORD MÉDICAL EN FRANCE !

Pour la première fois, trois greffes rénales avec donneurs vivants ont été réalisées simultanément, avec une précision logistique exceptionnelle. Trois receveurs ont reçu le rein de trois donneurs, les transplantations ont été effectuées au même moment grâce à une coordination de plusieurs équipes chirurgicales.

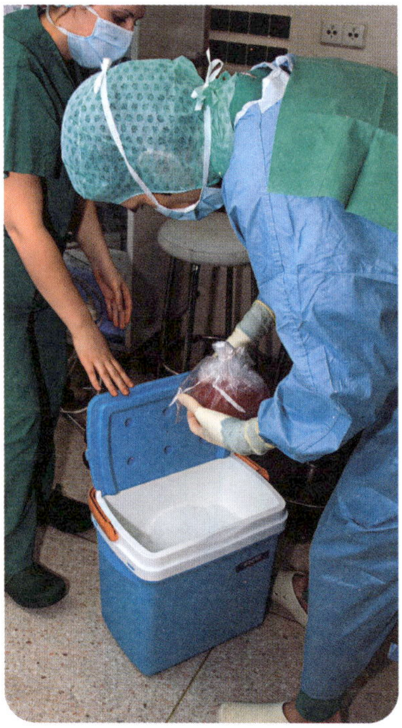

DEPUIS BORDEAUX, UN CHIRURGIEN A RÉALISÉ AVEC SUCCÈS UNE OPÉRATION SUR UN PATIENT VIVANT À PÉKIN grâce à un robot ultraprécis, capable de reproduire ses gestes avec un décalage de seulement 132 millisecondes. Une prouesse médicale qui ouvre la voie à une généralisation des chirurgies dites « transcontinentales » grâce à la robotique et la téléchirurgie.

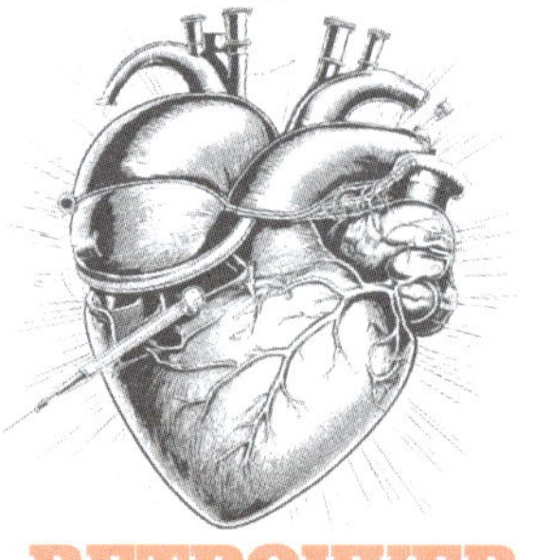

RETROUVER ENFIN UNE VIE NORMALE

Monique Chalifour, une mère de famille de Montréal, a pu retrouver les plaisirs de la vie grâce à une greffe de cœur, après avoir été réanimée dix-neuf fois en seulement quelques mois en raison de graves problèmes cardiaques. Sa cardiologue n'avait encore jamais connu un cas aussi exceptionnel en vingt-cinq ans de carrière.

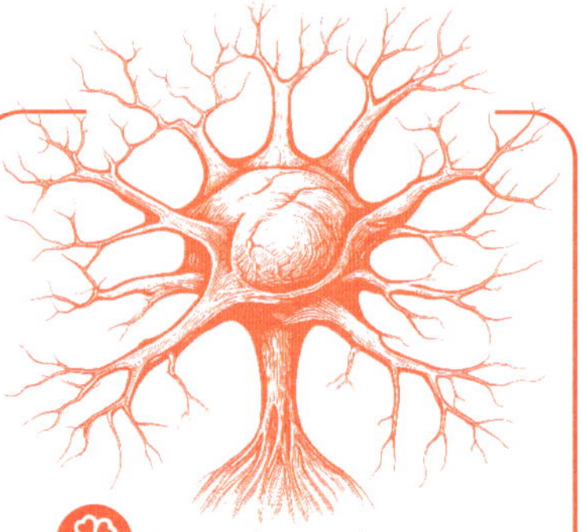

Dans le cadre de deux études menées aux États-Unis et au Japon, des neurones producteurs de dopamine ont été greffés avec succès chez des patients atteints de la maladie de Parkinson. **RÉSULTAT : UNE AMÉLIORATION SIGNIFICATIVE DES SYMPTÔMES, SANS EFFETS INDÉSIRABLES OBSERVÉS.**

EN ÉTAT DE MORT CÉRÉBRALE À LA SUITE D'UN TRAGIQUE ACCIDENT DE LA ROUTE, *TOM, 23 ANS, A SAUVÉ TREIZE VIES* EN FAISANT DON DE SES ORGANES. CE JEUNE HOMME AVAIT EXPRIMÉ SON SOUHAIT DE FAIRE DON DE SES ORGANES APRÈS SA MORT, OFFRANT AINSI UNE SECONDE VIE AUX PATIENTS EN ATTENTE DE GREFFE.

UN ESPOIR DE TRAITEMENT

GRÂCE À UNE THÉRAPIE GÉNIQUE RÉVOLUTIONNAIRE, QUATRE ENFANTS AVEUGLES DE NAISSANCE ONT RETROUVÉ LA VUE.
CES ENFANTS, ATTEINTS DE DYSTROPHIE RÉTINIENNE HÉRÉDITAIRE, INCARNENT DÉSORMAIS UN IMMENSE ESPOIR POUR LA RECHERCHE, QUI SOUHAITE ÉTENDRE CETTE AVANCÉE À D'AUTRES FORMES DE CÉCITÉ D'ORIGINE GÉNÉTIQUE.

UN HEUREUX ÉVÉNEMENT !

GRACE DAVIDSON, première femme greffée d'un utérus au Royaume-Uni en 2023, est devenue en février 2025 l'heureuse maman d'une petite fille. Une première historique porteuse d'espoir pour de nombreuses femmes en attente de maternité.

UN DON INESPÉRÉ

Atteint du syndrome myélodysplasique et à quelques mois de la retraite, **Yves Laplante a reçu une greffe de cellules souches qui lui a sauvé la vie**, de la part de la journaliste sportive Breland Moore. Il a pu la rencontrer et la remercier lors d'un match de hockey, un moment chargé d'émotions.

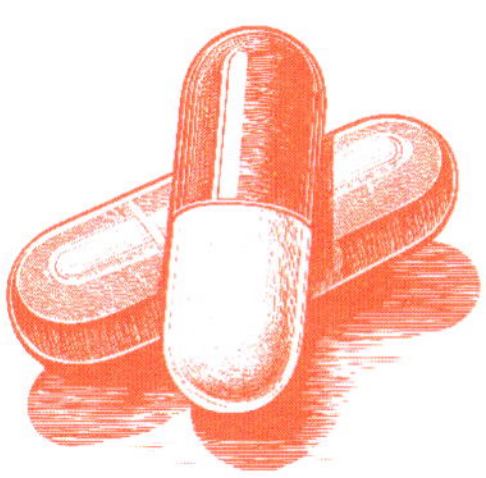

UN NOUVEAU TRAITEMENT POUR LA MALADIE DE PARKINSON

L'agence américaine du médicament a approuvé la commercialisation d'un médicament permettant de soulager efficacement les symptômes de la maladie de Parkinson. Il prend le relais des médicaments classiques lorsque ces derniers ne sont plus efficaces, pour améliorer en continu le quotidien des malades.

Au Japon, un homme paralysé a retrouvé la capacité de se tenir debout grâce à une injection de cellules souches dans le système nerveux.
Une prouesse médicale qui devrait ouvrir la voie à des essais cliniques d'envergure, et redonner de l'espoir aux personnes atteintes d'une lésion de la moelle épinière.

LYSE, 13 ANS, A ÉTÉ AMPUTÉE D'UNE JAMBE APRÈS AVOIR SOUFFERT D'UN CANCER DES TISSUS MOUS. GRÂCE À L'ASSOCIATION DE MATTHIEU LARTOT, PRÉSENTATEUR SPORTIF LUI AUSSI AMPUTÉ, ELLE A REÇU UNE PROTHÈSE D'UNE VALEUR DE 8 000 EUROS, ADAPTÉE À LA PRATIQUE DE SA PASSION, LA GYMNASTIQUE.

UNE INVENTION RÉVOLUTIONNAIRE !

La start-up rochelaise Meccellis Biotech a mis au point une prothèse mammaire inédite. Résorbable et naturelle, elle pourrait permettre d'éviter les prothèses en silicone. Une innovation incroyable pour les 22 000 femmes qui, chaque année, subissent des mastectomies.

Sébastien Beauzile, un jeune New-Yorkais, a été guéri de la drépanocytose grâce à « Lyfgenia », une nouvelle thérapie génique. Atteint depuis plus de 21 ans de cette maladie génétique affectant l'hémoglobine des globules rouges, le jeune homme ne présente plus aucun symptôme depuis son traitement en décembre 2024.

CHIFFRE

ONT ÉTÉ RÉCOLTÉ POUR ABEL ET EDEN, DEUX ENFANTS ATTEINTS D'UNE MALADIE NEURODÉGÉNÉRATIVE RARE, APPELÉE ALZHEIMER INFANTILE. CETTE CAGNOTTE VISE À FINANCER UN ESSAI CLINIQUE DE THÉRAPIE GÉNIQUE EXPÉRIMENTALE, PORTEUR D'ESPOIR POUR CES ENFANTS ET POUR TOUTES LES FAMILLES TOUCHÉES PAR CETTE PATHOLOGIE.

SANTÉ

L'EXPÉRIMENTATION DU CANNABIS THÉRAPEUTIQUE, LANCÉE EN MARS 2021 POUR LES PATIENTS ATTEINTS DE MALADIES GRAVES JUSQU'À FIN 2024, A ÉTÉ PROLONGÉE JUSQU'AU 31 MARS 2026. CETTE DÉCISION VISE À GARANTIR LA CONTINUITÉ DES SOINS POUR LES PATIENTS DÉJÀ SOUS TRAITEMENT.

EN OUGANDA, FIN AVRIL 2025, LE GOUVERNEMENT A DÉCLARÉ QUE LA SIXIÈME ÉPIDÉMIE D'EBOLA ÉTAIT OFFICIELLEMENT TERMINÉE. CETTE ANNONCE ARRIVE QUARANTE-DEUX JOURS APRÈS LA GUÉRISON DU DERNIER PATIENT ATTEINT DE CETTE FIÈVRE HÉMORRAGIQUE VIRALE, QUI A FAIT DEUX VICTIMES DANS LE PAYS. UNE BONNE NOUVELLE POUR LE PAYS ET LA RÉGION DES GRANDS LACS.

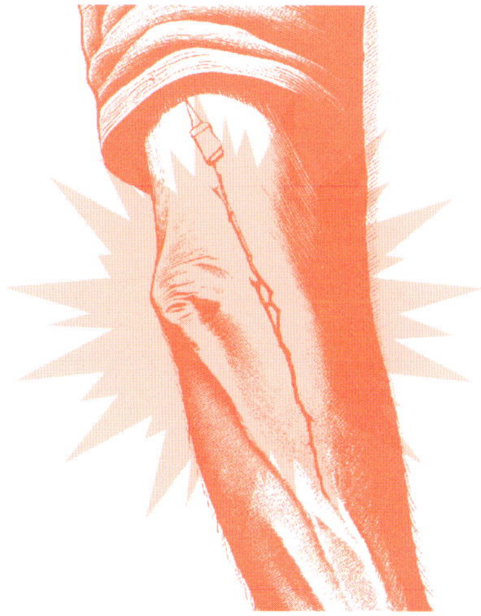

UN GEL POUR GUÉRIR !

DES CHERCHEURS SUISSES ONT MIS AU POINT UN GEL INJECTABLE RÉVOLUTIONNAIRE, CAPABLE DE RÉPARER LES TISSUS HUMAINS DÉCHIRÉS À LA SUITE D'ACCIDENTS OU DE CHOCS TRAUMATIQUES. IMITANT LES PROPRIÉTÉS DE LA PEAU HUMAINE, CET HYDROGEL, COMPOSÉ À 85 % D'EAU, PERMET UNE RÉGÉNÉRATION JUSQU'À 90 % DES TISSUS EN SEULEMENT 12 HEURES, ET PERMET UNE CICATRISATION COMPLÈTE EN 24 HEURES.

RECHERCHE CONTRE LE CANCER DU PANCRÉAS

Une équipe de chercheurs américains a mis au point un traitement prometteur contre le cancer du pancréas, l'une des formes les plus agressives de cancer. Une découverte encourageante déjà testée sur deux patients, réduisant de moitié leurs métastases.

APPRENDRE EN S'AMUSANT !

La start-up française Poppins a lancé son jeu vidéo éponyme à visée thérapeutique pour les enfants dyslexiques, dès l'âge de 7 ans. À travers des sessions ludiques de 20 minutes, Poppins allie apprentissage et plaisir pour faciliter le quotidien des jeunes dyslexiques.

L'ORGANISATION MONDIALE DE LA SANTÉ (OMS) A CONCLU UN ACCORD HISTORIQUE VISANT À MIEUX PROTÉGER LE MONDE FACE AUX FUTURES PANDÉMIES. **LE TRAITÉ A ÉTÉ ADOPTÉ DANS LA NUIT DU 15 AU 16 AVRIL 2025, APRÈS PLUS DE TROIS ANS DE NÉGOCIATIONS.** PARMI LES MESURES CLÉS, UN RENFORCEMENT DU TRANSFERT DE TECHNOLOGIES À DESTINATION DES PAYS DU SUD.

UN ESPOIR DANS LA LUTTE CONTRE LA MALADIE DE LYME !

Selon une étude, un antibiotique, déjà approuvé comme traitement contre la pneumonie, pourrait être utilisé contre cette maladie transmise par les tiques. Les chercheurs affirment qu'il aurait moins d'effets secondaires et une efficacité supérieure.

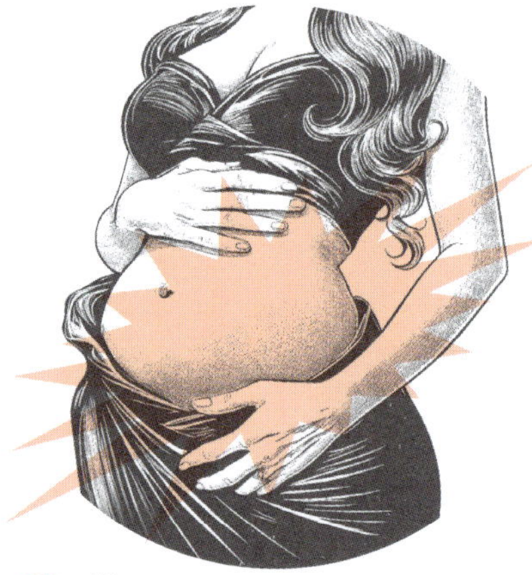

Le gouvernement australien a débloqué **plus de 5 millions d'euros** pour financer des recherches sur l'endométriose.

Des médecins de l'université de Canberra mènent actuellement une étude sur cette maladie encore mal connue, qui affecte pourtant au moins une femme sur dix.

DES CHERCHEURS SUISSES RÉPARENT LES GENOUX GRÂCE... AU CARTILAGE NASAL !

Prélevées sur la cloison nasale, les cellules cartilagineuses sont cultivées en laboratoire avant d'être réimplantées dans le genou pour réparer les cartilages endommagés. Une technique innovante et naturelle qui ouvre de nouvelles perspectives en médecine régénérative.

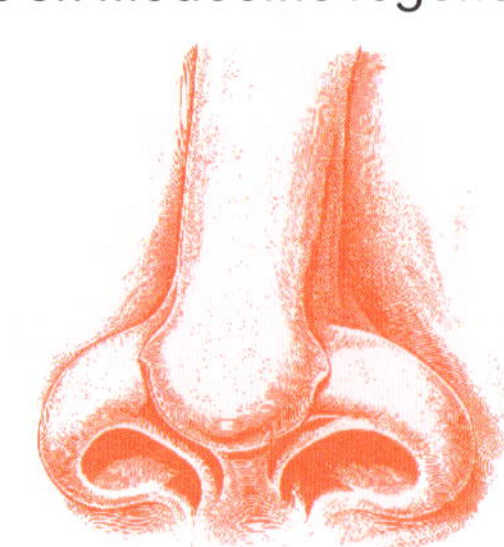

LA FIN D'UNE MALADIE TROPICALE

LA GUINÉE A OFFICIELLEMENT ÉLIMINÉ LA MALADIE DU SOMMEIL. Cette victoire historique couronne plus de vingt ans de mobilisation du gouvernement et des communautés locales. En deux décennies, les cas ont chuté de 97,5 %, grâce à des campagnes de dépistage, de traitement et de sensibilisation intensives.

UN TRAITEMENT POUR LES PERSONNES ATTEINTES DE VITILIGO !

Le tout premier traitement repigmentant, « **OPZELURA** », est désormais disponible en pharmacie sous forme de crème. Destiné à traiter cette maladie de dépigmentation de la peau, il est en plus remboursé par l'Assurance Maladie.

LE SOUDAN a lancé son premier programme de vaccination contre le paludisme, une des maladies les plus mortelles au monde. **CETTE CAMPAGNE CIBLE ENVIRON 148 000 ENFANTS DE MOINS DE 12 ANS, RÉPARTIS SUR QUINZE SITES.** Une étape cruciale pour protéger les plus jeunes d'une maladie qui reste aussi l'une des principales causes de mortalité infantile dans le pays.

INCROYABLE AVANCÉE !

Selon la Ligue danoise contre le cancer, le Danemark pourrait devenir, d'ici 2040, le premier pays à éradiquer le cancer du col de l'utérus. Ce progrès remarquable repose notamment sur une couverture vaccinale exemplaire et un programme de dépistage performant, auquel participent déjà 60 % des femmes du pays.

NOUVELLE TECHNIQUE MÉDICALE

Un point de suture a été créé par des scientifiques chinois. L'innovation principale de cette invention réside dans le fil de suture, qui est auto-électrifié et qui permet d'**ACCÉLÉRER LA CICATRISATION DES PLAIES DE 50 %**. Grâce à une légère stimulation électrique, il attire naturellement les cellules vers la blessure tout en réduisant le risque d'infection.

Selon une récente étude américaine, le vaccin « Shingrix », utilisé contre le zona, une éruption cutanée virale, pourrait également réduire de 20 % le risque de démence. Déjà recommandé par la Haute autorité de santé, ce vaccin est particulièrement conseillé aux personnes de plus de 65 ans et aux personnes immunodéprimées de plus de 18 ans.

SCIENCES DE LA VIE ET DE LA TERRE

Du poisson pour la santé !

Des chercheurs suédois ont découvert qu'une consommation régulière de poisson chez les personnes atteintes de sclérose en plaques ralentirait l'aggravation de leur handicap. Cet effet serait lié aux propriétés neuroprotectrices de certains nutriments naturellement présents dans le poisson.

RÉGÉNÉRER LES RÉGIONS SOUS-MARINES

La start-up « Lhyfe » propose une solution innovante pour lutter contre la désoxygénation de la mer Baltique : réinjecter dans l'eau l'oxygène produit lors de la fabrication de son hydrogène vert. Cette approche prometteuse peut contribuer à revitaliser considérablement les zones marines étouffées par la pollution.

QUEL INCROYABLE REPTILE !

Des biologistes de l'université du Maryland, aux États-Unis, ont découvert que les geckos ont un 6e sens. Ces reptiles utilisent des vésicules de l'oreille interne, les saccules, pour percevoir des vibrations non sonores à très basse fréquence, leur offrant une forme de détection sensorielle jusqu'alors méconnue.

DES ALIMENTS PLUS SÛRS

Des chercheurs suédois ont mis au point une technique simple et efficace pour réduire jusqu'à 35 % la teneur en mercure des conserves de thon. Ce processus permet de limiter significativement l'exposition humaine à ce métal toxique, tout en préservant la qualité du produit.

Une équipe de chercheurs a mis au point un médicament prometteur contre l'intoxication causée par l'amanite phalloïde, considérée comme le champignon vénéneux le plus mortel. **CET ANTIDOTE CIBLERAIT L'AMANITINE, UNE TOXINE REDOUTABLE RESPONSABLE DE GRAVES ATTEINTES AU FOIE ET À D'AUTRES ORGANES VITAUX EN CAS D'INGESTION.**

DANS UNE ÉTUDE PUBLIÉE DANS LA REVUE *NATURE MICROBIOLOGY*, DES SCIENTIFIQUES ONT RÉVÉLÉ UN LIEN ENTRE LES MICROBES INTESTINAUX ET LES ALLERGIES ALIMENTAIRES. EN EFFET, LA BARRIÈRE MUQUEUSE INTESTINALE BLOQUERAIT NATURELLEMENT LA RÉACTION ALLERGIQUE. CES RECHERCHES POURRAIENT MENER À DES TRAITEMENTS UTILISANT LE MICROBIOTE INTESTINAL POUR LUTTER CONTRE LES ALLERGIES ALIMENTAIRES.

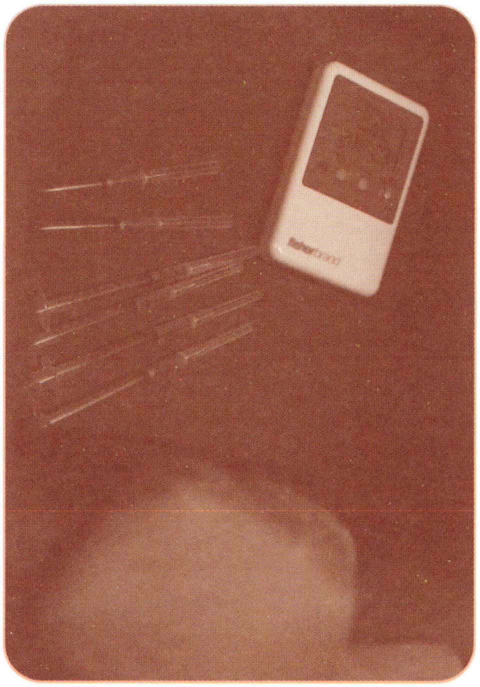

UNE INCROYABLE INVENTION !

En Inde, trois adolescents ont remporté le « Earth Prize 2025 » pour leur invention, le Thermavault, un réfrigérateur portable fonctionnant grâce à une solution saline. Pensé pour améliorer l'accès aux soins dans les zones rurales, ce dispositif permet de conserver au frais les fournitures médicales durant dix à douze heures, sans électricité ni batterie.

L'IMPORTANCE DE LA PHOTOSYNTHÈSE

Une étude publiée dans *Sciences Advances* révèle que les plantes absorbent plus de CO_2 qu'on ne le pensait auparavant. Cette découverte, issue d'une modélisation écologique avancée, souligne le rôle essentiel de la végétation dans la régulation du climat et la lutte contre le réchauffement climatique.

CHIFFRE

C'EST LE NOMBRE DE **CRÈCHES ARTIFICIELLES POUR POISSONS ET JEUNES CRUSTACÉS** QUE LA VILLE DE CANNES A INSTALLÉES DANS SES PORTS, AFIN DE PROTÉGER LES ALEVINS SUR LE LITTORAL MÉDITERRANÉEN. CES STRUCTURES OFFRENT DES REFUGES SÛRS POUR LA REPRODUCTION ET PARTICIPENT À LA RESTAURATION DE LA BIODIVERSITÉ MARINE LOCALE.

Sentir la fleur sans la cueillir

Après 9 ans de recherche, L'Oréal et Cosmo International ont mis au point une invention française capable de capturer le parfum authentique d'une fleur sans jamais la toucher. Avec un simple flux d'air, Osmobloom™ saisit les effluves naturels, même celles de fleurs « muettes » comme le muguet. Résultat : une parfumerie plus créative, respectueuse et durable.

AMÉLIORER LA QUALITÉ DE L'AIR

À seulement 12 ans, **Eniola Shokunbi** a mis au point un filtre à air innovant capable d'éliminer plus de **99 % des virus** présents dans l'air. Simple, abordable et redoutablement efficace, son invention a été validée par l'Agence américaine de protection de l'environnement et saluée pour son efficacité.

LE PROJET REPIC, SOUTENU PAR LE « FONDS MAIF POUR LE VIVANT », RÉHABILITE LES PRAIRIES DE POSIDONIES, UNE PLANTE MARINE ESSENTIELLE MENACÉE PAR L'ANCRAGE DES BATEAUX. EN 2024, APRÈS 69 JOURS DE REPIQUAGE, L'ÉQUIPE A RESTAURÉ PLUS DE 1 800 M² D'HERBIER DANS LA BAIE DE BEAULIEU, AVEC PLUS DE 132 000 FAISCEAUX PLANTÉS.

PROTÉGER LES ÉCOSYSTÈMES MARINS

Afin d'aider les récifs coralliens à se régénérer, des scientifiques ont mis au point un dispositif, baptisé **Uzela**, qui émet une lumière pour attirer le zooplancton, nourriture essentielle pour les coraux, et stimuler leur croissance. Testé sur deux espèces de coraux indigènes à Hawaï, il a permis de multiplier par sept la concentration locale de zooplancton.

UNE DÉCISION BONNE POUR LA SANTÉ !

Les États-Unis vont interdire tous les colorants alimentaires artificiels d'ici fin 2026, en retirant progressivement du marché des colorants synthétiques issus du pétrole, soupçonnés d'avoir des effets nocifs sur la santé. Une décision historique qui marque un tournant pour la sécurité alimentaire des Américains.

LE RÔLE ESSENTIEL DES OCÉANS

Selon une étude internationale, la surface des océans absorberait plus de CO_2 qu'on ne le pensait auparavant. En effet, les océans stockeraient près de 20 % de CO_2 en plus par rapport aux estimations précédentes. Si ce résultat renforce l'importance du rôle des océans dans la régulation climatique, les efforts pour lutter contre le changement climatique doivent continuer.

DIVERS

RENDRE LA SCIENCE PLUS ACCESSIBLE

Des scientifiques en situation de handicap œuvrent pour rendre les laboratoires et les terrains de recherche plus accessibles. Des initiatives concrètes, comme l'utilisation de drones pour permettre l'observation à distance, illustrent ces efforts visant à créer un environnement de recherche plus inclusif.

En Bretagne, des sages-femmes se déplacent pour assurer le suivi gynécologique de femmes handicapées, dans le cadre de la démarche « HANDIGYNÉCO ». Formées et à l'écoute, les professionnelles épaulent ces femmes, souvent mal suivies sur le plan gynécologique et mal informées sur les violences sexuelles.

ALORS QU'EN JANVIER 2023, PRÈS DE 800 MÉDICAMENTS ESSENTIELS COMME LE DOLIPRANE ÉTAIENT EN RUPTURE DE STOCK CHAQUE JOUR, CE CHIFFRE A ÉTÉ DIVISÉ PAR DEUX EN JANVIER 2025. UNE BONNE NOUVELLE POUR LES PATIENTS COMME POUR LES PROFESSIONNELS DE SANTÉ.

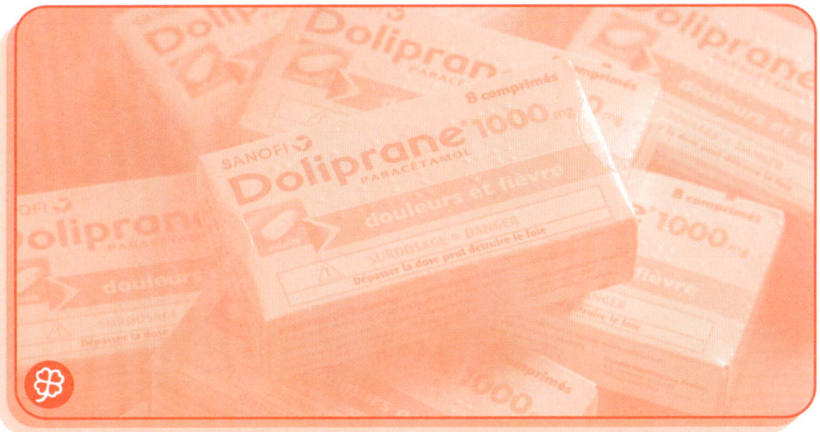

PATRÍCIA GONÇALVES, une Anglaise malvoyante de 31ans, a pu retrouver une excellente vue grâce à une opération au laser réalisée par une intelligence artificielle. Auparavant myope et astigmate, elle est la première personne au Royaume-Uni à bénéficier de ce nouveau type d'opération au laser, et possède désormais une vision supérieure à 10/10.

DEPUIS 2020, UN CONGÉ SPÉCIFIQUE EST ACCORDÉ AUX ANGLAISES, VICTIMES D'UNE FAUSSE COUCHE APRÈS 24 SEMAINES DE GROSSESSE. MAIS DES DÉPUTÉS RÉCLAMENT LES MÊMES DISPOSITIONS POUR CELLES CONNAISSANT UN ARRÊT SPONTANÉ DE GROSSESSE AVANT SIX MOIS.

UN BEL ÉLAN DE SOLIDARITÉ

Le Téléthon 2024 a permis de collecter un peu plus de 96,5 millions d'euros, soit 4 millions d'euros de plus qu'en 2023. Ces dons doivent permettre de faire progresser la recherche médicale, alors que 95 % des maladies rares restent encore sans traitement.

DES ARBRES POUR DES ENFANTS EN BONNE SANTÉ !

Une étude américaine révèle que les grossesses menées à proximité d'espaces boisés présentent moins de risques de naissances prématurées. Les bébés nés dans ces environnements bénéficient en effet d'un poids plus élevé à la naissance et d'un meilleur état de santé global.

Pour la première fois, trois patients atteints de la maladie de Duchenne, une maladie génétique qui provoque une dégénérescence progressive de tous les muscles, ont été traités avec succès grâce à une thérapie génique. **UN ESSAI CLINIQUE À PLUS GRANDE ÉCHELLE, IMPLIQUANT 64 PATIENTS, DÉBUTERA D'ICI FIN 2025.**

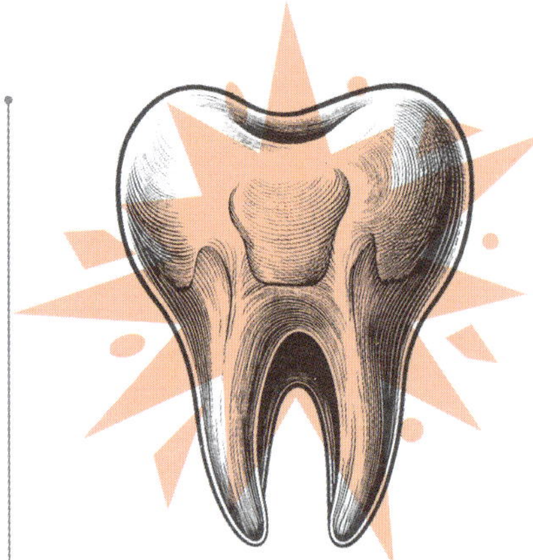

Un meilleur accès aux soins dentaires

Depuis le 1er avril 2025, tous les enfants et jeunes adultes de moins de 24 ans peuvent bénéficier d'un bilan dentaire gratuit chaque année. Une mesure préventive qui prolonge le dispositif « M'T dents » sur la prévention bucco-dentaire lancé en 2006, déjà efficace pour réduire le nombre de caries chez les plus jeunes.

DEPUIS LE 11 FÉVRIER 2025, L'ENDOTEST, UN TEST SALIVAIRE PERMETTANT DE DÉTECTER L'ENDOMÉTRIOSE, est pris en charge par l'Assurance Maladie. En France, 1 femme sur 10 est atteinte de cette maladie inflammatoire et il faut en moyenne sept ans pour poser le diagnostic. Ce dispositif représente donc une avancée majeure permettant une prise en charge plus rapide et adaptée.

UN NOUVEL ANTIBIOTIQUE

L'Agence américaine des médicaments a donné son feu vert à un nouvel antibiotique oral destiné à traiter les infections urinaires, un problème médical touchant plus de 100 millions de personnes par an à travers le monde. Baptisé « Blujepa », ce médicament est le premier de sa catégorie à être approuvé depuis près de trois décennies.

VALORISATION DE LA PROFESSION D'INFIRMIER

Une proposition de loi sur la profession d'infirmier a été adoptée en première lecture par l'Assemblée nationale, en mars 2025. Cette mesure vise à renforcer leur place dans le système de santé, notamment avec la création de la consultation infirmière et du diagnostic infirmier.

DÈS LE 1er DÉCEMBRE 2025, TOUS LES FAUTEUILS ROULANTS SERONT INTÉGRALEMENT REMBOURSÉS PAR L'ASSURANCE MALADIE. CETTE RÉFORME, TRÈS ATTENDUE, EST UN SOULAGEMENT POUR LES FRANÇAIS QUI ONT BESOIN DE CE MATÉRIEL MÉDICAL, ET DONT LE PRIX PEUT ALLER JUSQU'À 50 000 EUROS.

CHIFFRE

4,5 MILLIONS D'EUROS

LE FOOTBALLEUR INTERNATIONAL FRANÇAIS N'GOLO KANTÉ A FINANCÉ LA CONSTRUCTION D'UN CENTRE MÉDICAL À BAMAKO, AU MALI, POUR UN MONTANT DE PLUS DE 4,5 MILLIONS D'EUROS. CE GESTE DE SOLIDARITÉ PERMETTRA D'AMÉLIORER L'ACCÈS AUX SOINS POUR LES POPULATIONS LES PLUS DÉFAVORISÉES DU PAYS.

AU JAPON, DES CHERCHEURS ONT MIS AU POINT UN TRAITEMENT RÉVOLUTIONNAIRE QUI SERAIT CAPABLE DE FAIRE REPOUSSER LES DENTS.

Inspiré du mécanisme des dents de lait, ce remède permettrait une repousse naturelle, et ce, à tout âge. Une avancée prometteuse qui pourrait être commercialisée dès 2030.

NOTRE TOP 25
UNDER 25 YEARS

SCIENCES

21 MATTEO PAZ
(18 ANS)

À seulement 18 ans, Matteo Paz est déjà à l'origine d'une avancée majeure en astronomie. Ce lycéen originaire de Pasadena, en Californie, a mis au point des algorithmes basés sur l'intelligence artificielle qui ont permis d'identifier plus de 1,5 million d'objets cosmiques jusqu'alors inconnus. Passionné d'astronomie depuis l'enfance, Matteo fonde à 16 ans le club de recherche de son lycée, avec lequel il participe à plusieurs concours scientifiques. En 2025, il exploite les données collectées pendant plus de dix ans par le télescope *NEOWISE*, désormais à l'arrêt. Près de 1,45 million de mesures sur plus de 44 000 objets du système solaire y sont ainsi compilées. Grâce à un algorithme d'analyse automatique qu'il baptise « VARnet », Matteo parvient à détecter une multitude d'objets célestes variables, parmi lesquels des trous noirs supermassifs, des étoiles en formation ou encore des supernovas. Ce travail exceptionnel, salué par la communauté scientifique, lui a valu de remporter le premier prix du prestigieux concours Regeneron Science Talent Search 2025 et ouvre de nouvelles perspectives pour la cartographie de l'Univers.

22 MIEL ABITBOL
(17 ANS)

À 17 ans, Miel Abitbol participe activement à la préservation de la santé mentale des jeunes en France. Suivie par près de 3 millions de personnes sur les réseaux sociaux, elle aborde sans détour des sujets souvent lourds, un engagement né de son propre vécu. Harcelée dès le collège, victime de *revenge porn* et d'agressions, Miel a traversé une adolescence difficile marquée par une tentative de suicide et une hospitalisation en psychiatrie. En 2023, elle décide de cofonder Lyynk, une application gratuite et anonyme à destination des jeunes et conçue avec l'aide de son père et de sa psychiatre. L'application est pensée comme un outil pour aider les jeunes à mieux exprimer ce qu'ils ressentent et à mettre des mots sur leurs émotions. Le succès est immédiat : plus de 200 000 téléchargements en quelques semaines. Parallèlement, Miel multiplie les prises de parole dans les médias et les institutions pour alerter sur les enjeux d'une meilleure prise en charge de la santé mentale. En mars 2024, elle prend la parole à l'Assemblée nationale pour raconter son histoire et tirer la sonnette d'alarme sur la souffrance de la jeunesse française. En 2025, elle a même directement interpellé le président de la République dans une vidéo pour dénoncer l'inaction politique sur la santé mentale des jeunes. Portée par son expérience personnelle et une détermination sans faille, Miel s'impose aujourd'hui comme l'une des voix les plus engagées de sa génération sur les questions de santé mentale.

23 SIDDARTH NANDYALA
(14 ANS)

À seulement 14 ans, Siddarth Nandyala a développé une intelligence artificielle révolutionnaire, capable de diagnostiquer des maladies cardiaques en moins de 7 secondes. Tout commence lorsque Siddarth Nandyala apprend que les maladies cardiovasculaires sont la première cause de mortalité dans le monde. Déjà passionné par la science, la médecine et la programmation, Siddarth décide de se lancer dans la conception d'un algorithme de diagnostic capable d'analyser des données complexes – électrocardiogrammes, antécédents médicaux, symptômes – avec une efficacité remarquable. Son outil ne s'arrête pas au diagnostic puisqu'il est également capable de formuler des recommandations médicales et de s'intégrer facilement aux plateformes de télémédecine. Testé sur plus de 15 000 patients aux États-Unis et 7 000 en Inde, l'outil a bluffé la communauté médicale par sa précision, sa rapidité et son potentiel d'intégration dans les systèmes de santé. Grâce à cette innovation exceptionnelle, Siddarth est devenu le plus jeune expert certifié en intelligence artificielle au monde.

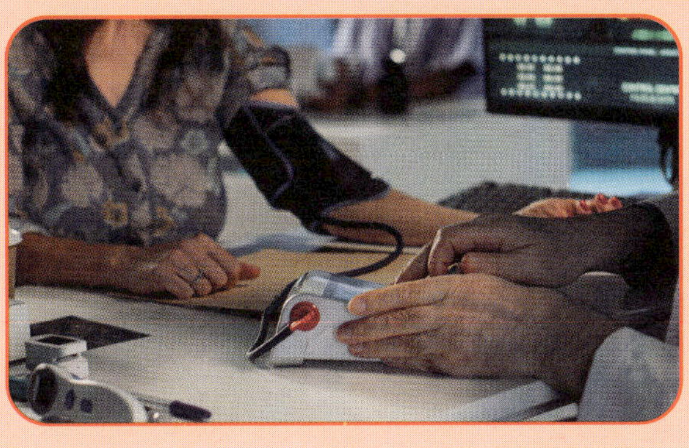

24 MAYA HARDOUIN
(17 ANS)

Maya Hardouin, jeune lycéenne de 17 ans, s'est distinguée au niveau national en remportant, en mars 2025, le deuxième prix du concours « Innovez », organisé par *Science & Vie Junior*. Sa création, le *LumiSomnia*, est un réveil lumineux pensé pour rendre les réveils matinaux moins brutaux. Son idée est née d'un constat simple : les sonneries classiques, souvent brusques, perturbent le sommeil et rendent les débuts de journée difficiles. Pour y remédier, Maya a conçu un dispositif connecté capable de diffuser progressivement une lumière douce, synchronisée avec la sonnerie du réveil. L'objectif : imiter la lumière du jour, pour un réveil plus naturel et plus respectueux du rythme biologique. Grâce à ce projet astucieux, Maya est parvenue à séduire le jury du concours.

25 SARAH WANG
(14 ANS)

La jeune Américaine de 14 ans Sarah Wang s'est déjà fait un nom dans le monde des inventeurs. En 2025, elle a remporté le titre de championne nationale Sciences, Technologie, Ingénierie et Mathématiques grâce à une invention ingénieuse : le *Hand Band*, un bracelet capable de détecter en temps réel les crises d'épilepsie grâce à des capteurs de vibrations. l'idée lui est venue deux ans plus tôt à l'âge de 12 ans, lorsqu'elle assiste, impuissante, à une crise de sa grand-mère. Elle décide alors de créer un outil simple, discret et accessible, qui permettrait de prévenir les proches et les secours en cas de crise. Conçu comme un bracelet connecté, le *Hand Band* enregistre des microvibrations spécifiques et envoie une alerte automatique dès qu'une activité anormale est détectée.

Il peut aussi être relié à un smartphone ou à un dispositif médical pour faciliter la prise en charge rapide. Déterminée et convaincue du bien-fondé de son invention, Sarah espère désormais perfectionner son prototype et le rendre accessible à toutes les familles concernées.

CONCOURS

1000 BONNES NOUVELLES

QU'EST-CE QUE LE CONCOURS LÉPINE ?

Le Concours Lépine est une compétition française annuelle qui récompense les inventions et les innovations techniques. Créé en 1901 par Louis Lépine, ce concours prestigieux encourage les inventeurs de tous horizons à présenter leurs innovations, des gadgets pratiques du quotidien aux avancées technologiques majeures. **La 124e édition s'est tenue à Paris du 30 avril au 11 mai 2025**, dans le cadre de la Foire de Paris. Les participants ont eu l'occasion de présenter leurs inventions devant un jury et le grand public, avec de nombreux prix et distinctions à la clé pour les innovations les plus remarquables. Retrouvez dans ces pages la sélection du Média Positif !

PRIX DU PRÉSIDENT DE LA RÉPUBLIQUE

RAPHAËL ZAKINE

SPOKEO : ASSISTANT D'ÉCOUTE AMPLIFIANT LES SONS PRÉSENTS DANS L'ENVIRONNEMENT

Lauréat du 1er prix du Concours Lépine 2025, *Spokeo* est un assistant d'écoute innovant. Conçu par Raphaël Zakine, cet appareil utilise la bi-conduction sonore, une technologie qui transmet le son directement par les os du crâne, sans passer par le conduit auditif. Cette méthode permet aux personnes malentendantes de percevoir leur environnement sonore tout en préservant leur audition naturelle. Discret et léger, *Spokeo* se porte comme une paire de lunettes et offre une solution non intrusive pour améliorer la perception auditive.

2E PRIX

BRUNO TRONCHI

PAP'S : DOUILLE ÉLECTRIQUE ET SON PROCÉDÉ D'ASSEMBLAGE

Lauréat du 2e prix du Concours Lépine 2025, Bruno Tronchi a été récompensé pour *PAP'S*, une douille électrique sécurisée qui simplifie l'installation et le remplacement des ampoules. Doté d'un système de verrouillage innovant qui empêche tout contact direct avec les parties conductrices, ce dispositif minimise les risques d'erreur et de contact avec les fils électriques, notamment pour les personnes moins expérimentées en bricolage. La douille *PAP'S* est universelle, s'adapte à tous les types d'ampoules et est fabriquée en France à partir de matériaux recyclés.

PRIX L'UNIVERS CONNECTÉ

CHRISTOPHE BUREAU

#DOTDOT : PLATEFORME DE PARTAGE ANONYME DE GIGAS D'ACCÈS INTERNET MOBILE INUTILISÉS ENTRE PARTICULIERS

Récompensé au Concours Lépine 2025, Christophe Bureau présente #dotdot, une innovation ingénieuse dans le domaine du numérique qui permet le partage anonyme de gigas Internet inutilisés entre particuliers. Concrètement, un utilisateur peut transférer en toute sécurité une partie de son forfait non consommé à une personne dans le besoin, sans jamais révéler son identité. Pensée comme une solution d'entraide numérique, la plateforme #dotdot ambitionne de réduire les inégalités d'accès à Internet. Étudiants en situation précaire, travailleurs en déplacement ou personnes exclues du numérique peuvent ainsi profiter d'un accès temporaire au réseau mobile, offert généreusement par un autre citoyen.

LE COUP DE CŒUR du Média Positif

AUDREY, LÉA ET SÉBASTIEN VRAC

COTENTIN FILTRATION : LA GRILLE DE RETENUE POUR CANIVEAUX URBAINS

Audrey, Léa et Sébastien Vrac, lauréats de la médaille de l'Impact du Média Positif 2025, ont créé *Cotentin Filtration*, une grille de retenue pour caniveaux urbains. Installée à l'intérieur des avaloirs de voirie, cette grille ingénieuse bloque les déchets solides – plastiques, mégots, feuilles, etc. –, empêchant leur infiltration dans les réseaux d'évacuation des eaux pluviales. Compatible avec les infrastructures existantes, elle est déjà adoptée par plusieurs collectivités grâce à son efficacité et à sa simplicité.

FABIEN CHAUVET

VESPIKILL : UN DISPOSITIF DE PULVÉRISATION CONTRE LES NIDS DE FRELONS

Fabien Chauvet, apiculteur, a inventé *Vespikill* : un dispositif de pulvérisation léger et facile à utiliser, conçu pour neutraliser rapidement et en toute sécurité les nids de frelons asiatiques, même en hauteur. Grâce à sa perche télescopique et à son système de dosage, *Vespikill* protège efficacement la biodiversité et les colonies d'abeilles, tout en limitant les risques pour l'utilisateur. Adapté aux particuliers comme aux professionnels, il offre une solution pratique et écologique face à la prolifération des frelons.

FRÉDÉRIC BROCHARD ET PIERRE MARIDET-GIRARD

UN JEU DE PLATEAU À PIONS IMPERDABLES ET INVOLABLES

Frédéric Brochard et Pierre Maridet-Girard ont conçu un jeu de plateau innovant équipé de pions imperdables et involables. Grâce à un mécanisme ingénieux intégré au plateau, chaque pièce reste solidement fixée, même en cas de déplacements ou de chocs imprévus. Fabriqué avec des matériaux durables et écologiques, ce plateau polyvalent s'adapte à différents types de jeux de société. Cette innovation répond idéalement aux besoins des joueurs nomades, des familles avec enfants et des établissements scolaires, où les jeux sont souvent soumis à une utilisation intensive.

ANTHONY DOHOGNE ET LORY LAZARIDIS

CLIP'S CUP : UNE TASSE AVEC MÉLANGEUR INTÉGRÉ

Anthony Dohogne et Lory Lazaridis ont conçu *Clip's Cup*, une tasse innovante équipée d'un mélangeur intégré qui facilite le mélange des boissons chaudes ou froides directement dans la tasse, sans ustensile supplémentaire. Pratique et facile à utiliser, elle s'adapte aux besoins des amateurs de café, thé, boissons ou toute autre préparation liquide.

CLAUDE TRUDELLE

GIRAFRUIT : UN OUTIL DE CUEILLETTE DE FRUITS EN HAUTEUR

Claude Trudelle a inventé *Girafruit*, un outil de cueillette qui facilite la récolte des fruits en hauteur jusqu'à plus de 4 m. Léger et sécurisé, il évite l'usage d'échelles encombrantes grâce à un manche télescopique, une tête orientable et des raquettes interchangeables adaptées à chaque fruit pour les préserver. *Girafruit* est breveté et entièrement fabriqué en France et il bénéficie du soutien du programme France 2030.

GAUTIER DUMONT

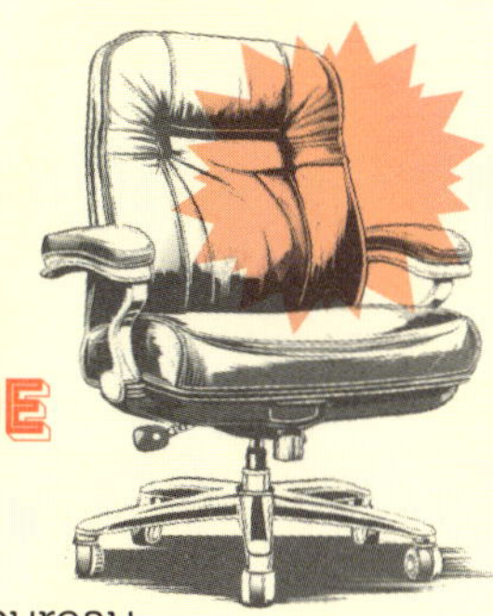

UNE CHAISE DE BUREAU PLIANTE, PRATIQUE ET INNOVANTE

Gautier Dumont a créé une chaise de bureau pliante pour aménager un espace de travail fonctionnel, chez soi ou en entreprise. Facile à plier et légère, elle se range rapidement et se transporte sans effort. Son design assure par ailleurs un bon maintien à son utilisateur, limitant la fatigue lors des longues heures de travail.

MURIEL GOUDOL ET LAURENT PADIOU

DUOH ! : LE COUSSIN NOMADE POUR L'ALLAITEMENT

Muriel Goudol et Laurent Padiou, de l'entreprise Petits Cadors, ont créé *DUOH !* un coussin nomade conçu pour faciliter l'allaitement des mamans en déplacement. Léger et ergonomique, il offre un confort et un maintien optimaux pour la maman et son bébé, réduisant les tensions musculaires.

GATIEN BRAULT, GILLES GALLO ET CORINNE MAU

COSMO : LA MARMITE SOLAIRE

Gatien Brault, Gilles Gallo et Corinne Mau ont inventé *Cosmo*, une marmite solaire universelle qui révolutionne la cuisson en exploitant l'énergie solaire. Écologique et économique, elle permet de cuire les aliments sans électricité ni énergie fossile, grâce à un système de concentration thermique optimisé garantissant une cuisson homogène. Adaptée à divers usages et conditions géographiques, *Cosmo* est facile à utiliser, robuste et respectueuse de l'environnement.

YASSMINA EL FENE

UN MEUBLE LAVABO À HAUTEUR D'ENFANT

Yassmina El Fene a conçu un meuble lavabo spécialement pensé pour les enfants et équipé d'un robinet autonome en eau et en électricité. Cette innovation facilite l'apprentissage de l'hygiène tout en garantissant sécurité et autonomie aux plus jeunes.

STÉPHANE CACHELIN

KLEPSYDRE : L'EMBALLAGE 4-EN-1 QUI RÉINVENTE LA RESTAURATION COLLECTIVE

Avec *Klepsydre*, Stéphane Cachelin bouscule les codes de l'emballage alimentaire. Son système 4-en-1 regroupe en une seule solution le conditionnement, le transport, le stockage et la distribution des repas. Pensé pour la restauration collective, cet emballage innovant permet de réduire les coûts logistiques, d'optimiser la conservation des aliments et de simplifier les opérations en cuisine comme en salle. Éco-conçu, il limite également l'usage de matériaux et le volume transporté, contribuant à réduire l'empreinte environnementale du secteur.

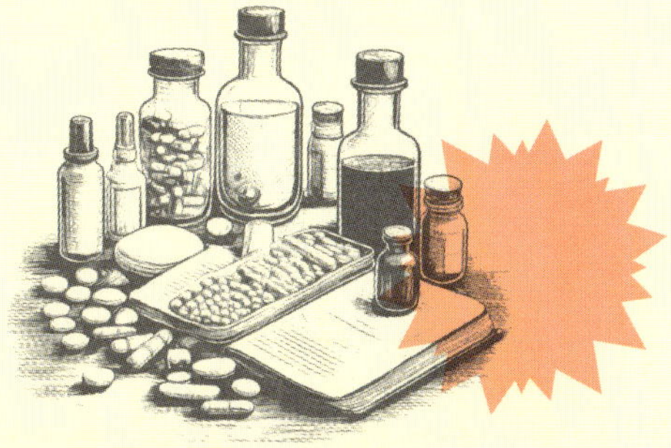

ÉLISE BRAMI

LA PALETTE DE L'URGENCE

Élise Brami a créé *La Palette de l'urgence*, un outil inspiré du travail du Dr Rafael Zanini Barbato pour améliorer l'identification visuelle des médicaments en situation d'urgence. Pensée pour limiter les erreurs liées au stress ou à la fatigue, elle rend le chariot d'urgence plus lisible et intuitif, notamment pour les soignants non formés à l'urgence (EHPAD, MAS, centres de santé…). Utilisable aussi en formation, la palette peut être imprimée clés en main ou personnalisée selon les besoins du service.

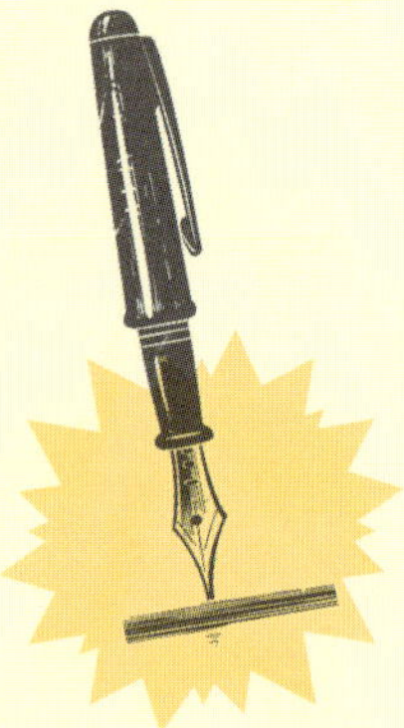

CONCOURS ABONNÉS
CE SONT VOS HISTOIRES !

Le Média Positif a lancé **un grand concours** sur son compte Instagram (**@le.media.positif**) pour VOUS permettre de mettre en avant une initiative qui vous est chère. Le principe est simple : tous nos abonnés étaient invités à partager leurs plus belles histoires sous la forme d'un texte d'une quinzaine de lignes. Parmi toutes les propositions reçues, **onze récits ont été retenus et publiés dans ces pages**. Un immense merci à toutes et tous pour vos contributions qui participent à rendre ce monde plus généreux, plus optimiste et plus solidaire !

LIANA MARIE-JEANNE
BRIVE-LA-GAILLARDE

Je m'appelle Liana et je souhaite mettre en lumière un projet qui m'a profondément touchée : le programme Arion, lancé par l'Armée de terre pour accompagner les militaires souffrant de stress post-traumatique (SPT), en créant un lien unique entre l'humain et l'animal. **CE DISPOSITIF PERMET À DES SOLDATS BLESSÉS – PHYSIQUEMENT OU PSYCHIQUEMENT – D'ADOPTER DES CHIENS ISSUS DE REFUGES, DANS LE CADRE D'UN PARCOURS DE RECONSTRUCTION ENCADRÉ PAR LES EXPERTS DU 132E RÉGIMENT D'INFANTERIE CYNOTECHNIQUE.** Le chien, souvent abandonné ou traumatisé, devient un soutien affectif et permet d'avancer vers la guérison. Le projet est soutenu par la Cellule d'aide aux blessés de l'armée de terre (CABAT), l'Institut de recherche biomédicale des armées et l'université Sorbonne Paris Nord. Il est également évalué scientifiquement par Christophe Blanchard, maître de conférences et maître-chien, afin d'en mesurer les effets sur la santé mentale des militaires engagés dans le programme.

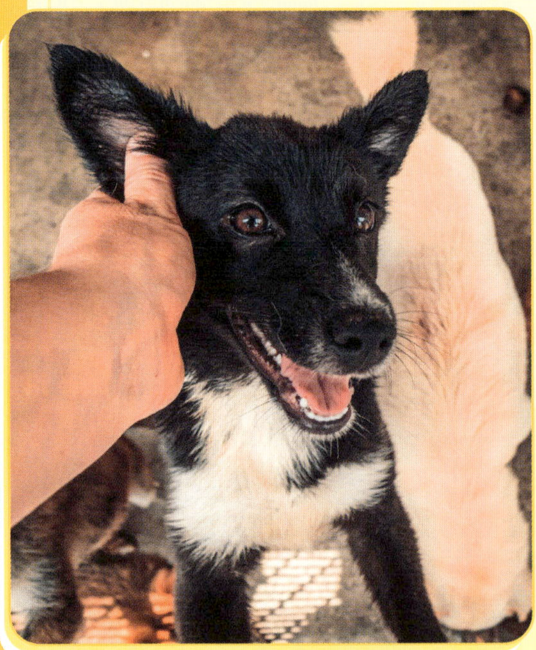

LALIE ZEITOUN

PARIS

Tout a commencé il y a quelques années, avec une rencontre improbable et bouleversante : celle entre Adamou, jeune étudiant nigérien sans solution de logement à Paris, et Jérémie, notre fils en situation de handicap moteur, qui rêvait d'autonomie. Touchés par la situation d'Adamou, nous avons fait le pari de transformer leurs difficultés mutuelles en une force commune : **ADAMOU EST VENU VIVRE CHEZ NOUS ET IL EST DEVENU NON PAS UN AIDANT, MAIS UN FRÈRE POUR JÉRÉMIE**. C'est ainsi qu'est née Fraterni'Team, une association familiale et inclusive, fondée autour de valeurs de solidarité, de partage et de fraternité. La colocation inclusive que nous avons créée à Paris permet à Jérémie de vivre pleinement sa vie de jeune adulte, épaulé au quotidien par des jeunes valides qui, en échange d'un loyer solidaire, partagent bien plus qu'un logement : un quotidien chaleureux, de l'entraide, de l'écoute. Car c'est tout l'esprit de notre démarche : une solution gagnant-gagnant pour tout le monde. Jérémie gagne en autonomie et en qualité de vie tandis que les jeunes colocataires, souvent isolés ou en précarité, trouvent un logement, mais aussi une forme de famille de cœur dans laquelle ils se sentent utiles et soutenus.

LAETITIA RIOTAIS

PARIS

L'initiative que je souhaite mettre en lumière est celle du pianiste argentin Nahuel Zucco. Né en Patagonie, installé en France depuis six ans, il vit aujourd'hui à Paris, où il enseigne le piano. **LORS D'UN CONCERT DE FIN D'ANNÉE ORGANISÉ AVEC SES ÉLÈVES DANS UN EHPAD, IL A ÉTÉ PROFONDÉMENT TOUCHÉ PAR LA JOIE QUE PROCURAIENT LA MUSIQUE ET LA PRÉSENCE DE JEUNES AUX RÉSIDENTS.** Cette expérience l'a convaincu, en 2023, de lancer une tournée bénévole dans les EHPAD d'Île-de-France. Pour cela, il a contacté des dizaines d'établissements, conçu un programme adapté aux personnes âgées, mêlant ses propres compositions, des tangos argentins, des classiques de la chanson française… et même des blind-tests, qui ont suscité une participation enthousiaste des résidents. J'ai eu l'occasion d'assister à l'un de ces concerts : c'est à la fois drôle et émouvant de voir combien les participants s'investissent pour retrouver les titres ou les interprètes. À l'été 2024, Nahuel a transposé ce projet dans son pays natal, avec une série de concerts en maisons de retraite qui a rencontré un écho médiatique important. Sur Instagram, il partage les coulisses de ces concerts et évoque également les moments plus délicats, témoignant de ce que la vieillesse peut aussi comporter de vulnérabilité.

ARNAUD LANOË

MARSEILLE

Je vous présente *Maël et Blub*, une bande dessinée que j'ai imaginée et développée avec mon fils Maël, aujourd'hui en rémission d'un cancer. Sans aucune formation en dessin ni en bande dessinée, **J'AI LANCÉ CE PROJET COMME UN ACTE D'AMOUR ET DE SURVIE. IL S'AGISSAIT D'UN OUTIL D'ART-THÉRAPIE POUR AIDER MON FILS À TRAVERSER LA MALADIE EN TRANSFORMANT SON QUOTIDIEN À L'HÔPITAL EN UNE AVENTURE EXTRAORDINAIRE.** De cette expérience est née une histoire pleine d'imagination, de courage et d'espoir, dans laquelle Maël affronte les Cracens, des créatures symboliques représentant le cancer, avec l'aide de Blub, un extraterrestre bienveillant inspiré de sa marionnette fétiche préférée. Le premier tome, intitulé « Le Combat », a vu le jour grâce à l'autoédition, et a déjà été distribué à plus de 1 500 enfants, notamment dans les services d'oncologie pédiatrique des hôpitaux de Marseille. Les retours de familles, de soignants et de jeunes lecteurs nous ont profondément touchés, et nous encouragent à continuer cette aventure. Nous finalisons aujourd'hui le tome II, qui aborde un thème aussi rare que crucial : la rémission et la peur de la rechute.

MÉLISSA LECLERC

DÔLE

LipoFrance est une initiative remarquable que je souhaite mettre en lumière et qui est portée par quatre femmes engagées. Ensemble, elles ont décidé de briser le silence autour du lipœdème, une maladie chronique largement méconnue, qui toucherait pourtant près d'une femme sur dix à des degrés divers. Face à l'invisibilisation de cette pathologie, **MANON, LÉNA, CHARLOTTE ET HARMONY ONT FONDÉ L'ASSOCIATION LIPOFRANCE, AVEC UN OBJECTIF CLAIR : INFORMER, SENSIBILISER ET ACCOMPAGNER.** Le lipœdème, souvent confondu avec de la simple surcharge pondérale, provoque une accumulation anormale et douloureuse de graisse au niveau des jambes et des bras, et ses conséquences sont multiples : douleurs physiques, perte de mobilité, isolement, mais aussi errance médicale, car il faut souvent des années avant qu'un diagnostic soit posé. Avec LipoFrance, elles s'emploient à porter la voix de millions de femmes qui souffrent en silence, menant des actions de sensibilisation, dialoguant avec les institutions de santé, et créant une communauté de soutien pour les patientes. Elles organisent également des campagnes d'information, des événements, des temps d'écoute, et militent pour une meilleure prise en charge, notamment par l'Assurance Maladie.

LAURIE ANDREINI

PARIS

Je souhaiterais vous parler de La Balade des lucioles, une association dans laquelle je suis bénévole depuis plusieurs années. **CRÉÉE EN 2017, LA BALADE DES LUCIOLES EST UNE ASSOCIATION SOLIDAIRE DONT LA MISSION EST D'APPORTER UN PEU DE LUMIÈRE À CELLES ET CEUX QUI VIVENT DANS L'OMBRE DES RUES PARISIENNES.** Nous organisons des maraudes à Paris pour aller à la rencontre des personnes sans abri. Entièrement portée par des bénévoles, l'association distribue des repas chauds et froids, ainsi que des produits d'hygiène et des vêtements, en fonction des dons des particuliers et des professionnels ainsi que des stocks disponibles. En 2024, ce sont plus de 32 000 sandwichs qui ont été préparés par les bénévoles, auxquels s'ajoutent plus de 10 000 plats récupérés auprès de nos partenaires.

GUILLAUME RUOPPOLO

MARSEILLE

Je m'appelle Guillaume Ruoppolo, j'ai 45 ans et je plonge depuis l'âge de 4 ans. Cela fait plus de quarante ans que je vis en immersion avec la mer, et en particulier avec la Méditerranée, qui est au cœur de mon histoire et de mon travail. Très jeune, j'ai trouvé dans la photographie sous-marine un moyen d'exprimer ce lien profond. Aujourd'hui, je suis photographe et vidéaste professionnel, spécialisé dans les mondes sous-marins. Mais au-delà de l'image, ce qui m'anime, c'est la transmission pour changer le regard que l'on porte sur la mer Méditerranée. **TROP SOUVENT RÉDUITE À UNE « MER POLLUÉE », ELLE EST POURTANT D'UNE RICHESSE INCROYABLE.** Par mes photos, je cherche à montrer ce qu'on ne voit plus : des scènes de vie, des rencontres magiques, des couleurs inattendues, pour faire naître l'émotion avant la prise de conscience. En révélant la beauté insoupçonnée de la Méditerranée j'espère susciter de la curiosité, et surtout encourager chacun à s'engager, à sa manière, pour préserver cet écosystème fragile et fascinant. C'est une mer vivante et précieuse – à condition que l'on prenne enfin le temps de la regarder autrement.

LESLIE RICHARD

PARIS

Je m'appelle Leslie, et je souhaite vous parler de Sit in Peace, une initiative poétique et profondément humaine, qui propose une nouvelle manière de célébrer la mémoire de ceux qu'on a aimés. Tout commence en Nouvelle-Zélande, lorsque Warren Coopman, le fondateur de Sit in peace, découvre les bancs de mémoire qui transforment un lieu public ou privé en espace de mémoire. Touché par cette approche, Warren a souhaité lui donner vie en France. C'est ainsi qu'est née Sit in Peace, une manière douce de repenser notre rapport à la mémoire et de célébrer autrement ceux qui nous ont marqués. C'est aussi façon de créer d'autres lieux que les lieux de recueillement traditionnels, souvent perçus comme froids ou impersonnels. Le banc devient alors un lieu de rendez-vous symbolique, un repère émotionnel, qui permet à chacun de se recueillir, de transmettre, ou simplement de s'asseoir un instant pour repenser à la personne disparue. **EN 2025, LES PREMIERS BANCS SIT IN PEACE ONT VU LE JOUR, À COMMENCER PAR CELUI INSTALLÉ DANS LE JARDIN DE WARREN, EN HOMMAGE AUX GRANDS-PARENTS DE SA COMPAGNE.** Des projets sont également à l'étude avec des lieux partenaires pour intégrer ces bancs dans l'espace public, à l'image du domaine national de Saint-Cloud. Et j'espère de tout cœur que de nombreuses autres initiatives suivront, pour faire vivre cette nouvelle manière, plus humaine et apaisée, de se souvenir.

MORGANE LELIÈVRE

TOULOUSE OU @MORGANE_TRAIL_RUNNER

Je m'appelle Morgane, j'ai 35 ans et **PENDANT UN MOIS ET DEMI, J'AI TRAVERSÉ LA FRANCE EN COURANT ET EN RAMASSANT LES DÉCHETS SUR MON CHEMIN.** En suivant le tracé de la Méridienne verte, j'ai parcouru près de 1 547 km, en totale autonomie, avec plusieurs centaines de détritus ramassés au fil des jours. J'ai appelé cette aventure « la Traversée verte ».

Habituée des ultra-trails et des longues distances, je cours également pour me reconnecter à la nature. Mais force est de constater que même les lieux les plus isolés sont souvent pollués par les détritus. Alors j'ai pris l'habitude de les ramasser au fil de mes entraînements. C'est là qu'est née l'idée de cette traversée, pour aller plus loin dans cette démarche écoresponsable. Le 22 avril 2025, pour la Journée de la Terre, j'ai décidé de prendre la route, ou plutôt les sentiers, avec mon sac à dos et ma motivation, afin de traverser la France. En chemin, j'ai ramassé beaucoup de déchets, mais j'ai aussi dormi sous la tente, rencontré des écoliers curieux, échangé avec des maires et même partagé quelques kilomètres avec des coureurs locaux. À travers cette aventure, je souhaite montrer que le sport peut être un levier d'action pour un avenir plus propre, et une source d'inspiration pour inciter chacun à agir à son échelle.

MALEK A. BOUKERCHI

PARIS

Passionné de marathon, j'ai longtemps parcouru le monde pour partager mes récits de course. Au fil des échanges, j'ai rencontré de nombreux jeunes en rupture – déscolarisés, isolés, en perte de repères, pour qui l'idée même de courir un marathon relevait de l'impossible. C'est ce mot qui m'a donné l'envie de créer Les 42 afin de leur montrer que l'impossible pouvait devenir possible, et que chacun, à sa manière, pouvait franchir sa propre ligne d'arrivée. **LES 42 EST UNE ASSOCIATION FONDÉE EN 2023 QUI PERMET À DE JEUNES ISSUS DE TOUS LES TERRITOIRES, SOUVENT ÉLOIGNÉS DE L'EMPLOI ET SANS EXPÉRIENCE SPORTIVE, DE S'ACCOMPLIR EN UTILISANT LA PUISSANCE TRANSFORMATRICE DU MARATHON.**

Pendant plusieurs mois, les participants s'entraînent grâce à une équipe de coachs aguerris et de dirigeants d'entreprise généreux. Ils développent à leurs côtés des qualités telles que la rigueur, l'endurance, la régularité, et, surtout, la confiance en soi. Au-delà de l'exploit sportif, Les 42, est avant tout une aventure humaine et collective, qui permet à ces jeunes de se reconnecter à leur corps et de retrouver une trajectoire de vie et une réinsertion socio-professionnelle positive.

CLAIRE BÉVAN

PLUVIGNER

Créé en 2019 par Manon Bévan, aujourd'hui cheffe de ce chœur et également ma belle-fille, Melodiam Meam est un chœur qui me tient particulièrement à cœur. À ses débuts, cette chorale réunissait cinq chanteuses… aujourd'hui, ils sont douze choristes, et l'ensemble continue de grandir, avec de nouvelles voix attendues pour la rentrée 2025. Je les suis depuis 2021, et à chaque sortie de concert, je vois les sourires, les yeux embués, les gens qui restent silencieux, bouleversés. Mais ce qui rend Melodiam Meam vraiment unique, au-delà de sa qualité musicale, c'est sa capacité à faire vibrer tous les publics – y compris ceux que l'on oublie trop souvent. **DEPUIS 2022, LE CHŒUR A FAIT LE CHOIX D'INTÉGRER LA LANGUE DES SIGNES FRANÇAISE (LSF) À SES CONCERTS.** L'idée est née naturellement : Tim, l'un des chanteurs, est enfant de parents sourds. Lorsqu'ils sont venus écouter le chœur pour la première fois, Manon a proposé à Tim de signer les chansons en direct, pour leur permettre de vivre pleinement l'émotion du concert. Depuis ce jour, voix et mains cohabitent pour traduire auprès de tous l'émotion, le rythme, les mots. C'est bouleversant et c'est, à ma connaissance, l'un des seuls chœurs à le faire.

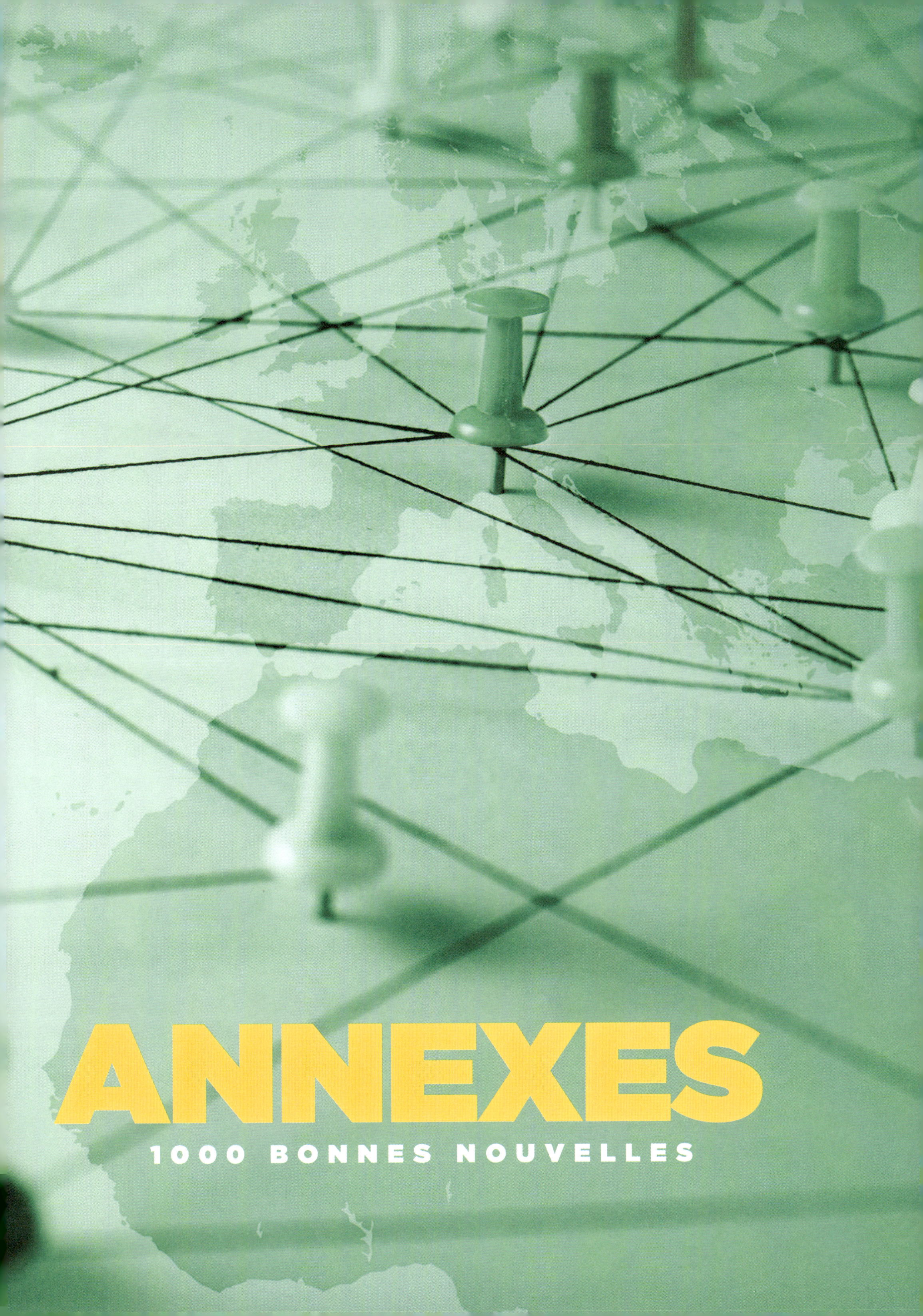

ANNEXES

1000 BONNES NOUVELLES

EN FRANCE

AUVERGNE-RHÔNE-ALPES

À Saint-Étienne, l'entreprise 909 Upcycling recycle de vieilles toiles de tente pour les transformer en vestes imperméables. Elles sont nettoyées puis découpées en Haute-Savoie, avant de reprendre vie entre les mains de cette entreprise stéphanoise.

909 Upcycling
18, rue Bourgneuf
42000 Saint-Étienne

Dans les montagnes cévenoles, les sœurs de l'abbaye Notre-Dame-des-Neiges ont lancé une gamme de produits d'entretien écologiques, conçus pour nettoyer les intérieurs tout en préservant l'environnement. Baptisée « Air des Neiges », cette collection artisanale est le fruit d'une collaboration avec une petite entreprise locale spécialisée dans les formules naturelles.

Abbaye Notre-Dame-des-Neiges
07590 Saint-Laurent-les-Bains
04 66 46 59 00

Parenthèse est une association implantée à Saint-Marcel-lès-Valence et à Peyrins qui favorise l'inclusion sociale à travers des activités de maraîchage biologique et de fabrication de pain local. Elle œuvre également pour une alimentation saine et accessible à tous.

Parenthèse
820, chemin de Marquet
26320 Saint-Marcel-lès-Valence
04 75 25 60 08

À Granges-les-Beaumont, Roses de Charme est une petite pépinière où Manon Ducol, 28 ans, cultive avec passion plus de 100 variétés de rosiers, en circuit court et dans le respect de l'environnement. Depuis 2021, elle propose des rosiers adaptés à notre sol et à notre climat.

Roses de Charme
Route des Sables
26600 Granges-les-Beaumont
06 65 68 36 96

À Gourdon, près de Privas, Patrice Serre élève une cinquantaine de chèvres alpines chamoisées, bien adaptées à ce territoire sauvage. Depuis 2012, il transforme leur lait en fromages bios primés, grâce à une méthode de lactation longue.

Patrice Serre – Les Chèvres de Corbières
Le Serre de Corbières
07000 Gourdon
06 21 08 46 99

Installé en Drôme provençale depuis 2006, Rémy Margiela a transformé son exploitation en un lieu où se mêlent plantes à parfum, fleurs, fruits et circuit court, dans le respect du territoire. Il cultive des fruits, des herbes et même des fleurs puisqu'il s'est récemment lancé dans la culture de la rose.

5PM – Rémy Margiela
22, rue du Portail
26110 Les Pilles
06 37 42 07 33

Avec son association Unisoap, une Française a trouvé une idée brillante : récupérer les savons jetés par les hôtels, les recycler, puis les offrir à ceux qui en ont besoin. Un geste à la fois écologique et solidaire.

Unisoap
28, cours Aristide-Briand
69300 Caluire-et-Cuire
info@unisoap.org

Quentin Renault et Léo Estrade, fondateurs de Stiloop, recyclent le plastique jeté par les entreprises voisines et le transforment en mobilier et en objets dont elles ont besoin, comme des barres et des planchettes !

Stiloop
1, place Jacques-Brel
26000 Valence
contact@atelier-stiloop.com

Chaque année, des tonnes de fruits et légumes finissent à la poubelle simplement parce qu'ils ne sont pas « parfaits ». Pour y remédier, Simon Charmette a lancé Atypique, une initiative qui valorise ces produits en les revendant à prix réduit aux professionnels. Son ambition d'ici à 2030 : réduire le gaspillage alimentaire d'un tiers.

Atypique
69000 Lyon
06 42 14 93 93

Grolles & Co est une association dédiée à la course à pied, ouverte à toutes et tous quels que soient le niveau ou le rythme. Elle organise des sorties régulières permettant aux membres de progresser ensemble dans une ambiance solidaire. L'association encourage également la participation à des événements locaux, tels que la Foulée Rose ou la Foulée de la Cathédrale.

Grolles & Co
10 bis, rue du Château
28300 Saint-Prest
06 20 88 08 27

Située à Bourgoin-Jallieu, la ressourcerie artistique et solidaire ET Colegram collecte des déchets industriels (bois, plastique, métal) auprès de 300 entreprises régionales, pour en faire un matériau créatif mis à la disposition des 3 000 adhérents : artistes, artisans, familles... L'objectif : recycler, réinventer et sensibiliser, tout en créant du lien social.

ET Colegram
11, passage Dolbeau
38300 Bourgoin-Jallieu
04 74 28 57 14

BOURGOGNE-FRANCHE-COMTÉ

L'entreprise Demain Environnement, basée dans le Jura, trie 18 000 tonnes de déchets électroniques par an. Spécialisée dans la dépollution et la valorisation des matières, Demain Environnement traite divers objets, des cafetières aux écouteurs sans fil.

Demain Environnement
870, rue Blaise-Pascal
39000 Lons-le-Saunier
03 84 47 00 60

Dans le massif jurassien, l'association Les Sabots du Bonheur recueille des chevaux, poneys et ânes maltraités pour leur offrir une nouvelle vie. Stéphanie, la propriétaire, va parfois elle-même chercher ces animaux en danger !

Les Sabots du Bonheur
La Dévia
39370 Les Bouchoux
lessabotsdubonheur@gmail.com

En mettant ses locaux à la disposition d'entreprises engagées en faveur de l'inclusion des personnes en situation de handicap, Action Philippe Streit crée un véritable espace d'accueil et de vie. Ce site accueille notamment un centre médico-sportif, une microcrèche, et a permis la création de 90 emplois en zone rurale.

Action Philippe Streit
5, rue Émile-Streit
25340 Anteuil
03 39 27 09 84

Deux jeunes entrepreneurs, Yannis et Clément, ont lancé Go Upper, une start-up pour aider les personnes en perte d'autonomie. Ensemble, ils ont inventé *Alyzée*, une chaise innovante qui permet de se lever et de s'asseoir plus facilement et en toute sécurité.

Go Upper
18, rue Alain-Savary
25000 Besançon
contact@go-upper.com

Dyslexique et étudiant en santé, Vincent a créé Easylex, une appli qui facilite la lecture pour les personnes dyslexiques. Elle a été testée dans trois écoles du Haut-Rhin depuis janvier 2025.

Easylex
www.linkedin.com/company/easylex-app/

Située en Côte-d'Or, l'association Les Doigts qui rêvent conçoit des albums tactiles illustrés pour permettre aux enfants déficients visuels de partager des moments de lecture avec leur entourage.

Les Doigts qui rêvent
11 bis, rue des Novalles
21240 Talant
03 80 59 22 88

Située aux Grésilles à Dijon, La Coursive Botanic est un tiers-lieu qui soutient des projets culturels, créatifs et entrepreneuriaux. Avec le programme gratuit Tour de main, elle accompagne les habitants souhaitant se lancer dans la restauration, en leur offrant une formation pratique encadrée par un chef cuisinier et un conseiller en création d'entreprise.

La Coursive Botanic
33, place Galilée
21000 Dijon
03 73 13 10 21
contact@la-coursive.fr

Situé à Montcenis, en Saône-et-Loire, Du Vent dans les Fleurs est un café-restaurant-épicerie proposant des produits bios et locaux en circuit court. Grâce à une cagnotte solidaire soutenue par la Région, il permet aux personnes en difficulté d'accéder à des paniers de fruits et légumes ou à des repas.

Du Vent dans les Fleurs
12, place de l'Église
71710 Montcenis
03 85 73 34 03
pauline@duventdanslesfleurs.fr

Au Creusot, l'épicerie solidaire L'Hirondelle remplace les traditionnels colis alimentaires par un véritable magasin solidaire. Près de 300 familles y font leurs courses chaque mois, avec un budget personnalisé qu'elles gèrent elles-mêmes, dans un modèle jugé plus responsabilisant et plus digne.

Épicerie L'Hirondelle
20, rue de la Gare
36200 Argenton-sur-Creuse
06 71 59 26 78

United Schools est une association fondée à Dijon qui développe un réseau social écocitoyen, gratuit et sécurisé, pour connecter élèves de 5 à 16 ans et enseignants du monde entier. La plateforme favorise les échanges culturels et environnementaux, et permet de partager des initiatives concrètes et, surtout, d'agir ensemble.

United Schools
1, avenue du Lac
21000 Dijon
06 29 55 13 85

La recyclerie d'Arinthod collecte, répare et valorise des objets et matériaux de seconde main. Elle continue de se développer avec des ateliers participatifs (couture, compostage, relooking de meubles) et des collectes renforcées pour assurer sa pérennité et son ancrage local !

Recyclerie de la Petite Montagne
7, rue de Fontaine-du-Frêne
39240 Arinthod

BRETAGNE

Le V and B Fest n'est pas un festival de musique comme les autres ! Créé en 2019 en Mayenne, il se distingue de ses concurrents par son engagement écoresponsable fort. Dernière avancée en date : son raccordement au réseau électrique national d'Enedis, qui permet de réduire fortement son empreinte carbone. Une initiative précieuse quand on connaît le coût énergétique d'un tel événement !

V and B Fest
Château de la Maroutière
53200 Château-Gontier-sur-Mayenne
contact@vandbfest.fr

Près de Saint-Brieuc, la discothèque Taly's ouvre ses portes un mercredi par mois exclusivement aux personnes en situation de handicap. Des après-midi dansants dans un espace adapté à leurs besoins.

Taly's Club
Zone de l'Écluse, Le Vauriault
22120 Yffiniac
06 82 10 37 87

À seulement 15 ans, Ryann Dubois s'engage pour rendre les entreprises plus inclusives. Lui-même porteur de troubles de l'apprentissage dys, il a imaginé *KeyDys*, un kit coloré qui facilite l'utilisation du clavier pour les personnes atteintes des mêmes troubles.

KeyDys
9, impasse du Tertre, Binic
22680 Étables-sur-Mer
www.r2dtooldys.fr/boutique/
R2Dtooldys@gmail.com

Créée pendant le confinement, l'association Là-Haut permet à des jeunes issus de milieux défavorisés de se reconnecter à la nature. Elle organise des séjours dans les arbres, où, accompagnés d'animateurs, les jeunes vivent durant quelques jours à plusieurs mètres de hauteur.

Association Là-Haut
280, route de Sainte-Foix
35000 Rennes
07 86 40 58 35

Lancé en octobre 2023, Flux est un tiers-lieu inclusif pensé comme un véritable espace de rencontres et d'échanges. Il réunit un café associatif, un Fablab et des espaces de *coworking* accessibles à toutes et tous, y compris aux personnes en situation de handicap. Flux propose également une programmation riche, avec des ateliers, des résidences et même des formations.

Flux
3, rue du Cosquer
29000 Quimper
07 66 61 63 02
salut@flux.bzh

Allan Le Bronnec et sa compagne Lucille Ealet ont créé *Kerbi*, la première crème solaire bretonne efficace et respectueuse de l'environnement. Formulée sans ingrédients controversés, testée sous contrôle dermatologique et fabriquée en France, Kerbi est une marque de cosmétiques engagée.

Kerbi
06 85 99 48 46
hello@kerbi.fr

La Coop des Vénètes, à Vannes, est une coopérative alimentaire pas comme les autres. Fondée par des citoyens, elle propose des produits locaux, bios et de saison, tout en plaçant l'humain au cœur de son fonctionnement. Ici, chaque client peut devenir coopérateur et participer à la vie du magasin.

La Coop des Vénètes
3, rue de Lorraine
56860 Séné
02 90 73 89 72

L'association On n'est pas que des Cageots transforme l'alimentation en levier de lien social et d'inclusion. À travers des ateliers de cuisine participatifs, des chantiers collectifs et la distribution de paniers solidaires, elle favorise l'accès de tous à une alimentation saine, locale et de qualité.

On n'est pas que des Cageots
12, rue Ampère
22000 Saint-Brieuc
06 81 34 24 76

Depuis sa création, À Portée d'Chœur réunit des choristes bénévoles autour d'un même objectif : chanter pour soutenir des causes sociales et humanitaires. Chaque concert est l'occasion de récolter des fonds pour des associations partenaires, tout en partageant des moments d'émotion et de générosité.

À Portée d'Chœur
56400 Auray
06 16 85 84 11
contact@apdc-auray.com

À Ploërmel, l'initiative Clic ta Berouette est un drive fermier qui permet aux habitants de commander en ligne des produits frais, locaux et de saison directement issus des producteurs du coin. Chaque semaine, les paniers sont préparés avec soin par des agriculteurs et récupérés dans un lieu convivial par les habitants.

Clic ta Berouette
56800 Ploërmel

Rennes du Compost est une initiative citoyenne qui vise à donner une seconde vie aux déchets organiques, en plein cœur de Rennes. Grâce à des composteurs partagés installés dans les quartiers et animés par des bénévoles engagés, les habitants peuvent facilement trier leurs biodéchets et participer à la création d'un compost 100 % local.

Rennes du Compost
Les Halles en Commun
24, avenue Jules-Maniez
35000 Rennes
07 73 09 01 60

À Pôle Emploi Vannes-Est, l'accompagnement vers l'emploi prend parfois des chemins inattendus. Grâce à Sébastien Rio, conseiller et équicoach passionné, certains demandeurs d'emploi participent à des séances de coaching… en compagnie de chevaux. Ces ateliers hors du commun permettent de travailler la confiance en soi, la posture, la communication non verbale – des leviers essentiels pour se réinsérer professionnellement.

Pôle Emploi Vannes-Est
17, route de Nantes
56860 Séné

À Nantes, Aude et Solène ont donné vie à un projet aussi écologique que solidaire : La Brocante Verte, une ressourcerie végétale. Leur association collecte, soigne et remet en circulation des plantes délaissées, tout en embauchant des personnes en grande précarité, notamment sans domicile fixe.

La Brocante Verte
Le Wattignies
13, boulevard des Martyrs-Nantais-de-la-Résistance
44000 Nantes

CENTRE-VAL DE LOIRE

À Vallières-les-Grandes, Vincent, ancien designer d'objets de luxe, a créé *Eveia*, un pédalier santé pour lutter contre la sédentarité. Son objectif : encourager chacun à bouger un peu chaque jour, pour améliorer sa santé physique et mentale.

Eveia
1, avenue de Vendôme
41000 Blois
06 80 25 26 73

À Souvigny-de-Touraine, écoliers et seniors partagent le même toit. Faute de moyens pour agrandir l'école primaire, la commune a fait le pari de rassembler écoliers et personnes âgées autonomes dans un même lieu de vie. Une cohabitation enrichissante qui lutte contre l'isolement des seniors et encourage les échanges intergénérationnels au quotidien.

Marpa-école Les 2 Aires
34, route Nationale
37530 Souvigny-de-Touraine
02 47 57 00 06

Une épicerie solidaire vient d'ouvrir ses portes en Centre-Val de Loire, portée par l'association Esope Orléans. Cette initiative vise à offrir des produits de première nécessité à prix réduits à des personnes en situation de précarité. L'épicerie fonctionne sur le principe de la dignité et de l'inclusion, en laissant chacun choisir ses produits librement.

Esope Orléans
6, avenue de Montesquieu
45100 Orléans
02 38 63 78 59

Le Secours Catholique du Loiret a lancé une boutique solidaire pensée pour les étudiants. Installée au cœur d'Orléans, elle propose des vêtements à tout petits prix pour répondre aux besoins des jeunes en situation de précarité.

Au 48 Orléans
48, rue des Murlins
45000 Orléans

À Tours, La Table de Jeanne-Marie accueille chaque jour une centaine de personnes pour leur offrir un repas chaud. Portée par une quarantaine de bénévoles, l'association récupère des denrées auprès de commerces locaux et fonctionne grâce aux dons.

La Table de Jeanne-Marie
Association des Métiers de l'Art et de la Culture
65, rue Febvotte
37000 Tours
06 88 25 20 96

Créée en 2017, l'association Cagette et Fourchette a pour mission de renforcer les liens entre les producteurs locaux et les sites de restauration collective. Elle œuvre pour un approvisionnement en produits de qualité, respectueux de l'environnement et du bien-être animal.

Cagette et Fourchette
20, rue Jeanne-Juillet
36200 Argenton-sur-Creuse
06 48 67 88 80
contact@cagette-et-fourchette.fr

Installé en milieu urbain, le jardin de PermaBerry est un espace expérimental de permaculture de 1 000 m². L'association promeut également la conservation de variétés anciennes, l'utilisation de purin et le paillage, et encourage les pratiques respectueuses de l'environnement.

PermaBerry
Chemin de la Baignade
36000 Châteauroux

À Bourges, Le Tourne-Livres redonne vie aux ouvrages donnés en les proposant à très bas prix afin de les rendre accessibles à toutes et tous. L'association mène également de nombreuses actions pour promouvoir la lecture auprès des publics éloignés.

Le Tourne-Livres
16, rue Hippolyte-Boyer
18000 Bourges
07 82 83 68 94
letournelivres@laposte.net

À Bourges, Le Garage Associatif Solidaire du Cher propose un garage solidaire où chacun peut faire réparer son véhicule à moindre coût et apprendre à le faire soi-même avec l'aide de professionnels. Destiné aux personnes en situation de précarité, ce lieu a pour objectif de lever les freins à la mobilité et de permettre à chacun de se déplacer librement pour travailler.

GAS 18 Mobilités
Chemin de Montifault
18800 Baugy
02 48 26 36 68

CORSE

À Bastia, Stéphanie et son fils Calixte ont lancé Handiroad, une application pensée pour faciliter les déplacements des personnes en situation de handicap et leur offrir plus de sécurité et de sérénité au quotidien.

Handiroad
https://handiroad.com/

Pour faire face au réchauffement climatique, la famille Lavergne-Vincentelli s'est lancée dans une culture inattendue : la canne à sucre. Le jus extrait est transformé sur place, en sirop ou en rhum artisanal, et vendu au domaine de Padulone.

Domaine de Padulone
20270 Aléria
04 95 57 94 26
lecurie@orange.fr

Sacha et Hugo Pietri, des frères jumeaux natifs d'Ajaccio, sont passionnés de musique de chambre et ont créé le festival Corsica Cantabile. Une manière d'ouvrir et de partager ce répertoire à un public souvent éloigné du classique tout en soutenant les jeunes artistes.

Corsica Cantabile
20118 Sagone
corsica.cantabile@gmail.com

Depuis 1986, le Club Ajaccien des Amateurs d'Astronomie initie le public à l'observation du ciel à travers des soirées ouvertes toute l'année et des interventions en milieu scolaire. Les membres se retrouvent régulièrement pour échanger autour de leurs découvertes et approfondir leurs connaissances aux côtés d'autres astronomes amateurs.

Club Ajaccien des Amateurs d'Astronomie
06 84 75 71 78
contact@ajaccioastronomie.com

L'association Grande Zot, basée à Ajaccio, œuvre pour rendre la pratique de la voile accessible au plus grand nombre tout en sensibilisant à la protection de l'environnement. Elle met notamment l'accent sur la préservation de la Méditerranée et sur la lutte contre la pollution marine.

Grande Zot
20000 Ajaccio
07 72 45 64 66
grandezotajaccio@gmail.com

L'association San Cristofalu regroupe des bénévoles chargés de nettoyer et de baliser d'anciens sentiers de randonnée. L'association crée également de nouveaux sentiers afin de faire découvrir des itinéraires inédits aux randonneurs.

San Cristofalu
erbaghjolu@gmail.com

Depuis 2017, l'association Recycla Corse organise chaque année les Recycla Raid, un événement durant lequel une centaine de volontaires participent à une opération visant à nettoyer les plages et à éduquer à la protection de la biodiversité.

Recycla Corse
06 41 26 56 50
recyclacorse@gmail.com

DOM-TOM

La Maison des Arts est un tiers-lieu culturel situé au cœur du quartier des Terres-Sainville à Fort-de-France. Véritable espace d'inclusion et de ressources, elle encourage la pratique artistique sous toutes ses formes en réunissant professionnels et amateurs.

La Maison des Arts
1, rue Amédée-Knight
97200 Fort-de-France
Martinique
lamaisonrouge97200@gmail.com

Sur l'île de La Réunion, la recyclerie solidaire Ti Tang Recup lutte contre le gaspillage en donnant une seconde vie aux objets destinés à la poubelle. Elle favorise aussi la réinsertion professionnelle de personnes éloignées de l'emploi, tout en sensibilisant la population au réemploi et à la réduction des déchets.

Ti Tang Recup
21, avenue Grand-Piton
97460 Saint-Paul
La Réunion
+262 262 35 28 48
contact@titangrecup.re

En Martinique, l'association Madin'Jeunes Ambition a lancé début 2025 un programme de mentorat pour accompagner les jeunes dans l'entrepreneuriat. Ce dispositif met l'accent sur les métiers verts, le tourisme durable et la valorisation des savoir-faire créoles.

Madin'Jeunes Ambition
22, passage du Cœur-sur-la-Main
97200 Fort-de-France
Martinique
06 96 86 43 29

En Martinique, pour faire face à la précarité étudiante, l'association Soulajé Difikilté Frew a organisé une collecte solidaire en février 2025 au Théâtre Autonome Marron (TOM) à Fort-de-France pour récolter des denrées alimentaires, des produits d'hygiène et d'autres biens essentiels.

Soulajé Difikilté Frew
Martinique

En Polynésie, l'association Manu SOP a lancé un appel aux dons pour financer la création du tout premier centre de soins pour oiseaux marins et terrestres en détresse, à Toahotu, sur Tahiti. Un projet essentiel pour protéger la biodiversité locale et ainsi offrir une seconde chance à la faune ailée en difficulté.

Manu SOP
Allée des Aute
Taiarapu-Ouest
Polynésie française
+689 40 52 11 00

L'association Lakou Bosco, en Guadeloupe, est engagée dans la lutte contre le décrochage scolaire et a lancé la construction de son village le 1er février 2025. Prévu pour fin 2026, ce projet d'innovation sociale, doté d'un budget de 1,9 million d'euros, proposera aux jeunes et aux familles des espaces dédiés à la formation, à l'accompagnement et à l'insertion professionnelle.

Lakou Bosco
Rue de la Piscine
97139 Les Abymes
Guadeloupe
+590 690 05 70 99

En Guyane, les métiers du BTP se modernisent et intègrent le patrimoine local. Le lycée Balata remet à l'honneur la brique traditionnelle et prévoit de proposer, d'ici trois ans, une spécialisation en habitat vernaculaire.

Lycée Balata
Chemin de la Chaumière
Rue Jean-Jacques-Dessalines
97351 Matoury
Guyane française
+594 594 35 07 83

En Nouvelle-Calédonie, l'association Les Petits Pansements du Cœur, dédiée aux petits patients du service pédiatrique du Médipôle, se mobilise chaque année pour offrir des moments d'évasion aux enfants malades. Grâce à sa Campagne du rêve 2025, elle récolte des fonds pour réaliser leurs rêves, avec l'objectif de dépasser les 14 000 SMS de soutien reçus en 2024.

Les Petits Pansements du Cœur
Service de pédiatrie, le Médipôle
BP J5 - 98849 Nouméa Cedex
Nouvelle-Calédonie
25 66 66 / 94 66 77
appc.nc@live.fr

GRAND EST

À Troyes, l'association Akhilleus propose des cours de vélo gratuits pour les adultes. Grâce à des séances individuelles, chacun progresse à son rythme, qu'il s'agisse de surmonter une appréhension ou d'apprendre à pédaler pour la première fois.

Association Akhilleus
13, rue Lachat
10000 Troyes
09 73 66 90 59
contact@akhilleus.fr

À Sélestat, la mission locale accompagne des jeunes en situation de handicap cognitif ou neurodéveloppemental dans leur parcours vers l'autonomie en leur proposant un soutien pour l'épreuve du permis de conduire. Une initiative inclusive et précieuse, qui ouvre de nouvelles perspectives d'insertion.

Mission locale
3A, rue Roswag
67600 Sélestat
03 88 58 00 15

Basée à Nancy, la start-up française Handi Exceller conçoit des outils innovants pour faciliter l'apprentissage du braille. Elle a notamment développé *Br'eye*, une console de jeux évolutive, et *Marble*, un logiciel d'informatique adapté, afin de rendre cet apprentissage plus accessible, interactif et stimulant.

Handi Exceller
2, rue Jacques-Villermaux
54000 Nancy
06 02 38 73 52

À Ravilloles, aux portes du Jura, l'Atelier des Savoir-Faire fait vivre les métiers artisanaux – vannerie, ébénisterie, forge... – à travers des formations accessibles à tous. Ce lieu unique valorise les savoirs locaux, soutient les parcours de reconversion et redonne ses lettres de noblesse au travail manuel.

L'Atelier des Savoir-Faire
1, Grande-Rue
39170 Ravilloles
03 84 42 65 06

Au cœur du quartier de Borny à Metz, Le Jardin Extraordinaire porte bien son nom. Cet espace partagé allie culture potagère, animations pédagogiques et moments de convivialité entre habitants pour sensibiliser petits et grands à l'écologie urbaine.

Le Jardin Extraordinaire
27 ter, rue du Pont-à-Mousson
57950 Montigny-lès-Metz

Dans la région de Chaumont, en Haute-Marne, Rezo Pouce est un réseau d'auto-stop organisé et sécurisé, spécialement conçu pour les zones rurales. En facilitant les trajets du quotidien, il renforce la mobilité solidaire tout en offrant une solution écologique dans les campagnes du Grand Est.

Mobicoop
5, rue de la Monnaie
54000 Nancy

À Nancy, en Meurthe-et-Moselle, l'Atelier Dynamo propose un atelier participatif où chacun peut apprendre à réparer ou à fabriquer son vélo. Cette initiative citoyenne promeut la mobilité douce, le réemploi et l'autonomie, le tout dans une ambiance conviviale et solidaire.

L'Atelier Dynamo
35, Grande-Rue
54000 Nancy
03 83 37 32 71

Au cœur du pays de Nied, Jérôme et sa fille Nina produisent un miel artisanal dans le respect des abeilles et des écosystèmes. Animés par la passion et le goût de la transmission, ils partagent leur savoir-faire auprès du grand public, en intervenant dans les écoles ou à travers leur chaîne YouTube Le Domaine du Rucher.

Le Domaine du Rucher
44, rue des Tilleuls
57320 Hestroff
07 82 26 02 05

Au cœur de Strasbourg, Kaleidoscoop redonne vie à une ancienne friche industrielle de 3 000 m², transformée en un lieu et de coopération transfrontalière. Espace à la fois de travail, de rencontres et d'expérimentations, il accueille bureaux, *coworking*, centre de coopération, café, boutique responsable et salles événementielles.

Kaleidoscoop
5, rue de la Coopérative
67000 Strasbourg
03 92 18 67 10
contact@kaleidos.coop

La Maison de la Nature est une association engagée dans l'éducation à la nature, à l'environnement et à la transition écologique. Elle propose tout au long de l'année des actions de sensibilisation pour tous les publics – scolaires, familles, citoyens – afin de favoriser une prise de conscience collective.

La Maison de la Nature
24, rue du Nideck
67280 Oberhaslach
09 53 17 41 23
contact@mnbruchepiemont.org

À Maraye-en-Othe, dans l'Aube, les habitants ont redonné vie à leur village en ouvrant Le Local, une épicerie-café gérée collectivement. Privé de commerces depuis des années, le village a retrouvé un cœur battant grâce à ce lieu convivial et solidaire.

Le Local
20, forêt d'Othe
10160 Maraye-en-Othe

HAUTS-DE-FRANCE

La Vie est Belt est une entreprise basée à Roubaix, qui fabrique des ceintures à partir de pneus de vélo usagés, collectés auprès d'ateliers de réparation. À travers l'upcycling, elle valorise des matériaux destinés à la benne tout en créant de l'emploi local et inclusif.

La Vie est Belt
17, rue du Nouveau-Monde
59100 Roubaix
contact@lavieestbelt.fr

L'association Amiens Jeunes perpétue depuis plus de 60 ans une tradition de solidarité en organisant un réveillon de Noël dédié aux personnes âgées isolées. Une soirée chaleureuse et festive, pensée pour rompre la solitude et créer du lien entre générations.

Amiens Jeunes
BP 42723 - 80080 Amiens
07 89 54 17 72
amiensjeunes@yahoo.fr

À Roubaix, la compagnie L'Oiseau-Mouche ouvre la scène aux talents singuliers en accompagnant des comédiens en situation de handicap mental dans leur parcours artistique.

L'Oiseau-Mouche
28, avenue des Nations-Unies
59100 Roubaix
03 20 65 96 50
contact@oiseau-mouche.org

TchaoMegot est une start-up fondée en 2019, qui lutte contre la pollution des mégots de cigarettes. Elle les collecte, les dépollue et les transforme en isolants écologiques et en doudounes. Une solution ingénieuse et circulaire, qui donne une seconde vie à ce déchet toxique.

TchaoMegot
12, rue Benjamin-Delessert
60510 Bresles
03 64 19 72 34

Les Papotins de l'HAPI est une émission originale imaginée par Radio Mercure et coanimée par des personnes en situation de handicap, résidentes d'un habitat inclusif à Beauvais. Ce programme donne à chacun l'occasion de s'exprimer librement et de partager son regard sur le monde.

Les Papotins de l'HAPI
34, rue du Maréchal-Leclerc
60000 Beauvais
03 44 13 12 10

À Godewaersvelde, au cœur des Flandres, la boulangerie coopérative Pains Dépaysants fabrique du pain bio, en lien direct avec des paysans locaux. Elle défend une approche artisanale, durable et solidaire de l'alimentation, ancrée dans son territoire.

Pains Dépaysants
Le Calibou
59270 Godewaersvelde
06 88 32 33 17

Les Nuits blanches 2025 est un événement culturel et solidaire organisé par l'Association pour la Restauration du Château d'Esnes, dans le Nord. Ce festival nocturne, ouvert à tous, propose une série de spectacles vivants, concerts, projections et animations immersives dans le cadre enchanteur du château.

Château d'Esnes
1, rue du Château
59127 Esnes
chateaudesnes@gmail.com

La Color Run – Octobre Rose organisée par Floralys Résidences – Les Edelweiss revient le 4 octobre 2025 à Neuville-Saint-Rémy. Cette course haute en couleur s'inscrit dans la campagne Octobre rose, avec pour objectif de sensibiliser au dépistage du cancer du sein tout en collectant des fonds pour une association engagée.

Color Run - Octobre Rose
Place Édouard-Lhotellier
59554 Neuville-Saint-Rémy

Dans le Nord, près de Dunkerque, Stéphanie, sapeur-pompier professionnel, propose des formations originales pour apprendre les gestes de premiers secours… pour chiens et chats ! Dans une ambiance bienveillante, les participants s'exercent au massage cardiaque ou à la mise en position latérale de sécurité sur des mannequins animaliers.

Stéphanie Loridant
59155 Coudekerque-Branche
06 67 10 12 69

À Lille, l'association Houblons-nous invite les habitants à faire pousser du houblon en ville. Elle distribue gratuitement des plants à ses adhérents et les accompagne tout au long de la culture. Objectif : recréer une filière locale et participative autour de cette plante emblématique de la bière, tout en végétalisant l'espace urbain.

Houblons-nous
43, rue de Tourville
59000 Lille

Créée à Lille par Virginie Delval, *Bellydoo* est une bouillotte portable, écoresponsable et pensée spécifiquement pour soulager les douleurs menstruelles grâce à la thermothérapie. Pratique, discrète et fabriquée à partir de matériaux durables, elle offre une solution naturelle et nomade pour accompagner les femmes au quotidien.

Bellydoo
www.bellydoo.com/
contact@bellydoo.com

ÎLE-DE-FRANCE

L'association Unissons les Cœurs apporte joie et réconfort aux enfants hospitalisés à travers des box cadeaux, des ateliers créatifs et des échanges de lettres qui créent du lien.

Unissons les Cœurs
66 bis, rue du Révérend-Père-C.-Gilbert
92600 Asnières-sur-Seine
unissonslescoeurs@gmail.com

Belle et Rebelle, c'est le nom de la box imaginée par Anissa, une habitante de Chanteloup-en-Brie, en Seine-et-Marne, pour accompagner les femmes en chimiothérapie. Diagnostiquée d'un cancer du sein à seulement 30 ans, elle décide, une fois en rémission, de créer cette box remplie de produits cosmétiques adaptés aux effets des traitements.

Belle et Rebelle
contact@belleetrebelle.net

À Paris, le restaurant Furahaa n'engage que des employés sourds ou malentendants. Dans cet établissement vegan, la communication se fait donc en langue des signes, pour offrir un accès à l'emploi à des personnes souvent isolées.

Furahaa
78, rue Réaumur
75002 Paris
06 86 04 72 98

Calba Terra est une entreprise artisanale et engagée, fondée en Haute-Marne par un ingénieur reconverti, qui transforme des courges calebasses en lampes durables et poétiques.

Calba Terra
2, rue Michel-Girardot
52000 Chaumont
06 30 83 07 46

En Seine-Maritime, l'association La Source donne une seconde vie au carton en le transformant en litière écologique, absorbante, sans poussière ni allergènes. Un geste simple pour l'environnement, qui crée aussi de l'emploi local.

La Source
140, rue Jérôme-Cardan
76330 Port-Jérôme-sur-Seine
07 87 53 47 90

Avec sa start-up La Tête dans les Nuages, Louis donne une seconde vie aux enveloppes de montgolfières usagées en les transformant en poufs géants colorés et écoresponsables.

La Tête dans les Nuages
62, avenue Jean-Jaurès
93450 L'Île-Saint-Denis
06 64 27 70 69

La Maison Perchée est une association dédiée au soutien des jeunes adultes vivant avec des troubles psychiques, ainsi qu'à leurs proches. Grâce à la pair-aidance, des personnes formées proposent un accompagnement dans une démarche bienveillante et décomplexée.

La Maison Perchée
59, avenue de la République
75011 Paris
contact@maisonperchee.org

Depuis 2011, La Poudrerie propose des pièces de théâtre gratuites... directement chez l'habitant. Cette initiative originale a pour but de créer du lien, invite à la réflexion et donne la parole aux habitants autour de thématiques actuelles.

La Poudrerie
6, avenue Robert-Ballanger
93270 Sevran
01 41 52 43 34
contact@lapoudrerietheatre.fr

À Saint-Maur-des-Fossés, une crèche pas comme les autres a vu le jour... au cœur d'un EHPAD ! Chaque jour, enfants et résidents partagent leur quotidien, entre jeux, échanges et moments de tendresse.

Résidence de l'Abbaye
3, impasse de l'Abbaye
94100 Saint-Maur-des-Fossés
01 55 12 17 20

À Paris, l'entreprise de pompes funèbres Le Ciel & la Terre a conçu un triporteur-corbillard, une solution écologique autre que les véhicules motorisés pour les cortèges funéraires. Pensé pour les trajets courts, ce mode de transport permet d'accompagner le défunt de manière plus douce, silencieuse et respectueuse de l'environnement.

Le Ciel & la Terre
72, rue Saint-André-des-Arts
75006 Paris
06 13 06 35 70

Dans l'Essonne, Antoine Maître met son savoir-faire au service des animaux en fabriquant des prothèses sur mesure au sein de son cabinet, Orthopia-Prothèses. Ancien orthoprothésiste pour enfants, il a choisi de se reconvertir pour venir en aide aux chiens, chats, chevaux, chèvres ou ânes, souvent victimes de maltraitance.

Antoine Maître - Orthoprothésiste
Les Fonds d'Armenon
91470 Limours
07 49 39 73 05

Dans les Yvelines, une école accueille des enfants en décrochage scolaire ! Les professeurs utilisent une approche personnalisée pour chaque élève, avec l'objectif de les ramener vers le système classique. L'école Frassati de Saint-Cyr-l'École aide une centaine d'élèves, du CP au CM2.

École Pier-Giorgio-Frassati
54, rue du Dr-Vaillant
78210 Saint-Cyr-l'École

NORMANDIE

À Montfarville, dans la Manche, Le Champ de Roland s'est transformé en jardin partagé et accueille aujourd'hui jardiniers amateurs, familles et curieux dans un esprit de partage et de convivialité.

Le Champ de Roland
02 33 43 20 68

À Cabourg, le restaurant Symbiose a décroché sa première étoile au *Guide Michelin*. Porté par une cuisine inventive et engagée, l'établissement met en valeur les produits locaux et de saison dans une démarche écoresponsable.

Symbiose
7, avenue Jean-Mermoz
14390 Cabourg
02 31 24 46 67
symbiose-cabourg.com

Friendly Frenchy est une marque engagée qui transforme les coquilles Saint-Jacques de Trouville-sur-Mer en lunettes écologiques. Soutenu par la mairie depuis 2019, ce projet valorise un déchet local abondant en lui offrant une seconde vie.

Friendly Frenchy
www.friendlyfrenchy.fr/en/
contact@friendlyfrenchy.fr

Pour lutter contre les risques de soumission chimique, deux étudiants rouennais ont mis au point un chouchou antidrogue astucieux, capable de couvrir les verres pour éviter toute intrusion de substance. Leur innovation a récemment remporté un concours local d'entrepreneuriat.

Protect Your Glass
contact@protectyourglass.fr

À Forges-les-Eaux, l'école primaire du Sacré-Cœur s'engage activement contre le harcèlement scolaire. Depuis deux ans, l'équipe enseignante suit des formations dédiées pour mieux prévenir, détecter et accompagner les situations de harcèlement.

École primaire du Sacré-Cœur
17, rue de la République
76440 Forges-les-Eaux
02 35 90 51 03

À Port-Jérôme, l'entreprise Futerro a lancé la première bioraffinerie européenne entièrement dédiée à la production de bioplastique. Ce site pionnier, qui vise à produire de l'acide polylactique à partir de ressources végétales, marque une étape majeure vers une industrie plastique plus durable.

Futerro
Port-Jérôme
76170 Saint-Jean-de-Folleville

À Thiberville, Le Napoléon est un hôtel entièrement dédié au bien-être des chats et des chiens. Ce lieu insolite accueille ses pensionnaires dans de véritables petits chalets cosy.

Le Napoléon
631, hameau de la Carbonnière
27230 Thiberville
hotel.napoleon27@gmail.com

À l'EHPAD du Bois Martel, les animaux font désormais partie intégrante du quotidien. Chiens, chats et lapins partagent la vie des résidents et leur apportent réconfort et moments de tendresse.

Bois Martel
181, rue Charles-Hue
76400 Fécamp
02 35 29 43 43

Les bénévoles des Lions Clubs Normandie confectionnent des bouquets de tulipes pour soutenir la recherche contre le cancer. Leurs actions solidaires se déploient à travers la France, avec des initiatives comme l'opération *Tulipes contre le cancer*, où les bouquets sont vendus pour financer la recherche.

Lions Club Normandie
457, rue des Chantiers
76600 Le Havre
04 09 08 07 06

À Servon, L'Auberge Sauvage a récemment reçu sa première étoile au *Guide Michelin*. Ce restaurant propose une cuisine raffinée, inspirée des produits du terroir et préparée avec une attention particulière à la saisonnalité et à la durabilité.

L'Auberge Sauvage
3, place Saint-Martin
50170 Servon
02 33 60 17 92

Dans le Calvados, Anne-Marie et Maurice Jean ont fait un don de 200 000 € au centre de santé François-Baclesse. Leur geste généreux servira à améliorer le quotidien des patients hospitalisés.

Centre François-Baclesse
3, avenue du Général-Harris
14000 Caen
02 31 45 50 50

NOUVELLE-AQUITAINE

Du côté de Cognac, Max et Cédrik ont créé Sapio, une marque de spiritueux bios et engagée pour proposer des alcools de qualité et respectueux de l'environnement.

Sapio
13, rue du Cancera
33000 Bordeaux

Une entreprise basque a développé un textile innovant capable de filtrer et de dépolluer l'air. Ce matériau révolutionnaire neutralise simultanément les polluants chimiques, les virus et les bactéries, offrant de nouvelles perspectives pour des applications dans les domaines de la santé et de l'environnement.

PureNat
9, rue Pierre-Georges-Latécoère
64100 Bayonne

À Biscarrosse, Jacques Pitoux – inventeur primé à plusieurs reprises au Concours Lépine – a mis au point le *Block'Fire*, une boule portable capable d'éteindre les incendies domestiques et les départs de feux de forêt.

Block'Fire
contact@blockfire.fr

À Bordeaux, l'entreprise Equans a participé à la transformation de l'hôpital Saint-André en un établissement pilote du futur. Ce projet d'envergure, mené en collaboration avec le CHU de Bordeaux, a permis de déployer des solutions 100 % numériques pour optimiser les soins, réduire la consommation d'énergie et améliorer le confort des patients comme du personnel soignant.

Hôpital Saint-André
1, rue Jean-Burguet
33000 Bordeaux
05 56 79 56 79

À Châtellerault, la start-up Plaxtil a lancé une initiative originale pour limiter les émissions de CO_2 liées à la fin de vie des cartables usagés. Collectés et recyclés, ces derniers sont transformés en fournitures scolaires neuves, comme des règles, des équerres ou encore des classeurs.

Plaxtil
6, rue des Frères-Montgolfier
86100 Châtellerault
06 73 02 11 50
contact@plaxtil.com

À la maison de santé Marie-Galène, à Bordeaux, l'artiste Paul Peinture apporte une touche de couleur et de réconfort aux patients en soins palliatifs en intervenant régulièrement pour animer des ateliers artistiques.

Maison de santé Marie-Galène
30, rue Kléber-Caud
33200 Bordeaux
05 57 22 25 57

Le laboratoire rochelais Meccellis Biotech a mis au point une prothèse mammaire inédite. Résorbable et naturelle, elle pourrait remplacer les prothèses en silicone.

Laboratoire Meccellis Biotech
75, rue de Québec
17000 La Rochelle
05 17 81 07 63

Usagi Coffee est bien plus qu'un simple café, c'est un refuge pour lapins abandonnés ou maltraités. Ici, les visiteurs partagent un moment de douceur… et peuvent même adopter l'un de ces compagnons à grandes oreilles.

Usagi Coffee
6, rue Achard
33300 Bordeaux
07 78 34 41 69

À Bordeaux, la marque Mutane Maroquinerie redonne vie aux matières dormantes de l'industrie textile en les transformant en pièces de maroquinerie durables. Depuis sa création, l'entreprise a récupéré aussi bien des chutes de cuir que des toiles de store ou encore des ceintures de sécurité pour en faire des sacs et accessoires uniques.

Mutane Maroquinerie
Darwin, 87, quai des Queyries
33100 Bordeaux
06 80 14 73 97
contact@mutane-maroquinerie.fr

À 18 ans, Lucas a sauvé la ferme de ses grands-parents, menacée d'être vendue aux enchères. Grâce à un appel émouvant aux acheteurs, il a pu la racheter pour 10 045 euros. Un geste fort pour préserver l'histoire familiale et poursuivre son héritage.

47163 Mauvezin-sur-Gupie

OCCITANIE

Les élèves en classe de cinquième du collège de Marciac ont appris à tracter une Joëlette afin que leur camarade en situation de handicap puisse partir en voyage scolaire avec eux.

Collège Aretha-Franklin
2, chemin de Ronde
32230 Marciac
05 62 58 67 30

À Toulouse, La Maison du Vélo accompagne les habitants vers une mobilité plus durable. Ateliers de réparation, location de vélos, conseils personnalisés… ce lieu propose de nombreux services pour faciliter l'usage du vélo et encourager les déplacements doux en ville.

La Maison du Vélo
12, boulevard Bonrepos
31000 Toulouse

Le luthier Jérôme Désigaud donne vie à des instruments de musique… à partir de courges locales ! Il perpétue une tradition occitane ancestrale en fabriquant à la main des pièces uniques, comme des *espina* ou des hautbois.

Jérôme Désigaud
La Grillère
81500 Giroussens
www.esgourde.com/portail-cougourdes/

Dans le Tarn, l'orthophoniste Florence Battisti a créé *Ex-Hic*, un jeu destiné à accompagner les professionnels de santé dans leur travail avec les personnes souffrant de troubles du langage. L'objectif : favoriser l'évolution du langage, et aider les plus âgés à retrouver des mots oubliés.

Florence Battisti
889 bis, avenue du Maréchal-Franchet-d'Esperey
81000 Albi
contact@lex-hic.fr

InSite accompagne près de 200 villages dans la mise en place de missions de volontariat rural. Pendant six mois, de jeunes volontaires s'installent au cœur de ces communes pour y développer des projets utiles, renforçant le lien social et le dynamisme local.

InSite
Tour de Termes
32400 Termes-d'Armagnac
contact@insite-france.org

À Montpellier, l'association TipTop œuvre pour l'inclusion scolaire des enfants atteints de troubles dys et de TDAH afin de mieux accompagner les élèves dans leur parcours éducatif.

TipTop
34000 Montpellier
07 83 94 40 45
tiptop.officiel@yahoo.com

Tracy, maman d'un enfant sourd, a lancé une initiative engagée sur Snapchat pour démocratiser la langue des signes française. À travers des vidéos simples et pédagogiques, elle sensibilise chaque jour ses 90 000 abonnés.

Tracy Izoird
34200 Sète

Basée à Toulouse, La Chouette Coop est un supermarché coopératif et participatif porté par ses membres. Ce projet remet les citoyens au cœur de leur alimentation, avec des produits locaux, bios et une gouvernance démocratique.

La Chouette Coop
Association Les Amis de La Chouette Coop
5, rue René-Leduc
31500 Toulouse

À Cahors, le restaurant solidaire Le Mesclun rassemble chaque semaine des bénévoles en cuisine pour préparer des repas à partir de produits invendus. L'objectif : proposer un menu accessible à tous, tout en luttant contre le gaspillage alimentaire.

Le Mesclun
46000 Cahors

PAYS DE LA LOIRE

Upá est une marque de chaussures vegan et écoresponsable, lancée à Nantes par Laurine Meye. Fabriquées à partir de déchets de pommes et de matières recyclées, ses créations s'inspirent de sa culture gabonaise et incarnent une mode engagée.

Upá
44000 Nantes
https://form.jotform.com/251413857369364

Lancé localement en 2012, Lazare développe des colocations intergénérationnelles entre jeunes actifs et personnes sans abri. Actuellement, douze maisons existent en France, dont une à Nantes, avec au total 220 résidents.

Lazare
3, rue du Refuge
44000 Nantes

La Guinguette du Grand Étang, à Machecoul-Saint-Même, est un lieu associatif et écoresponsable, niché au cœur d'un cadre naturel préservé. Conviviale et engagée, elle met à l'honneur les acteurs locaux à travers une programmation culturelle variée et des produits de saison.

La Guinguette du Grand Étang
Route de Saint-Même
44270 Machecoul-Saint-Même
06 69 43 72 51

Envie est un réseau solidaire qui allie écologie et inclusion sociale. Soutenue par la Macif, l'initiative donne une seconde vie aux appareils électroménagers tout en offrant à des personnes éloignées de l'emploi une véritable chance de réinsertion professionnelle.

Envie
18, rue Bobby-Sands
44800 Saint-Herblain
02 40 43 82 37

Le fabricant Humbird réinvente le ramassage scolaire avec son *Woodybus* : un grand vélo-cargo électrique capable de transporter jusqu'à huit enfants. Une initiative joyeuse et écologique.

Humbird
1, boulevard Jean-Moulin
44100 Nantes
07 49 27 16 89

Basée à Montaigu, à 45 minutes au sud de Nantes, La Ressourcerie Culturelle donne une seconde vie aux décors, costumes et matériels techniques issus du spectacle vivant. En collectant, triant et réemployant ces éléments, elle favorise l'économie circulaire dans le secteur culturel tout en sensibilisant à des pratiques plus durables.

La Ressourcerie Culturelle
184, rue Joseph-Gaillard
85600 Montaigu-Vendée
02 55 47 14 72

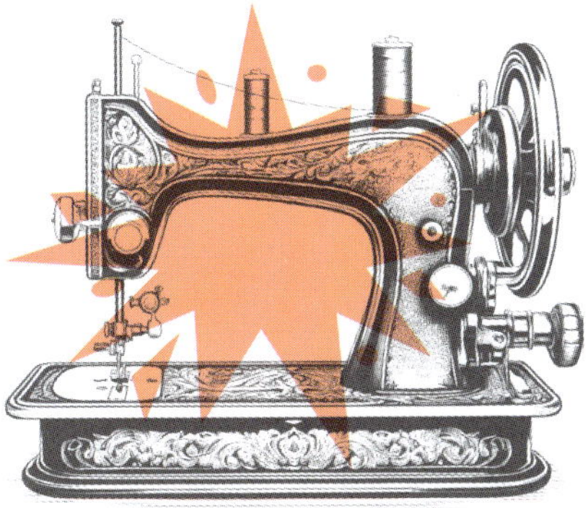

L'entreprise Les Réparables, basée en Vendée, est engagée dans l'allongement de la durée de vie des vêtements. Spécialisée dans la réparation textile, elle propose ses services aux particuliers pour donner une seconde chance aux habits abîmés.

Les Réparables
32, rue du Maréchal-de-Lattre-de-Tassigny
85140 Essarts-en-Bocage

La Maison de l'Afrique à Nantes favorise la visibilité, les échanges et la coopération autour de l'Afrique. En 2024 et 2025, elle a multiplié les rencontres interculturelles, débats, expositions et collaborations visant à déconstruire les préjugés et à tisser des liens durables.

Maison de l'Afrique
1, rue Louis-Préaubert
44000 Nantes
02 40 31 30 07

Le Nantais Nicolas Marc a créé *Viebox*, un dispositif ingénieux qui permet aux secours d'accéder rapidement à des informations médicales essentielles en cas d'urgence : traitements, pathologies, contacts à prévenir.

Viebox
02 59 22 80 00

PROVENCE-ALPES-CÔTE D'AZUR

À Mouans-Sartoux, la fête du Miel célèbre chaque année l'apiculture locale avec des animations, dégustations et ateliers pour toute la famille. Organisée par les apiculteurs de Provence, elle sensibilise à la protection des abeilles et à la biodiversité.

Fête du Miel
Place de la Mairie et Jardin mellifère du parc du château
06370 Mouans-Sartoux

Pour prévenir les accidents chez les seniors, la ceinture *Indienov* intègre un airbag qui protège le col du fémur en cas de chute. Elle se déclenche en moins de 200 ms et peut alerter les proches via un système connecté.

Indienov
Centre d'affaires Euroburos
20, traversée de la Montre
13011 Marseille
04 91 19 18 34

L'association Une Voix pour elles accompagne les femmes fuyant un conjoint violent en organisant des déménagements sécurisés. Avec l'appui de la police, les bénévoles récupèrent les affaires essentielles de la victime.

Une Voix pour elles
265, promenade des Anglais
06200 Nice
contact@unevoixpourelles.com

Un chien pour apaiser les voyageurs à l'aéroport de Nice ! Eko, labrador plein de douceur, accueille les passagers pour leur offrir un moment de réconfort avant l'embarquement dans l'avion.

Nathalie Schindelman – Maîtresse d'Eko
1, rue Joseph-Bermond
06560 Valbonne
06 10 13 32 55

Coiffeurs Justes est une association qui donne une seconde vie aux cheveux coupés. Collectés dans les salons partenaires, ces cheveux sont transformés en boudins filtrants capables d'absorber les hydrocarbures pour dépolluer les mers et les rivières.

Coiffeurs Justes
10, place du Quatre-Septembre
83640 Saint-Zacharie
09 61 29 26 18

Les 11 et 12 novembre 2025, la ville de Mouriès célèbre la fête des Olives vertes et de l'Huile nouvelle. Au programme : marché provençal et dégustations d'olives AOP et d'huiles d'olive fraîchement pressées.

Mairie de Mouriès
35, avenue Pasteur
13890 Mouriès
04 90 47 50 01

L'office de tourisme de Menton, Riviera & Merveilles a lancé les Cafés Causette, une série de rencontres conviviales organisées les jours de marché autour d'un café partagé. Cette initiative favorise le dialogue entre habitants, commerçants et visiteurs, pour échanger librement sur la vie locale, les projets du territoire et le tourisme.

Office de tourisme de Menton, Riviera & Merveilles
Palais de l'Europe
8, avenue Boyer
06500 Menton
04 83 93 70 20

L'association L'Abeille qui emballe, fabrique et distribue des emballages alimentaires réutilisables à base de coton bio et de cire d'abeille. Conçus pour remplacer le film plastique et l'aluminium, ces emballages sont lavables, compostables et fabriqués localement.

L'Abeille qui emballe
07 67 82 73 45
guillaume@labeillequiemballe.fr

Dans les Alpes-Maritimes, à Mouans-Sartoux, la commune propose une cantine scolaire 100 % bio. Ce projet s'appuie sur une ferme municipale qui fournit des légumes frais aux écoles.

Mairie de Mouans-Sartoux
Place du Général-de-Gaulle
06370 Mouans-Sartoux
04 92 92 47 00

DANS LE MONDE

AFRIQUE

BOTSWANA

La start-up botswanaise Deaftronics a développé des appareils auditifs à énergie solaire pour les personnes malentendantes en Afrique. Grâce à cette innovation, des milliers d'enfants peuvent désormais entendre, parler et poursuivre leur scolarité dans de meilleures conditions.

Deaftronics
BIH Science & Technology Park
Gaborone
+267 72 377 526
tendekayi.katsiga@deaftronics.com

CÔTE D'IVOIRE

La Ville d'Abidjan a décidé de transformer son paysage en reconvertissant l'immense décharge d'Akouédo en un vaste parc urbain. Cet ancien dépotoir de 90 ha laisse désormais place à un nouveau lieu de promenade et de détente pour les habitants.

Décharge d'Akouédo
Abidjan

À Koumassi, Joseph, handicapé de naissance, parcourt chaque jour les rues de la commune en fauteuil roulant pour livrer ses glaçons aux habitants et aux commerçants.

Joseph
Koumassi

KENYA

Le Sheldrick Wildlife Trust est une organisation caritative basée au Kenya et dédiée à la protection de la faune sauvage. L'association recueille, soigne et réhabilite toutes sortes d'animaux, notamment des éléphanteaux dont les mères ont été victimes du braconnage.

Sheldrick Wildlife Trust
P.O. Box 15555, Mbagathi
00503 Nairobi
+254 (0) 202 301 396

Dans les environs de Nairobi, l'ingénieure kényane Beth Koigi a mis au point une technologie permettant de transformer l'humidité présente dans l'air en eau potable. Son entreprise, Majik Water, a développé des générateurs fonctionnant à l'énergie solaire, capables de produire jusqu'à 500 l d'eau par jour.

Majik Water
Kabati
+254 729 910 609

MOZAMBIQUE

João Antonio Rego, un jeune étudiant mozambicain de 24 ans, a mis au point des lunettes électroniques destinées aux personnes malvoyantes. Équipées de capteurs capables de détecter les obstacles et de prévenir l'utilisateur par vibrations, elles pourraient améliorer le quotidien de millions de personnes.

Vision Hope 0.2

SIERRA LEONE

À seulement 23 ans, James Samba a conçu un prototype de tricycle électrique fabriqué à partir de matériaux de récupération. Ce véhicule zéro émission propose des engins abordables autres que les transports motorisés traditionnels, tout en contribuant à la réduction de la pollution de l'air.

Neev Salone
Freetown

ZAMBIE

Après avoir perdu son père, atteint d'albinisme, des suites d'un cancer de la peau, Mwape Chimpampa, une lycéenne zambienne de 15 ans, a développé une crème solaire abordable pour les personnes atteintes d'albinisme. Composée de curcuma, de miel et de banane, sa crème pourrait bientôt être inscrite sur la liste des médicaments essentiels de l'OMS.

Kafue

AMÉRIQUE DU NORD

CANADA

Lee Kyeongha a fondé Intellifarm, une ferme intelligente qui cultive des aliments en seulement 30 jours grâce à l'intelligence artificielle. Dans cette ferme verticale, l'IA pilote la production de deux tonnes de laitues en contrôlant les nutriments, la circulation de l'air par des ventilateurs et l'apport de CO_2 par un réseau de tubes.

Intellifarm
Western Canada
info@intellifarm.ca

ÉTATS-UNIS

Depuis 2008, le programme *Books in Homes USA* a distribué plus d'un million de livres gratuits dans les communautés défavorisées. En soutenant les enseignants et en facilitant l'accès à la lecture, il donne aux enfants le goût des livres et ouvre la voie à de nouvelles opportunités éducatives.

Books in Homes
510 Walnut St, 13th floor
Philadelphia, PA 19106
+1 610 416 5345

Jeffrey Lurie, propriétaire des Eagles de Philadelphie, a fait un don exceptionnel de 50 millions de dollars pour créer le Lurie Autism Institute afin d'accélérer la recherche sur l'autisme. L'institut ambitionne d'unifier les recherches existantes et d'explorer de nouvelles pistes, comme l'épigénétique.

Lurie Autism Institute
1 Maguire Road
Lexington

Une start-up basée au Texas a créé des couches écologiques ! Lorsque la couche est jetée, elle se décompose dans les décharges en moins d'une semaine – contre 500 ans habituellement – en utilisant des champignons mangeurs de plastique.

Hiro Technologies
Austin
Texas

AMÉRIQUE DU SUD

ARGENTINE

Le musée Caraffa de Córdoba est devenu le premier musée du pays entièrement accessible aux personnes aveugles grâce à un service d'audiodescription. Il leur permet désormais de vivre une expérience esthétique comparable à celle des visiteurs voyants.

Museo Caraffa de Córdoba
Avenida Poeta Leopoldo Lugones
Córdoba
+54 351 434 3349

BRÉSIL

La start-up brésilienne MapBiomas utilise des drones et l'intelligence artificielle pour surveiller en temps réel la déforestation et accélérer le reboisement de l'Amazonie. Ces technologies permettent de cartographier les zones dégradées, de cibler les actions de replantation et de semer des graines à grande échelle, bien plus rapidement et efficacement qu'avec des méthodes traditionnelles.

MapBiomas
imprensa@mapbiomas.org

CHILI

Mis au point par deux ingénieurs chiliens, les sacs *Solubag* sont fabriqués à partir d'un matériau biodégradable innovant, totalement sans plastique. Conçus à base de dérivés naturels, ces sacs se dissolvent dans l'eau chaude en quelques minutes sans laisser de résidu toxique.

Solubag
+13052135331
online@solubagusa.com

COLOMBIE

Depuis près de quinze ans, Álvaro González et Patricia Uribe parcourent les villages reculés du département d'Arauca pour apporter des livres aux habitants et leur faire la lecture. Avec leur bibliothèque itinérante, ils offrent aux enfants et aux adultes un accès à la lecture, souvent inexistant dans ces zones isolées.

Fortulee
Arauca

ASIE

CHINE

Des chercheurs chinois ont mis au point des lentilles de contact révolutionnaires qui permettent de voir dans l'obscurité, même les yeux fermés. Ces lentilles fonctionnent en convertissant la lumière infrarouge, invisible à l'œil nu, en lumière verte perceptible par l'utilisateur.

Université de sciences et technologie de Chine
1129 Huizhou Boulevard, Baohe District
Hefei, Anhui
OIC@ustc.edu.cn

CORÉE DU SUD

L'école de Bangrim a ouvert ses portes à des grands-mères qui n'ont jamais eu la chance d'apprendre à lire ou à écrire. Cette initiative originale répond au déclin du nombre d'élèves dû au faible taux de natalité tout en offrant à ces femmes âgées une seconde chance d'accéder à l'éducation.

École de Bangrim
Gangwon

ÉMIRATS ARABES UNIS

Pour la première fois, le *Guide Michelin* a attribué trois étoiles à un restaurant indien situé à Dubaï. C'est une double première historique : jamais encore la cuisine indienne n'avait reçu la plus haute distinction du célèbre guide gastronomique.

Tresind Studio
St. Regis Gardens Entrance B, The Palm Jumeirah
Dubaï
+971 58 895 1272

INDE

Après la noyade tragique de quinze écoliers dans sa ville natale, un Indien a créé le Valasseril River Swimming Club pour apprendre aux enfants à nager et prévenir de tels drames. Depuis, plus de 10 000 jeunes ont été formés grâce à ce club, qui rassemble aujourd'hui des milliers de membres engagés pour la sécurité aquatique.

Valasseril River Swimming Club
Old Desam Road
Thottakkattukara, Aluva, Kerala
683108
+91 94464 21279

JAPON

La société Kitafuku récupère gratuitement les drêches de brasserie pour les transformer en papier recyclé en s'inspirant des techniques artisanales de fabrication à partir de plants de riz. Ce « papier de bière » est ensuite utilisé pour fabriquer des emballages, imprimer des menus ou produire des boîtes de livraison, donnant ainsi une seconde vie à ces résidus organiques.

Kitafuku
Yokoyama
kitafuku.pj@gmail.com

NÉPAL

Le Dr Sanduk Ruit, chirurgien ophtalmologue, a redonné gratuitement la vue à plus de 100 000 personnes défavorisées. En janvier 2025, il a même été récompensé par le prix Isa du Bahreïn pour ses services exceptionnels.

Tilganga Institute of Ophthalmology
Ring Road
Kathmandu

PAKISTAN

Un zoo se mobilise pour sauver ses deux dernières éléphantes, toutes deux atteintes de tuberculose. Une équipe de 18 soignants et vétérinaires leur administre un traitement personnalisé comprenant plus de 400 comprimés un jour sur deux, et ce pendant plus d'un an.

Karachi Zoo Park
Garden East Millat Nagar
Karachi

TURQUIE

Des éboueurs d'Ankara ont ouvert une bibliothèque publique entièrement constituée de livres récupérés dans les poubelles. Ils ont aussi aménagé un ancien camion-benne en bibliothèque mobile afin de distribuer ces ouvrages dans les écoles et quartiers défavorisés.

Bibliothèque des Éboueurs de Çankaya
Ankara

EUROPE

ALLEMAGNE

La start-up Dryad a développé un drone intelligent capable de détecter un départ d'incendie en quelques minutes, bien avant qu'il ne devienne incontrôlable. Équipé de capteurs ultrasensibles et piloté par l'intelligence artificielle, ce système permet une intervention rapide et précise. À terme, Dryad ambitionne même d'éteindre les flammes grâce à des ondes sonores.

Dryad
Eisenbahnstrasse 37
16225 Eberswalde
+49 (160) 9549 8178
info@dryad.net

L'entreprise Lemonaid & ChariTea reverse 5 centimes par bouteille vendue pour financer des projets de développement dans les pays du Sud, et a déjà collecté plus de 8 millions d'euros. Ses boissons, certifiées bios et équitables, s'inscrivent dans une démarche responsable, du champ à la bouteille.

Lemonaid & ChariTea
GmbH Neuer Kamp 31
20359 Hamburg
info@lemonaid.de

BELGIQUE

Jean-Marie, surnommé M. Capsule, sillonne la Belgique pour collecter des capsules en métal usagées. Une fois revendues, celles-ci permettent de récolter des fonds pour financer les soins de Maurine, une fillette de 6 ans atteinte d'une maladie rare.

M. Capsule
Baelen

ESPAGNE

Pour lutter contre la surfréquentation touristique, Ibiza a limité l'entrée des voitures dans la ville durant les quatre mois de l'été 2025. Seuls 20 000 véhicules de visiteurs ont été autorisés chaque jour sur l'île des Baléares. Cette mesure, déjà en place à Formentera, sera également appliquée à Majorque à partir de 2026.

Mairie d'Ibiza
Carrer de Canàries, 35
07800 Eivissa
Illes Balears

Patitas&Co, une entreprise madrilène, est la première à offrir trois jours de congés payés à ses salariés en cas de décès de leur animal de compagnie. Une initiative pionnière qui reconnaît le deuil animal et l'intègre pour la première fois dans le monde professionnel.

Patitas&Co
Calle Fuencarral, 156
28010 Madrid
+34 697 48 53 89

ESTONIE

La start-up estonienne Ampler commercialise des vélos électriques dotés d'un port USB-C, éliminant le besoin de chargeurs propriétaires encombrants. La batterie se recharge entièrement en seulement trois heures avec un simple câble universel.

Ampler
Türi tn 10d
11313 Tallinn
+372 880 4990

FINLANDE

Solein, mise au point par la start-up finlandaise Solar Foods, est une protéine produite à partir de CO_2, d'eau et d'électricité renouvelable. Sans recours à l'agriculture ni aux engrais, elle représente façon d'éviter les sources de protéines classiques.

Solar Foods
Harkalenkki 11
Vantaa

ITALIE

Le 21 juin 2025, la ville de Rome a fait défiler des chiens abandonnés sur un tapis rouge pour les faire adopter. Une véritable parade canine qui a déjà porté ses fruits lors des quatre précédentes éditions puisque de nombreux chiens ont trouvé une famille.

Roma
Municipio IX
Roma Eur
www.turismoroma.it/fr

PAYS-BAS

Une cohabitation intergénérationnelle qui bénéficie à tous ! À Deventer, des étudiants peuvent être logés gratuitement dans une maison de retraite à condition de partager du temps et des activités avec les résidents âgés.

Humanitas Deventer
Deventer
Sijpkes@humanitasdeventer.nl

ROYAUME-UNI

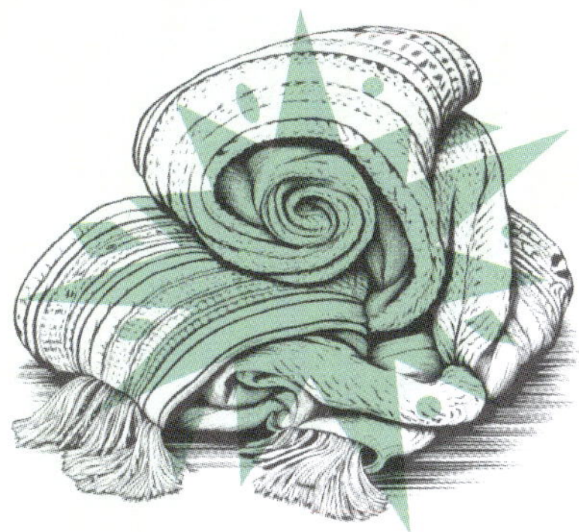

Craft Forward est une organisation à but non lucratif basée à Londres qui rend les activités créatives accessibles à tous grâce à des ateliers gratuits de tricot et de crochet. Parmi ses actions marquantes, le Big Cathedral Knit a réuni plus de 400 personnes à la cathédrale de Southwark pour fabriquer des couvertures destinées aux sans-abri.

Craft Forward
International House
3Space, 6 Canterbury Cres
Londres

OCÉANIE

AUSTRALIE

Le *Seabin* est une poubelle marine innovante imaginée par deux surfeurs australiens. Installé dans les ports, ce dispositif flottant aspire les déchets à la surface de l'eau grâce à une pompe silencieuse. Son sac de capture peut contenir jusqu'à 20 kg de déchets plastique, mégots ou microfibres.

Seabin
Mullumbimby NSW 2482
+61 413 320 850
contact@seabin.io

NOUVELLE-ZÉLANDE

Dans la petite ville de Raglan, des collectifs citoyens comme Xtreme Zero Waste organisent régulièrement des opérations de nettoyage des plages et de tri des déchets pour protéger le littoral et sensibiliser les habitants au zéro déchet.

Xtreme Zero Waste
186 Te Hutewai Road
Raglan, 3296
office@xtremezerowaste.org.nz

Merci à toute l'équipe du Média Positif, Augustin Baconnet, Anna Banvillet, Luce Brach, Mélanie Brunet, Lucie Carton, Thomas Clavel, Florian Conventi, Tudi Corignet, Sébastien Dekeyser, Adèle Delechat, Juliette Delétoile, Christophe Dussol, Juliette Dussuelle, Romain Gibert, Emilie Goron, Léane Guesdon, Idryss Iloy, Léonard Jochem, Camille Lassagne, Loup Laurent, Arnaud Lecorre, Nisrine Manaï, Pauline Marie, Jeanne Metzinger, Maxime Mocquet, Louis Olivier, Alexandre Saeba, Alice Schneider, Juliette Sergent, Karina Sulle, Guillaume Tasté, Claire Valentin qui permettent chaque jour à l'aventure de grandir.

Merci à Jeanne Bailly, Lila Fadel, Gaspard Lasmartres, Alix Marie et Pauline Nigro pour leurs contributions régulières qui ont largement nourri l'ouvrage.

Merci à Nicolas Benzoni et Solenne Bertin pour leur précieux accompagnement durant ces nombreux mois d'écriture.

Merci à Magali Vidal, Jacqueline Menanteau, Morgane Magnen et Carla Jami pour la qualité de leurs relectures.

Merci à Ludovic Févin, Estelle Dufour et Carole Schilling pour leur talent dans la réalisation des graphismes du livre.

Merci à Marion Bichet d'avoir porté ce beau projet.

Merci à Didier Férat, à Isabelle Lerein et à toute la maison Gründ pour leur confiance tout au long de cette belle aventure.

Enfin, merci aux 1 000 personnes qui ont chacune façonné ce livre de leurs exploits, engagements, réalisations et innovations.

P. 8-9 : © gorodenkoff/Getty Images - P. 10 : © Johann conus - P. 11 : © diebilderwelt/Alamy Stock - P. 12 : © Daxiao Productions/Shutterstock - P. 13 : © Alika Jenner/Getty Images ; © goodmoments/Shutterstock - P. 14 : © diebilderwelt/Alamy Stock - P. 15 : © Sarah Stier/Getty Images - P. 16 : © Alamy Stock - P. 17 : © Colin Flockton/Alamy Stock P. 18 : © Colin Flockton/Alamy Stock - P. 19 : © Chabe01 - P. 20 : © Alex Livesey - Danehouse/Getty Images - P. 22 : © Sarah Stier/Getty Images - P. 23 : © Dean Mouhtaropoulos/Getty Images ; © Dianna Thomson/Shutterstock - P. 24 : © Maja Hitij/Getty Images - P. 25 : © Victor Velter/Shutterstock - P. 26 : © David Fuentes/AdobeStock - P. 27 : © Victor Joly/Alamy Live News - P. 28 : © IDZ PROD/Collection Christophel - P. 29 : © Slepitsssskaya/AdobeStock - P. 30 : © Vitalii Kliuiev/Alamy Stock - P. 31 : © Xavier Laine/Getty Images P. 32 : © Tim Clayton/Corbis via Getty Images - P. 33 : © Julian Finney/Getty Images - P. 34 : © Sylvain Lefevre/Getty Images - P. 35 : © Luke Hales/Getty Images - P. 36 : © Thomas Pajot/Shutterstock - P. 37 : © Felix Sanchez Arrazola/Alamy Stock ; © David Ramos/Getty Images - P. 38 : © P Stock/AdobeStock - P. 39 : © Yourcontentstock/Shutterstock P. 40-41 : © valentinrussanov/Getty Images - P. 42 : © Victor Joly/Alamy Live News ; © DiaEsportivo/Alamy Live News - P. 43 : © Cristiano Barni/Alamy Stock ; © Ian MacNicol/Getty Images ; © MF onzatti - P. 44-45 : © xijian/Getty Images - P. 46 : © Drazen/AdobeStock P. 47 : © lukaszimilena/AdobeStock - P. 48 : © Alexandre Humeau/Salon international de l'agriculture - P. 49 : © Mark/AdobeStock - P. 50 : © ROV SuBastian/Schmidt Ocean Institute P. 51 : © KODAKovic/AdobeStock - P. 52 : © Li Zhihua/China News Service/VCG via Getty Images - P. 53 : © Nature Conservation Agency of the Czech Republic - P. 54 : © Marc Scharping/AdobeStock - P. 55 : © EmmaStock/AdobeStock - P. 56 : © Ayudia/AdobeStock P. 57 : © Ampler - P. 58 : © LENAIN Hervé/hemis.fr - P. 59 : © HAUSER Patrice/hemis.fr P. 60 : © PabloCristian/AdobeStock - P. 61 : © Unicharm/Poppy paper ; © GPMM - P. 62 : © nmelnychuk/AdobeStock - P. 63 : © Tony Makepeace/AdobeStock - P. 64 : © jonnysek/AdobeStock - P. 65 : © fcmovie/AdobeStock - P. 66 : © ALF photo/AdobeStock - P. 67 : © Tor's Photo/Wirestock Creators/AdobeStock - P. 68 : © ondrejprosicky/AdobeStock P. 69 : © petrsvoboda91/AdobeStock - P. 70 : © Teeeaaa - P. 71 : © LOHR/HAIKU DESIGN P. 72 : © Pheniti/AdobeStock - P. 73 : © itchaznong/AdobeStock - P. 74 : © JAG IMAGES/AdobeStock ; © Florence Piot/AdobeStock - P. 75 : © maxbelchenko/AdobeStock - P. 76-77 : © valentinrussanov/Getty Images - P. 78 : © Petteri Loeppoenen/Shutterstock ; © DC Studio/Shutterstock - P. 79 : © alicja neumiler/AdobeStock ; © dalia yahya Saleem/Shutterstock ; © Marine Guilbaud - P. 80-81 : © Anton Vierietin/Getty Images - P. 82 : © Fausto Marci/Alamy Stock - P. 83 : © Kristy Sparow/Getty Images for Paramount - P. 84 : © Stephane Cardinale/Corbis via Getty Images - P. 85 : © Prostock-studio/AdobeStock - P. 86 : © Picture Alliance/Photoshot/Bridgeman Images - P. 87 : © Helene ROCHE Photography/Alamy Stock - P. 88 : © LUMIERES/AdobeStock - P. 89 : © Robert Kneschke/Shutterstock - P. 90 : © Sławomir Fajer/AdobeStock - P. 91 : © Francis Elzingre/Alamy Stock - P. 92 : © Impact Photography/AdobeStock - P. 93 : © Pascal Moulin/AdobeStock - P. 94 : © Peter White/Getty Images - P. 95 : © Sylvain Robin/Alamy Stock - P. 96 : © Heorshe/AdobeStock P. 97 : © Raph_PH - P. 98 : © Jose Manuel Macias/Shutterstock - P. 99 : © Gorodenkoff/Shutterstock - P. 100 : © saiko3p/AdobeStock - P. 101 : © Pvince73/AdobeStock - P. 102 : © Ekaterina Pokrovsky/AdobeStock - P. 103 : © Delphotostock/AdobeStock - P. 104 : © Foc Kan/Getty Images - P. 105 : © GDM photo and video/AdobeStock - P. 106 : © amer ghazzal/

Alamy Live News - P. 107 : © Aris Suwanmalee/AdobeStock ; © James Stone/AdobeStock P. 108 : © amer ghazzal/Alamy Live News - P. 109 : © Franck Legros/Alamy Stock - P. 110 : © Antonin Albert/Shutterstock - P. 111 : © Disney – My Box Content/Collection Christophel P. 112-113 : © valentinrussanov/Getty Images - P. 114 : © Pascal Le Segretain/Getty Images ; © Gregor Fischer/picture alliance via Getty Images ; © Lyvans Boolaky/Getty Images - P. 115 : © SOPA Images Limited/Alamy Stock ; © Stephane Cardinale/Corbis via Getty Images - P. 116-117 : © Getty Images - P. 118 : © Four Paws ; © Julie Crenn - P. 119 : © Les Z'amis de Nono - P. 120 : © Aaron Hughes/World Surf League via Getty Images P. 121 : © Valeria Mongelli/Bloomberg via Getty Images - P. 122 : © HUM Images/Universal Images Group via Getty Images - P. 123 : © Denis Thaust/SOPA Images/LightRocket via Getty Images - P. 124 : © FRANK/AdobeStock - P. 125 : © Style her empowered - P. 126 : © Abdallah Lamane - P. 127 : © Georgii/AdobeStock - P. 128 : © Ryan Sosna-Bowd/ Getty Images - P. 130 : © stokkete/AdobeStock - P. 132 : © romaset/AdobeStock - P. 133 : © Havang - P. 135 : © Sensay/AdobeStock - P. 136 : © Christophe Fouquin/AdobeStock P. 138 : © Rubende Antonio/AdobeStock - P. 140 : © Oleksii Nykonchuk/AdobeStock P. 141 : © lic0001/AdobeStock - P. 142 : © Syda Productions/AdobeStock - P. 143 : © Wirestock Creators/Shutterstock - P. 145 : © Zoran Zeremski/AdobeStock - P. 146 : © API - P. 147 : © agcreativelab/AdobeStock - P. 148-149 : © valentinrussanov/Getty Images - P. 150 : © Le Média Positif ; © Gilbert Flores/Variety via Getty Images - P. 151 : © deepspacedave/AdobeStock ; © Fantiki photo/Shutterstock ; © New Africa/AdobeStock P. 152-153 : © Tingting Ji/Getty Images - P. 155 : © Valerio Pardi/Shutterstock - P. 156 : © Marc Ward/Shutterstock - P. 157 : © loreanto/AdobeStock - P. 158 : © Witoon/AdobeStock P. 159 : © Joy Cohen - P. 160 : © Cloudy Design/AdobeStock - P. 161 : © Kokhanchikov/ AdobeStock - P. 163 : © Terelyuk/Shutterstock - P. 164 : © BSIP SA/Alamy Stock - P. 166 : © Aliaksandr/AdobeStock - P. 167 : © L'esprit critique - P. 168 : © UnitedPhotoStudio/ AdobeStock - P. 169 : © Stockbym/AdobeStock - P. 170 : © revers_jr/AdobeStock - P. 171 : © Nico/AdobeStock - P. 172 : © horizont21/AdobeStock - P. 173 : © Unai Huizi Photography/ Shutterstock - P. 174 : © Martin/AdobeStock - P. 175 : © Soru Epotok/AdobeStock - P. 176 : © PetrusDesign/Shutterstock - P. 177 : © pestonia/Shutterstock - P. 178 : © Yaruniv-Studio/ AdobeStock - P. 179 : © Operation 2021/Alamy Stock - P. 180 : © 31etc/AdobeStock P. 181 : © Marc Bruxelle/Shutterstock - P. 182 : © Collette Worley/Shutterstock - P. 183 : © LIGHTFIELD STUDIOS/AdobeStock - P. 184-185 : © valentinrussanov/Getty Images P. 186 : © abriendomundo/AdobeStock ; © Dmytro Sheremeta/Shutterstock - P. 187 : © DC Studio/Shutterstock ; © David Prado Perucha/Shutterstock ; © David Pereiras/Shutterstock P. 190 : © Concours Lépine - P. 191 : © Concours Lépine - P. 192 : © Concours Lépine P. 193 : © Concours Lépine - P. 194 : © Concours Lépine - P. 195 : © Concours Lépine P. 196 : © Evgenii Bakhchev/Shutterstock - P. 197 : © Fraterni'Team - P. 198 : © Ground Picture/Shutterstock - P. 199 : © Guillaume Ruoppolo - P. 200 : © Sit in peace ; © Morgane Lelièvre - P. 201 : © Melodiam Meam ; © Les 42 - P. 202-203 : © Getty Images

Les illustrations figurant dans le présent document ont été réalisées par @NordCompo, avec l'assistance d'outils d'intelligence artificielle générative développés respectivement par les sociétés Firefly (Adobe) et OpenAI, dans le respect des dispositions applicables en matière de propriété intellectuelle et d'usage des technologies numériques.